高职高专金融学类专业系列教材

衢州职业技术学院校企合作开发课程建设项目成果

金融学基础

主　编　彭珊珊　刘彦娜

副主编　段炬霞　黄文涛

西安电子科技大学出版社

内 容 简 介

　　本书根据我国近年新颁布实施的金融政策法规和管理制度，并依据现代金融业务操作规程编写，编写过程中加入了金融行业最新变化内容，既优化了其中的知识结构，又体现了知识、技能和素质培养并重的理念。全书分为九个项目，内容包括货币与货币制度、信用与利率、金融机构、商业银行、中央银行、非银行类金融机构、金融市场、通货膨胀与通货紧缩、货币供求与货币政策。

　　本书可作为高职高专金融类相关专业的必修课教材，也可作为非经济类专业普及金融知识的参考教材，还可作为金融从业人员的培训与自学用书。

图书在版编目(CIP)数据

金融学基础/彭珊珊，刘彦娜主编. —西安：西安电子科技大学出版社，2021.5
ISBN 978-7-5606-6030-1

Ⅰ. ①金… Ⅱ. ①彭… ②刘… Ⅲ. ①金融学—高等职业教育—教材 Ⅳ. ①F830

中国版本图书馆 CIP 数据核字(2021)第 053964 号

策划编辑　秦志峰
责任编辑　师　彬　秦志峰
出版发行　西安电子科技大学出版社(西安市太白南路 2 号)
电　　话　(029)88242885　88201467　　邮　编　710071
网　　址　www.xduph.com　　　　　　电子邮箱　xdupfxb001@163.com
经　　销　新华书店
印刷单位　陕西精工印务有限公司
版　　次　2021 年 5 月第 1 版　　2021 年 5 月第 1 次印刷
开　　本　787 毫米×1092 毫米　1/16　印　张　15.5
字　　数　364 千字
印　　数　1～2000 册
定　　价　39.00 元
ISBN　978-7-5606-6030-1 / F
XDUP　6332001-1
如有印装问题可调换

前　言

进入 21 世纪，经济全球化、金融全球化的趋势愈加明显，这就要求每个人都必须了解和掌握一定的金融知识。"金融学基础"在这种背景下逐渐成为高等职业院校经济管理类专业的基础课程，更是金融学类专业的核心课程。作为一本教材，本书的编写目的是让学生了解和掌握金融学的基本理论与基本知识，并且能够运用金融理论与知识分析现实中出现的各种复杂金融经济问题，能够看到金融经济问题的本质，从而提高分析问题和解决问题的能力，为今后的工作和学习生活打下良好的基础。

本书的编写主要突出了以下几个特点：

(1) 充分考虑高职高专学生的特点，内容设置通俗易懂。

本书针对高职高专学生的认知特点、学习能力、接受能力并结合培养目标的要求，使用平实的语言介绍金融基本概念和基本常识，理论阐述完整、通俗，便于学生理解和掌握；本书还吸取学科发展的最新研究成果，内容与时俱进；同时，书中设置了"深度阅读""想一想"等版块，有助于丰富教学内容、活跃课堂气氛，把学生应用能力的培养融入生动有趣的学习情境之中。

(2) 书中知识结构条理清晰，体系完整。

本书立足于中国特色社会主义市场经济的要求，以现代市场经济的运行机制为背景，系统地介绍了现代货币信用制度、货币制度、金融市场、金融机构体系等基础理论知识；以货币金融运行及其调控为主线，概括性地介绍了各种通货膨胀理论和货币供求理论知识。全书按照金融发展的脉络和历程，共分为九个项目，即货币与货币制度、信用与利率、金融机构、商业银行、中央银行、非银行类金融机构、金融市场、通货膨胀与通货紧缩、货币供求与货币政策。内容充实完整，脉络清晰，逻辑性强。

(3) 精选案例，资料翔实丰富，实用性和可读性强。

本书聚焦目前最新金融前沿问题，结合金融理论，精心选择案例，突出案例的实用性和可读性。为顺应国内外教材案例化的发展趋势，加大教材案例化程度，书中各项目开篇有"案例导入"，中间有"深度阅读"。这些案例涉及的内容，有的是对金融热点问题的讨论，有的是对书中内容的补充，有的是相关金融故事。这些案例既能给学生提供必需的金融基础知识，又能增强其学习兴趣，还可以增强学生理论与实践相结合的能力，体现出高职教育的特色和高职教材建设的方向。

(4) 扩大知识范围，突出系统性和先进性。

由于金融学基础涉及的知识范围非常宽泛，因此本书把目前状况和过去的历史背景有机结合起来，让学生在历史观中把握金融理论和实践演进脉络，能够更好地理解金融理论知识。本书还注重介绍现代中国金融改革的问题，力求体现开放和创新的理念。此外，本书内容的深浅程度、项目之间的转换以及任务内容的相对独立性，可以使其适应不同层次、不同专业、不同课时的教学安排。

(5) 打造校企双元合作教材。

本书遵循学生职业能力培养的基本规律，以真实案例为依据，整合、优化教学内容，设计学习型工作任务，教、学、做相结合，实现理论与实践教学一体化。本书编写过程中强化"双师型"教材编写团队，联合商业银行、证券公司、保险公司、金融科技公司等企业进行内容深化与丰富，尤其注重真实案例的运用，更利于学生对于专业知识的消化。

本书由衢州职业技术学院彭珊珊老师和北京经济管理职业学院刘彦娜老师任主编，北京经济管理职业学院段炬霞老师和衢州职业技术学院黄文涛老师任副主编。其中，彭珊珊负责编写项目四~项目六，刘彦娜负责编写项目一、项目二和项目七，段炬霞负责编写项目三，黄文涛负责编写项目八；项目九由彭珊珊和刘彦娜共同编写。

本书在编写过程中参考了国内外大量金融学方面的资料，在此向相关作者表示诚挚的谢意。本书在出版过程中得到了西安电子科技大学出版社的大力支持和帮助，在此表示衷心的感谢。

由于编者水平有限，加之金融实践的复杂性与多变性，书中难免存在不妥之处，恳请读者批评指正。

编 者
2021 年 1 月

目　　录

项目一　货币与货币制度

【知识目标】

(1) 掌握货币的本质和功能。

(2) 了解货币的发展历史和形态。

(3) 掌握货币制度的内容和类型，了解货币制度的发展和演变。

(4) 熟知我国现行的货币制度，了解国际货币体系。

【能力目标】

(1) 能够运用货币的基础知识解释相关货币现象。

(2) 能够理解和判断货币的创新与发展趋势。

(3) 学会观察主要国际货币的动态，并大致判断其对我国货币的影响。

(4) 能够透过经济现象理解货币的职能，维护人民币制度。

【案例导入】

战俘营里的货币

第二次世界大战期间，在纳粹的战俘集中营里流通着一种特殊的商品货币：香烟。当时的红十字会设法向战俘营提供了各种人道主义物品，如食物、衣服、香烟等。由于数量有限，这些物品只能根据某种平均主义的原则在战俘之间进行分配，而无法顾及每个战俘的特定偏好。但是，人与人之间的偏好显然有所不同，有人喜欢巧克力，有人喜欢奶酪，还有人则可能更想得到一包香烟。因此，这种分配显然不能满足所有人的需要，也就是说战俘们有进行交换的需要。

但是，即便在战俘营这样一个狭小的范围内，物物交换也显得非常不方便，因为它要求交易双方恰巧都想要对方的东西，也就是所谓的需求的双重巧合。为了使交换能够更加顺利地进行，需要有一种充当交易媒介的商品，即货币。那么在战俘营中，究竟哪一种物品适合做交易媒介呢？许多战俘都不约而同地选择了香烟。战俘们用香烟来进行计价和交易，如一根香肠值 10 根香烟，一件衬衣值 80 根香烟，替别人洗一件衣服则可以换得 2 根香烟。有了这样一种记账单位和交易媒介之后，战俘之间的交换就方便多了。

【思考】

(1) 什么是货币？为什么香烟能作为货币使用？

(2) 现代货币形式有哪些？货币是怎么产生的？

(3) 货币制度经历了哪些发展过程？未来将走向何方？

任务一　货币的起源和发展

一、货币的含义

货币给我们的生活带来了便利，同时推动着经济的发展与人类社会的进步。日常生活中人们提到的货币和经济学中的货币存在概念上的差异。日常生活中人们谈到的货币往往指的是现金、财富、收入等，而经济学中将货币(Money)定义为在商品和劳务支付以及债务偿还中被普遍接受的东西。

货币不等同于现金。现金是我们通常所说的通货，通货(Currency，俗称"现钞")即流通中的货币，是指流通于银行体系外的货币，包括纸币和硬币。人们用通货购买日常需要的商品，用通货偿还所欠的债务，但是通货只是货币的一种。目前，经济学中的货币不但包括通货，还包括数量范围大得多的各种存款货币。

货币不等同于财富。人们经常把货币与财富(Wealth)混为一谈，把货币当作财富的同义词。其实，财富不仅包括货币，还包括债券、股票、保险、黄金、外汇、收藏、艺术品、汽车、房屋等。经济学鼻祖亚当·斯密曾经说："货币本身并非财富，一个国家的富裕不在于用以实现货物流通的货币的数量，而在于生活必需品的丰富程度。"

货币不等同于收入。人们常常用货币的多少来表示经济学家所说的收入，但是二者的概念不同。收入(Income)是指在单位时间段内收益的流量；而货币是存量概念，是指某一特定时点上的一个确定的金额。

二、货币的产生

货币是商品生产和商品交换的产物，它随着商品经济的产生而产生，伴随商品经济的发展而发展，没有商品交易的地方，就没有货币。考古学家发现人类最早记录的不是诗歌也不是哲学，而是生意，即商品交易。古时的生意契约从某种意义上说，就是货币的雏形。

据史料记载和考古挖掘，商品交换经过了两个发展阶段：首先是物物交换，然后是通过媒介的交换。在古埃及的壁画中可以看到物物交换的情景：有用瓦罐换鱼的，有用一捆葱换一把扇子的。在交换不断发展的进程中，逐渐发展产生了通过媒介的交换，即先把自己的物品换成作为媒介的物品，然后再用所获得的媒介物去交换自己所需要的物品。在世界上，牲畜曾在很多地区成为这种媒介；在中国，最早的、比较定型的媒介是"贝"——中国最早的货币。司马迁在《史记·平准书》中说："农工商交易之路通，而龟贝金钱刀布之币兴焉。所从来久远，自高辛氏之前尚矣，靡得而记云。"根据出土文物考证，最早出现的是实物货币，在古波斯、古印度等地，都有用牛和羊作为货币的记载；古埃塞俄比亚曾用盐作为货币；在美洲，曾经充当古老货币的有烟草、可可豆等。公元前7世纪初期，由小亚细亚的吕底亚人铸造的金银铸币被认为是西方最早的铸币。

三、货币形态的演变

货币形态是指由什么材料来充当货币。自货币产生以来，货币形态的演变经历了数千年曲折而漫长的过程，充当货币的材料种类繁多。一般来说，货币形态发展至今经历了实物货币、金属货币、代用货币、信用货币和电子货币五个阶段。

货币形态的发展变化是与商品经济的发展和生产力发展水平、生产方式紧密关联的。任何一种社会制度下的经济发展都要求有与之相适应的货币形态。但无论哪种形式的货币，一般都要求它们具有以下特性：第一，价值较高，因为这样可以用较少的商品完成较大量的交易；第二，易于分割，且分割后不会减少它的价值，这样便于同价值高低不等的商品交换；第三，易于保存，即在保存过程中不会有价值的损失；第四，便于携带，以利于在广大地区之间的交易。

（一）实物货币

实物货币是指以自然界存在的某种物品或人们生产的物品充当货币的一种货币形式。实物货币是最古老的货币形态。在我国和世界各国的经济史上都曾出现以牛、羊、农具、牛皮、布帛、粮食、珠、玉、贝等商品充当货币的情况。根据古籍记载和考古挖掘发现，中国最早出现的货币是贝壳。在我国，许多与财富有联系的文字，如货、财、贸、贫等都以贝作为偏旁，可以看出以贝壳作为货币的事实。在古代欧洲的雅利安人以及古波斯、古印度等地，都有用牛羊等物作为货币的记载。但是，随着商品交换的发展，这些实物货币逐步显现出缺点。比如，一些实物货币不能分割为较小单位，体积笨重，携带运输都不方便，甚至非常困难，无法充当理想的交换媒介。另外，实物货币一般都不是均质的，如果分割，难免产生价值与体积不成比例的情况，而且有些质量极不稳定，不能满足商品经济日益发展的需求，所以实物货币最终被金属货币所取代。

【深度阅读】

我国的货币萌芽——贝币

我国是世界上最古老的文明古国之一。中国货币的起源距今已有三千多年的历史，流通于殷商时期的海贝被认为是中国最早的实物货币。在当时帝王赏赐给臣子的物品中，就有贝。贝用作货币，在中国文字结构上也留下了明显的痕迹，一些与财富、价值、交换有关的文字如财、贵、赏、赐等都有"贝"字。对于内陆地区来说，海贝是一种不易获得的东西，只有通过贸易交换和贡赋等渠道才能得到。为了应对真正的海贝供不应求的局面，人们开始寻找各种代用品，其他材料，如陶、石、骨、玉等仿制的贝形货币应运而生(如图1-1-1 所示)。

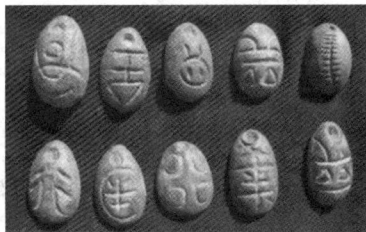

图 1-1-1 贝币

在我国商朝人们开始用铜仿制海贝。铜贝的出现说明商朝已经有了金属铸造的货币，这是我国古代货币史上由自然货币向人工货币的一次重大演变。商朝晚期，随着青铜冶炼技术逐步成熟，开始出现了用青铜铸造成的铜质仿贝币。起初，人们铸造的铜贝完全仿造自然海贝，由于没有文字，被称为"无文铜贝"。春秋战国时期，诸侯政权更加关注货币的可识别性，于是出现了外形规整、质量衡定且铸有铭文的铜贝。

（二）金属货币

金属货币是以金属充当货币材料的货币形式，即通常以铜、铁、金、银等金属作为币材的货币。各国采用何种金属作为法定货币，往往取决于该国的矿产资源状况、商品交换的规模、人们的习俗等因素。金属货币具有以下特性：第一，金属资源稀缺，体积小，所以金属单位价值比较大，携带比较方便；第二，金属可以被平均分割，且分割后通过冶炼还可以还原；第三，金属耐腐蚀性比较强，耐用性比较高，利于长期保存；第四，生产力水平稳定时，金属的价值比较稳定。这些特性使得金属比实物更加适合充当货币材料。

金属充当货币材料采用过两种形式：一是称量货币，二是铸币。称量货币是指以金属条块的形式按重量流通的金属货币。称量货币没有按照一定的形式铸造，也没有一定的成分及重量，流通时必须通过成色鉴定和称衡重量来确定价值。金、银在我国历史上长期以来是称量货币。自宋代开始大量流通白银，一直是以称量货币流通的。铸币是铸成一定形状并由国家的印记证明其重量和成色的金属货币。所谓国家的印记，包括形状、花纹、文字等。最初各国的铸币有各式各样的形状，后来因为圆形最便于携带且不易磨损，都逐步过渡到圆形。铸币的出现克服了称量货币使用时的种种不便，有利于商品交易。事实上，铸币的出现是货币形态的一次标志性转变，显著地扩大了金属货币的使用范围。

我国最古老的金属货币是铜铸币。西周开始出现了金属货币，春秋战国时期流行布币、刀币、环钱等各种铸币。公元前 221 年，秦始皇统一中国后发行了圆形方孔的"秦半两"(如图 1-1-2 所示)。这是货币在全国范围内的第一次统一，在中国货币史上具有重要地位。

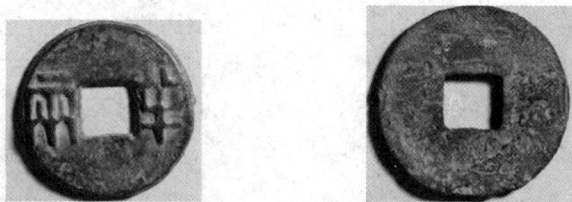

图 1-1-2　秦半两(重 10 克，直径为 33.7 毫米)

（三）代用货币

虽然金属货币具有很多优点，但是在流通中也存在很多问题。例如：日常磨损严重，造成巨大浪费；不法之徒对铸币的刮削损伤无法避免；大量货币的携带和运送仍十分麻烦；金银等贵金属在全世界的产量有限，且在各国之间分布不平衡，经常发生币材短缺现象。因此，人们开始寻找其代用品，这种代用品就是代用货币。一般代用货币的材料是纸。代用货币最早出现在英国，在中世纪后期，英国的金匠为顾客保管金银货币，所开出的本票形式的收据可以进入流通界，在顾客需要时这些收据可以随时得到兑现，这就是原始的代用货币。

代用货币是指政府或银行用纸来代表一定成色和质量的金属货币(一般为金币)的凭证。这种凭证可以代替金属货币流通并可随时兑换为金属货币。代用货币本身并无价值，但在商品流通中可以代表金属货币，凭代用货币可向其发行机关兑现等值的金属货币。例如，可兑换的银行券就是代用货币的典型代表，发行银行券的银行保证随时按照发行面额兑换金币。这种货币在历史上延续了很长时间，但是由于容易被伪造和损坏，且需要黄金保证，而黄金资源的开采速度却很难跟上商品经济的发展速度，最终被历史所淘汰。

(四) 信用货币

信用货币是代用货币进一步发展的产物，目前世界上几乎所有国家都采用这种货币形态。信用货币又称不兑换的信用货币，是以信用作为担保，不能自由兑换成金属货币而通过信用程序发行和创造的货币。

20世纪30年代，世界性经济危机爆发，许多国家发行大量的代用货币，远远超过金银的储备数量，使得代用货币失去了自由兑换金银的保证。在这种情况下，各国政府纷纷放弃金本位制和银本位制，采用信用货币来取代代用货币。信用货币的发行数量不受金银储备量的约束，一个国家的货币量可以根据经济运行的实际需要而投放。现今，信用货币逐渐取代金属货币和代用货币，成为主要的货币形态。现代经济中，信用货币的主要形式是现金和存款。现金又分为现钞(纸币)和辅币。现钞可以满足日常生活中各种消费的支付需求。辅币的货币材料是贱金属(相对于贵金属而言)，其铸造权由国家独有，主要用于零星交易。存款是存款人对银行的债权，是银行对存款人的债务，是信用货币的主要形式。当收到货币时，收款人在银行的账户上存款增加；当支付货币时，付款人可以签发票据，通知银行将资金转至收款人账户。通过银行存款账户直接转账，节约了现钞的流通成本。

(五) 电子货币

电子货币又称为数字货币、信息货币。和纸币一样，电子货币是一种货币符号，是一种以电信号形式出现的银行存款。它伴随着银行电子化而产生，是由一组含有用户的身份、密码、金额、使用范围等内容的数据构成的特殊信息。根据巴塞尔银行监管委员会的定义，电子货币是指"零售支付机制中，通过销售终端、不同电子设备之间以及在公开网络上执行支付储值和预付支付机制的货币"。

人们使用电子货币交易时，实际上交换的是相关信息，这些信息传输到接收这种数据的终端后，交易双方进行结算，系统内部自动实现货币的转移。数字货币大大缩短了结算时间，加速了资金的周转，减少了现金和支票等信用货币的使用，从而节约了流通费用。

电子货币没有具体的物理形态，支付宝、微信支付和手机银行等其实都是电子货币(如图1-1-3所示)。自20世纪60年代以来，美、日等国的金融机构纷纷为其银行电子化的目标投入巨款并已取得卓越的成效，其中货币材料电子化就是其努力追寻的目标之一。目前，用电子取代金属、纸张作为一种新型的货币材料不仅成为了现实，而且已代表了未来货币形态的发展趋势。美国经济学家把电子货币称为继金属铸币和纸币之后的"第三代货币"。电子货币的使用不仅增加了银行的服务功能，还提高了金融业的服务效率和经济效益。而且，电子货币对人们的货币观念和金融业的管理方式、经营理念产生了巨大影响，使金融体系和金融产业的格局发生了一场深刻的革命。

图 1-1-3　电子货币

【深度阅读】

电子货币、虚拟货币和比特币简介

电子货币是法定货币的电子化形式。1952 年，美国富兰克林银行发行信用卡，标志着新型交易媒介的出现。1974 年，IC 卡作为电子货币的介质被发明出来。1982 年，美国组建电子资金传输系统，各国相继效仿，以银行卡为代表的电子货币迅速流行，成为主流货币形式。目前，这一技术已经相对成熟。

虚拟货币是网络企业发行的、可以购买网络虚拟商品的电子储值与支付工具，如腾讯公司发行的 Q 币等。其与电子货币的本质区别在于货币信用主体的不同，虚拟货币是企业信用，电子货币是国家信用。二者在流动性上存在区别：电子货币可以双向支付，而虚拟货币多是单向支付；电子货币可大范围支付，而虚拟货币只在特定范围可使用。

比特币是一种开放的密码货币系统。任何人可以随时加入或离开比特币系统，成为其中一个点对点网络的节点，获得货币发行和交易的权利。2008 年，一个化名中本聪的人公开了一篇题目为《比特币：一种点对点电子现金系统》的报告，悄然掀开了互联网新的一页。后来，中本聪发布了比特币系统软件的开源代码，并发行了第一批 50 枚比特币，这标志着一种全新的虚拟货币诞生了。根据比特币观察网，截至 2017 年 3 月 29 日，已发行 1600 多万比特币，总值超过 170 亿美元。

引入二维码的俄罗斯世界杯纪念钞

2018 年 5 月 22 日，俄罗斯发行了面值 100 卢布(约 10 元人民币)世界杯纪念钞(以下简称纪念钞)，以纪念 2018 年国际足联世界杯，发行量为 2000 万张。这是俄央行发行的首枚塑料钞，并在钞面引入链接防伪宣传的二维码。

该纪念钞正面描绘的(图 1-1-4 左图)是一个怀抱足球的男孩仰望 20 世纪俄罗斯最佳守门员列夫·雅辛扑球时的画面；背面(图 1-1-4 右图)呈现的是一个表面附着俄罗斯联邦领土浮雕地图的足球，并列举了承办此次赛事的城市名称。

该纪念钞设计新特点：一是钞面引入二维码(如图 1-1-5 所示)，扫码即可访问俄罗斯中央银行的官网查看纪念钞的防伪特征；二是不同于一般的横向分布，该纪念钞正反面图案均采用垂直分布；三是使用了俄罗斯自主研发的聚合物基材，色彩丰富鲜艳，比一般纸币具有更多的防伪功能以及更好的耐脏、耐潮属性。

图 1-1-4 俄罗斯 2018 年世界杯纪念钞图样

图 1-1-5 俄罗斯 2018 年世界杯纪念钞的
二维码(链接俄罗斯央行网站)

该纪念钞最值得关注的是其材质和二维码技术的应用。我国将来发行纪念钞时可以借鉴如下：

(1) 可考虑发行塑料材质的纪念钞。塑料作为钞票材质最早被澳大利亚所使用。我国也于 2000 年发行"迎接新世纪"纪念钞，对塑料材质钞票进行了尝试。在今后纪念钞的发行中，可以考虑继续采用塑料材质，并附着更多的防伪技术于其上，积累塑料材质与防伪技术更完美结合的相关经验。

(2) 使用二维码技术强化宣传。钞票上使用二维码技术本身无法实现防伪的功能，但可以让使用者更容易地了解货币的防伪信息，从而实现反假宣传的目的。当社会公众扫描二维码后，可直接动态观看货币防伪特征。二维码的设计与钞票图案相结合，特别是与纪念钞主景图案相结合，可以达到美观和提供链接双重功能。二维码与防伪特征双向结合，如与光彩光变、荧光反应、凹版印刷、缩微文字等结合，可以达到防伪与链接功能的结合。

任务二 货币的本质和职能

一、货币的本质

关于货币的本质目前在理论界尚存在分歧，有各种说法和理论。

(一) 马克思的货币本质论

马克思的货币本质论包括以下内容：

(1) 货币是商品。货币是商品，它与其他商品一样都是人类劳动的产物，是价值和使用价值的统一体。货币具有商品的属性，因此它能在长期的交换过程中分离出来，成为不同于一般商品的特殊商品。

(2) 货币是固定充当一般等价物的商品。货币在交换中被分离出来，成为衡量一切商品价值的材料或工具，而且具有与其他一切商品直接交换的能力。货币不同于其他商品的特性，就在于它具有一般等价物的特性，发挥着一般等价物的作用，这是货币最重要的本质特征。货币是固定充当一般等价物的商品，是在一个国家或地区市场范围内长期发挥一般等价物作用的商品。

(3) 货币能体现一定的社会生产关系。货币作为一般等价物，无论是表现在实物货币上，还是表现在某种价值符号上，都只是一种表面现象。马克思指出："货币代表着一种社会生产关系，却又采取了具有一定属性的自然物的形式。"社会分工要求生产者在社会生产过程中建立必要的联系，而这种联系在私有制社会中只有通过商品交换，通过货币这个一般等价物作为媒介来实现。因此，货币作为一般等价物反映了商品生产者之间的交换关系，体现着产品归不同所有者所有，并通过等价交换形式来实现他们之间的社会联系。

(二) 其他有关货币本质的观点

1. 货币金属论

货币金属论把货币等同于贵金属，认为货币的价值是由金属的价值决定的，金、银天然就是货币，只有金和银才是国家的真正财富。该理论强调了货币是一种商品，但忽视了货币与一般商品的本质区别；并且只关注了货币的价值尺度、贮藏手段和世界货币的功能，却忽略了货币的流通手段和支付手段职能。货币金属论兴起于 16、17 世纪的重商主义时代，其早期的主要代表人物有重商主义者威廉·斯塔福德、亚当·斯密等。到了 20 世纪 70 年代，西方国家出现了滞涨困局，有经济学家又重新提出货币金属论。

2. 货币名目论

货币名目论与货币金属论相反，它认为货币只是一种便于交换的工具，是换取财富的价值符号，是一种观念的计算单位。因此，货币可以完全不需要有内在价值，不需要以金、银等贵金属作为货币，只要有了君王的印鉴，任何金属都可以有价值，都可以充当货币。货币名目论的先驱是古希腊伟大的思想家亚里士多德。但是，货币名目论只依据流通手段和支付手段给货币下了定义，存在片面性，并且否认了货币的商品性。

西方经济学中关于货币本质的学说有很多，但大多数或有失偏颇，或缺乏科学依据。只有马克思以历史和逻辑相结合的严密论证，第一次科学地揭示了货币的本质，认为货币是商品生产和商品交换发展的必然产物，是商品经济内在矛盾发展的必然结果，是固定充当一般等价物的商品。

二、货币的职能

货币的职能是由货币本质所决定的，是货币本质的具体表现。货币在交换发展过程中逐渐具备了价值尺度、流通手段、支付手段、贮藏手段和世界货币这五种职能。价值尺度和流通手段这两个职能是货币的基本职能，也是货币本质的最基本体现；其他职能是在基本职能基础上派生出来的职能。

（一）价值尺度

价值尺度又叫作价值标准，是指用货币来表现和衡量其他一切商品价值的大小，它是货币的基本职能之一。货币之所以能够充当价值尺度，是因为货币本身也是商品，同样具有价值，从而使它和其他商品可以相互比较。商品价值的大小是由凝结在该商品中的劳动时间的多少决定的。商品所凝结的劳动时间越多，价值就越大，因此劳动时间是商品的内在价值尺度。但是，劳动时间不能自己表现出来，必须借助货币这种外在形式。货币是商品价值的外部尺度，它衡量和表现商品包含多少社会劳动，并通过数量来表现。货币在表现和衡量商品价值大小时，就执行了价值标准的职能，这是货币的一个基本职能。货币在执行价值标准职能时，只需要观念上的货币即可，并不需要现实的货币，更不需要足值的货币。通俗地讲，只要在商品交换时贴上用货币表现的价格标签就可以了。

各种商品的价值大小不同，表现为货币的数量也不同。所以要发挥货币价值尺度的职能，比较货币的不同数量，就需要规定一个货币计量单位，这种人为规定的货币单位及其等分称为价格标准(如图 1-2-1 所示)。价格标准用来衡量货币本身，规定货币单位及其等分。在金属货币制度下，价格标准表示货币的含金量，如旧中国白银货币流通时，曾使用"两"作为价格标准。在纸币制度下，价格标准由规定的购买力表示，表明不同面值货币之间的换算关系。

图 1-2-1 价格标准

（二）流通手段

流通手段也称为流通媒介、交易媒介，指货币在商品交换中充当交换的媒介。商品交换最早是采取物物直接交换的形式进行的，在货币出现以后商品交换形式发生了变化。货币出现以后每个商品生产者都要先把商品换成货币，即卖出；然后再用货币换回自己所需要的商品，即买进。整个商品交换的过程通过买与卖这两个阶段，即通过"商品—货币—商品"的变换而实现。买与卖所构成的连续不断的过程就是商品流通。货币流通就是在买与卖之间，货币从一个商品所有者手中流通到另一个商品所有者手中的过程。货币在商品流通中充当了媒介，因而货币就具有了流通手段(如图 1-2-2 所示)的职能。

货币发挥流通手段职能时必须是现实的货币，不能是想象或观念的货币。因为这时商品要真正地转化为货币，货币也要真正地转化为商品。货币在流通过程中只是交换的媒介。商品所有者卖出商品的目的不是获得货币，而是用所获得的货币能够换回同价值的商品。

所以，商品交换只是转瞬即逝的行为，交换双方所关心的是用货币是否能再换回价值相等的商品，而不是货币本身的价值。因此，不足值的铸币以及仅是货币符号的纸币就逐渐代替了足值的货币来执行流通手段的职能。

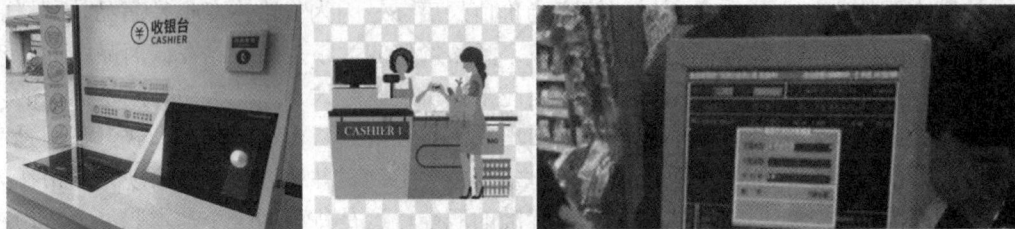

图 1-2-2　流通手段

在一定时期内，流通中所需要的货币量取决于商品的价格总额和货币流通速度，用公式表示为

$$\text{流通中的货币需求量} = \frac{\text{商品的价格总额}}{\text{货币流通速度}}$$

由上述公式可以看出，流通中的货币需求量与商品的价格总额成正比，与货币流通速度成反比。

> **【想一想】**
> 　　货币在执行价值尺度职能时是观念上的货币，而在执行流通媒介职能时必须是现实中的货币，为什么？

（三）支付手段

支付手段指货币不伴随着商品运动，而是以交换价值的独立形式进行价值的单方面转移。货币支付手段的职能最初是由商品的赊销买卖引起的，在赊销过程中商品的卖出和货币的支付在时间上已经分开，货币在这里已经不是流通过程的媒介，而是作为补足交换的一个独立环节，即作为价值的独立存在而使流通过程结束，于是货币的支付手段职能产生了。只要没有商品或劳务与货币同时、同地的相向运动，货币就会发挥支付手段的职能。随着商品交换的发展，货币作为支付手段的职能也扩大到商品流通领域之外，如赋税、工资、地租、借贷等。货币在执行支付手段职能时必须是现实的货币，但可以是不足值的货币。

目前，货币发挥支付手段职能主要体现在以下方面：

(1) 大宗交易是支付手段发挥作用的主要场所。大宗交易的交易量很大，所需的货币金额也很大，因此大宗货物的交易很难做到当面银货两讫，大宗货物交易中的交易地点与付款地点、交货时间与付款时间往往难于一致，大宗货物相当部分的货款是采用延期付款等信用买卖方式进行的。

(2) 在国家财政和银行信用领域里，支付手段发挥着重要作用。国家财政的收入和支出，银行吸收存款和发放贷款，都是以货币作为价值的独立存在形态而进行的。这里的货币是作为支付手段在起作用。

(3) 在工资和各种劳动报酬的支付中，货币作为价值的独立形态进行单方面转移，因而货币也发挥着支付手段的职能。

货币作为支付手段的职能，一方面促进了商品的生产和流通的发展，另一方面也使买卖进一步脱节，扩大了商品经济的矛盾。但是，货币发挥支付手段职能时在商品生产者之间形成了错综复杂的债权、债务关系，在债权、债务把商品所有者紧密联结在一起时，如果其中某一个人不能按期偿还债务，就会影响一系列债权人的正常资金周转，从而引起一系列连锁反应，甚至会引起大批破产，给社会生产带来不良后果。所以，货币发挥支付手段职能也包含着危机的可能性。

> **【想一想】**
> 日常生活中什么情况下货币发挥支付手段职能？

（四）贮藏手段

贮藏手段是指货币退出流通领域，被人们当作社会财富的代表保存起来的职能。货币之所以能被贮藏，是因为货币是一般等价物，它能随时转化为商品，是社会财富的一般代表。

在商品交换的最初阶段，自给自足的生产方式占统治地位，生产的目的是满足自己的消费。当时积累贮藏的作用仅在于用货币保存自己剩余的生产产品。马克思把这种贮藏形式称为"朴素的货币贮藏形式"。随着商品经济的进一步发展，货币的贮藏就成为商品生产能够顺利进行的必要条件，理性的经济行为都需要通过积累一定数量的货币，来帮助决策者实现生活和生产目标。

作为贮藏手段的货币不仅需要现实的货币，而且需要足值的货币，即货币本身要有足够的价值。这是因为人们贮藏货币的目的是贮藏财富以实现保值。所以，作为财富代表的货币不能是虚幻和无价值的。在金属货币制度下，货币贮藏的方式是窖藏货币，其特点是足值货币，且具有自发调节货币流通的作用：当流通领域所需要的货币量增加时，被贮藏的货币就会加入流通领域发挥流通手段职能；当流通中所需要的货币量减少时，有一部分货币就会自动退出流通领域成为贮藏货币。随着经济的发展，价值贮藏的方式也呈现多样化，货币已经不是唯一的价值贮藏手段，人们还可以通过持有珠宝、古董、证券、艺术品、房产等方式来贮藏价值，但它们或多或少都不具备货币的其他职能，所以无法取代货币。

> **【想一想】**
> 如何理解纸币充当贮藏手段职能？

（五）世界货币

货币在世界范围内发挥一般等价物的作用时，执行了世界货币的职能，即在国际范围内执行价值尺度、流通手段、贮藏手段和支付手段等职能。

货币执行世界货币的职能主要表现在三个方面：一是作为国际一般的支付手段，用以平衡国际收支差额；二是作为国际一般的购买手段，进行国际贸易往来；三是作为国际财富转移的手段，如战争赔款、输出货币资本等。

　　随着金属货币退出流通领域以及黄金在世界范围内的非货币化,世界货币职能已经有了很大的变化。在现行国际货币制度下,国际上部分发达国家的货币充当世界货币的职能,如美元、欧元、英镑等。它们在国与国之间具有普遍接受性,发挥着价值尺度、支付手段等职能,但仍有许多国家的货币不能在世界范围内执行世界货币的职能。

　　货币的五大职能并不是孤立的,而是具有内在联系的。每一个职能都是货币作为一般等价物的本质反映。从历史和逻辑上讲,货币的各个职能都是按顺序随着商品流通及其内在矛盾的深化而逐渐形成的,从而反映了商品生产和商品流通的历史发展进程。作为现代市场经济不可或缺的经济要素,货币不仅直接作用于生产、流通、分配和消费,同时也是进行宏观调控的重要手段,对经济正常运行和发展起着关键作用。经济活动的指标如国内生产总值、国民收入等,都要以货币来衡量。这些指标从一个侧面也显示了货币如何通过自身运动将复杂的经济活动联系在一起。

【深度阅读】

世界货币的变化

　　金银等贵金属在近代发挥了世界货币的职能。因为金银是世界范围内被普遍认同的商品,可以直接作为人类劳动的抽象化身,充当最为普遍意义上的一般等价物,所以从中世纪到近代,执行世界货币职能的是金银等贵金属。金银能够充当世界货币,对于国际贸易中产生的贸易差额,金银发挥支付手段的功能;各国间通常平衡的商品交换突然失衡时,金银发挥购买手段的职能;由于特殊的市场行情或交换目的,商品交换无法实现或满足时,金银充当财富的一般代表。为了更好地执行这些职能,金银作为人类劳动的抽象化身,还具有贮藏职能。

　　英国发起了第一次工业革命,开创了大机器生产取代工场手工生产的工业时代,劳动生产率迅速提高。工业革命带来的机器制造工业和交通运输业也迅速发展,使英国成为世界生产、贸易和贸易服务中心。进出口的增加为英国集聚了大量的货币资本,提高了英国货币的地位,促进了英国银行业的跨国发展。商业银行体系的广泛发展进一步促进了以英国货币标价的银行票据在世界贸易中的使用,一个国际化的金融体系建立起来了。19世纪中叶,英国已经拥有了高度发达的银行系统,很多国家在伦敦清算、从伦敦融资借贷,英格兰银行发行的英国货币成为最稳定、有效的世界贸易工具和信贷服务的计价单位,当时世界上超过60%的贸易以英镑为报价和结算货币。据估计,1914年在伦敦融资的国际贸易票据约为35亿英镑。为满足与英国交易和借贷的需求,其他国家的货币转向金本位或者与英镑挂钩,将本国黄金存储在英格兰银行,英国垄断了世界黄金贸易,英镑成为外汇储备的首选货币。一战前,以英镑形式的外汇储备占总储备的40%,并且由于英镑随时可以兑换黄金,因此英镑成为黄金符号,成为世界货币。

　　19世纪90年代后,英国货币的地位受到美国和德国货币的挑战,其中主要原因是第二次工业革命后以美国和德国为代表的一些国家采取了新的劳动生产方式,生产能力和劳动生产率一举超越英国。1910年,英国工业生产的多项世界纪录被两国打破,如煤炭生产产量等。1890年,英国、德国、法国的煤炭产量分别为182千万吨、8千万吨、14千万吨,到 1910 年则分别为 264 千万吨、219 千万吨、448 千万吨。美国劳动生产率从 1890 年到 1907 年每年提高 2%，英国只提高了 1%。在 15 项重要工业部门中，美国的单位劳动产出是英国的 226 倍。两次世界大战让英国国力更为衰退，以英国货币为核心的金本位体制在艰难中运行，而美国依靠着强大的经济实力，从国际债务国变成了债权国，每年向包括英国在内的国家贷出巨额资金，为外国政府和企业发行美元标价的债券。二战结束后，美元凭借占世界 3/4 的黄金储备取代英镑成为世界货币，即使在布雷顿森林体系崩溃后，美元仍然是世界上最值得信任的货币。与黄金脱钩后，成为不可兑换货币的美元的地位反而上升，成为世界的主要储备货币。

> **【想一想】**
> 我国的人民币是世界货币吗？为什么？

任务三　货 币 制 度

一、货币制度的内容及构成

货币制度又称为货币本位制度，简称"币制"，是指一个国家以法律形式确定的货币流通的结构和组织形式。一个国家或地区为了保持其货币流通的正常和稳定，通常要制定、颁布一系列的法律和规定。这些法律和规定强制性地把有关货币流通的各个方面、各个要素联系起来，并在实践中不断地修正、补充，从而形成一个有机整体，这就是一个国家或地区的货币制度。完善的货币制度能够保证货币和货币流通的稳定性，保障货币正常发挥各项职能。

货币制度是伴随着金属铸币的出现开始形成的。由于早期铸币在形制、重量、成色等方面都有较大的差异，加上民间私铸、盗铸，货币流通比较混乱，因此要求国家对此加以管理。于是，各国以法律形式开始规范国家货币流通的结构、体系和组织形式，从而建立起统一的货币制度。货币制度是一个国家经济制度的重要组成部分，其内容与经济发展水平相适应，并随着社会经济的发展进行相应调整。货币是商品生产和交换发展的产物，随着商品生产和交换的发展，货币的形式、货币的发行、货币的流通和使用等内容也在不断地发生变化。因此，货币制度也经历了一系列的发展演变过程。

（一）规定货币材料

货币材料简称"币材"。规定以何种材料作为币材是货币制度最基本的内容。建立货币制度的基础就是要合理地选择制作货币的材料，确定货币材料是建立货币制度的基本要素。不同的货币材料构成了不同的货币制度。如果用白银作为本位货币的材料，就形成了银本位制；如果用黄金作为本位货币的材料，就形成了金本位制；如果用黄金和白银共同作为本位货币的材料，就形成了金银复本位制。到了现代不兑现的信用货币制度，货币材料的规定已经失去了原来的意义。

货币材料虽然表面上是由国家规定的，但实际上它是由客观经济发展的进程决定的。

在不兑现的信用货币制度下，国家不规定单位货币的金属含量，于是纸币成为流通中商品价值的符号，纸币币值以流通中商品的价值为基础，这就是目前世界各国所普遍实行的纸币本位制。进入 21 世纪后，由于计算机和通信技术的飞速发展，电子货币已经进入我们的日常生活，在不远的将来，货币制度将进入无形货币时代。

(二) 规定货币单位

货币单位是货币本身的计量单位，规定货币单位包括两方面：一是规定货币单位的名称，二是规定单位货币的价值(单位货币的含金量)。

在金属货币制度条件下，货币单位的值是每个货币单位包含的货币金属重量和成色；在信用货币尚未脱离金属货币制度条件下，货币单位的值是每个货币单位的含金量；在黄金非货币化后，确定货币单位的值表现为确定或维持本币的汇率。

从历史的角度来考察，货币的单位名称最初与货币商品的自然单位和重量单位相一致，如贝壳是以"朋"为单位。在我国货币史上占有重要地位的"秦半两"铜钱和汉武帝时期铸造的"五铢"铜钱，在币面上分别铸有"半两"和"五铢"字样。后来由于种种原因，货币单位名称与货币商品的自然单位和重量单位相脱离。法律规定的名称通常是以习惯形成的名称为基础。按照国际惯例，一个国家的国名加上该国货币单位的名称往往就是该国的货币名称，如英镑、美元、加拿大元、日元等，但也存在一些例外，比如欧元、人民币等。

确定货币单位最重要的是要确定货币的币值。在金属货币流通条件下，就是要确定单位货币的含金量。例如：根据美国 1934 年 1 月的法令规定，1 美元含纯金 13.714 格令(合 0.888 671 克)；按照 1870 年英国的铸币条例，1 英镑的含金量为 7.97 克；中国北洋政府在 1914 年颁布的《国币条例》中规定，货币单位为"圆"，含纯银 6 钱 4 分 8 厘(合 23.977 克)。确定了单位货币的含金量，规定了货币单位及其等份，就可以使货币更准确和方便地执行各种职能。

(三) 规定货币的种类

货币的种类主要指主币和辅币。

主币也称为本位币，是一个国家流通的基本通货和法定价格标准。主币的最小规格通常是 1 个货币单位。在金属货币制度下，主币是用国家规定的货币材料按照国家规定的货币单位铸造的货币。在信用货币制度下，主币的发行权集中于中央银行或政府指定的发行银行。

辅币是指本位货币单位以下的小面额货币，其面值大多为本位币的 1/10 或 1/100，主要供日常的零星交易和找零使用。在金属货币制度下，为节约流通费用，辅币多由贱金属铸造，是一种不足值的货币，铸造权由国家垄断并强制流通。金属货币退出流通后，辅币制度仍然保存下来，在信用货币制度下，辅币的发行权都集中于中央银行或政府机构。

(四) 规定货币的偿付能力

货币的偿付能力有无限法偿和有限法偿两种。

无限法偿是指无限的法定支付能力，即法律规定，不管是何种性质的支付，也不管每次支付的数额大小，债权人或收款人都不得拒绝接受，否则视为违法。有限法偿是指每次支付的货币的数量不能超过规定的额度，否则债权人或收款人有权拒收。

在金属货币流通中，本位币具有无限法偿能力，辅币则具有有限法偿能力；在纸币流通制度下，纸币具有无限法偿能力。纸币是由国家发行的、依靠国家权力强制流通的价值符号，它代替金属货币执行货币的职能，本身没有价值，一般也不需要黄金准备。纸币也有本位币和辅币之分，都是不足值的货币，所以区分无限法偿和有限法偿并无实际意义。例如，我国目前仍然实行现金管理，国家对现金和非现金流通规定了适用范围和数量，但对本位币人民币"元"和辅币"角""分"未作明确的无限法偿或有限法偿的区分，只是规定它们都是法定货币，都具有法偿能力。

(五) 规定货币铸造发行的流通程序

货币铸造发行的流通程序主要分为金属货币的自由铸造与限制铸造、信用货币的分散发行与垄断发行。

1. 自由铸造与限制铸造

规定货币的铸造是金属货币制度的内容之一。本位币可以自由铸造和自由熔化。自由铸造即公民有权把法律规定的金属币材送到国家造币厂铸成金属货币；公民也有权把铸币熔化还原为金属；铸币厂仅收取少量的铸造或熔化费用。铸币的实际价值是指铸币本身的金属价值，由于公民可以随时将金属币材送到国家造币厂请求铸成铸币或者将铸币熔化为金属条块，因此铸币的名义价值总是能够和其实际价值保持一致，这也是自由铸造的重要意义。限制铸造是指只能由国家来铸造金属货币，不准公民铸造。由于金属辅币是不足值货币，铸造辅币可获得额外收益，因此金属辅币的铸造权由国家垄断并强制流通。

2. 分散发行与垄断发行

规定货币的发行是信用货币制度的内容之一。分散发行是指允许私人部门按照规定的条件发行信用货币；垄断发行是指信用货币只能由中央银行或指定机构发行。早期的货币允许各商业银行分散发行，后来为了解决货币分散发行带来的混乱问题，各国通过法律把货币的发行权收归中央银行或者指定机构。

(六) 规定货币发行准备制度

货币发行准备制度是指发行者以某种金属或某几种形式的资产作为其发行货币准备的制度，准备制度是一个国家货币发行的物质基础。

在金属货币条件下，货币发行以法律规定的贵金属作为发行准备。早期，各国一般都采用 100%的金属准备；在金属货币与银行券同时流通的条件下，发行机构按照银行券的实际规模保持一定数量的黄金，不再是 100%的金属准备。目前，各国均实行不兑现的信用货币流通制度，作为货币发行准备的资产已经多样化。尽管各国的货币发行准备制度不一致，但归纳起来，作为发行准备金的有黄金、国家债券、商业票据、外汇等。例如，我国的人民币只规定了经济发行的原则，而无发行准备制度；我国的香港特别行政区则以外汇美元作为港币的发行准备金。

(七) 规定货币的对外关系

规定货币的对外关系即规定本国法定货币同外国货币是自由兑换还是不可自由兑

换(管制)。货币的对外关系是由一个国家的政治、经济、文化和历史传统等诸多因素决定的。

【深度阅读】

货币国际化

货币国际化一直是一个热点话题。国际货币基金组织把货币国际化定义为某国货币越出国界，在全球范围内实现自由兑换、交易和流通，并最终成为国际化货币的过程。货币国际化的最终发展形态就是形成国际货币(世界货币)。

国际货币的特性有三点：第一，自由兑换性，即该货币可以自由地被其他各国政府居民所买卖兑换；第二，普遍接受性，即该货币无论是在本国还是在世界各国都能够被政府、企业、居民所普遍接受；第三，相对稳定性，即该货币的币值能保持相对稳定。

二、货币制度的类型及演变

从货币制度存在的形态来看，其自产生以来，经历了金属货币制度和不兑现的信用货币制度两个阶段，其中金属货币制度又分为银本位制、金银复本位制和金本位制三种类型，如图 1-3-1 所示。

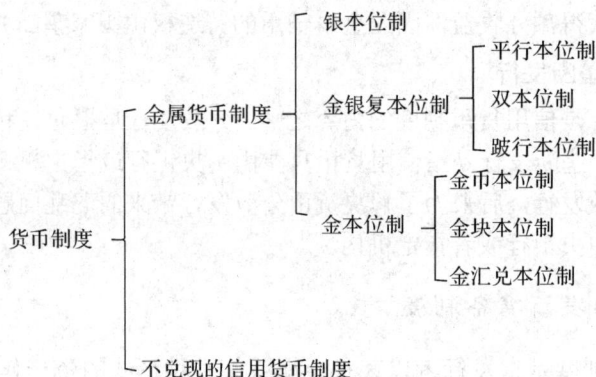

图 1-3-1　货币制度

(一) 银本位制

银本位制是出现最早的货币制度之一，是指用白银作为本位货币材料的一种货币制度。它从 16 世纪开始在资本主义国家盛行。15 世纪末，哥伦布发现美洲新大陆之后，白银矿山相继被发现，白银的开采技术得到进一步提高，世界白银产量迅速增加，这为实行银本位制创造了基本条件。西班牙、墨西哥、秘鲁是最先实行银本位制的国家，后来西欧各国以及日本和印度等国家也相继实行了银本位制。

银本位制的基本特征包括：

(1) 以白银作为本位币币材，银币享有无限法偿的能力。

(2) 国家统一规定了银币的重量、成色、形状和货币单位。

(3) 银币可以自由铸造，自由熔化；白银可以自由兑换成银币。

(4) 银行券可以自由兑换成银币。

(5) 白银和银币都可以自由输出和输入。

资本主义的发展使得大规模的贸易增多，由于白银的体积大但价值低，因此不能适应经济发展的客观需要。19世纪以后，随着生产白银的劳动生产率不断提高，世界白银产量激增，白银的价值不断降低，金与银之间的比价大幅度地波动，从1866年到1898年的30多年间，白银与黄金的比价跌落了50%。与黄金相比，白银体积大而价值小，在价值较大的大宗商品交易中，由于交通不发达，信用制度比较落后，因此使用银币计价，会给计量、结算和运输带来很多不便。随着商品经济的快速发展，客观上要求价值更大、体积更小、价值更稳定的黄金充当货币金属的材料，许多国家纷纷放弃银本位制，货币制度由银本位制过渡到了金银复本位制。

（二）金银复本位制

金银复本位制是指以黄金和白银共同作为货币材料，以金币和银币共同作为本位货币的货币制度。在商品交易中，银币主要用于小额支付，金币主要用于大宗商品交易的支付，这样就形成了白银与黄金都作为主币流通的局面，客观上产生了建立金银复本位制的要求。16至18世纪，由于大量的金银从美洲流入欧洲，欧洲国家纷纷建立金银复本位制。金银复本位制按金、银两种金属的不同关系，又可分为平行本位制、双本位制和跛行本位制三种。

金银复本位制的基本特征包括：

(1) 黄金和白银同时被作为本位币金属；

(2) 金币和银币都可以自由铸造和自由熔化；

(3) 金币和银币都具有无限法偿的能力；

(4) 辅币和其他货币符号都可以自由兑换为金币和银币；

(5) 黄金和白银都可以自由输出和输入。

1. 平行本位制

平行本位制是指金币和银币按它们所含的金银实际价值进行流通，国家对这两种货币的兑换比率不加规定，金币和银币是按市场实际比价进行流通的货币制度。例如：英国在1663年刚实行金银复本位制时，铸造的金基尼(金币)和原来流通的银先令(银币)并用，两者按它们所包含的金和银的市场比价进行兑换。

平行本位制是金银复本位制的最初形式。由于每一种商品都有金币和银币两种货币的标价，因此其本身的缺陷便很快暴露出来。在平行本位制下，一方面，金币和银币按各自的价值流通，市场上的商品就会有两种价格，并且这两种价格会随着金银市场实际价值的波动而波动，容易引起商品价格的混乱。另一方面，金银实际价值的波动导致金银在世界范围内的无序流动。当国内银价高时，白银流入本国，而黄金流出本国；当国内银价低时，白银流出本国，而黄金流入本国。这样就影响了货币币值的稳定和货币职能的发挥。由于这种平行本位制极不稳定，慢慢就过渡到了双本位制。

2. 双本位制

双本位制是指金币和银币按照国家规定的固定比价进行流通和交换的货币制度。为了克服平行本位制的问题，国家以法律规定金币和银币之间的固定比价。例如：法国曾规定，不管金银市场实际比价如何变化，都按 1 金法郎＝15.5 银法郎进行兑换和流通。这种制度避免了在平行本位制下价格混乱的弊端，但是随着时间的发展开始出现了新的问题。

在双本位制下形成了国家官方金银比价与市场自发金银比价平行存在的局面，而国家官方比价与市场自发比价相比，显然缺乏弹性，不能快速地依照金银实际价值比进行调整。因此，当金币与银币的实际价值与名义价值相背离时，实际价值高于名义价值的货币(即良币)通常被收藏、熔化而退出流通，实际价值低于名义价值的货币(即劣币)则充斥市场，即所谓的"劣币驱逐良币"。在某一时期，市场上实际只有一种货币在流通，很难有两种货币同时并行流通的情况。例如：1792 年，美国《铸币法案》规定金银的法定比价为 1∶15，而市场的实际比价为 1∶16，此时金币成为良币，银币成为劣币，在价值规律的作用下，人们就会把金币熔化掉，用一个单位的黄金到市场上去兑换 16 个单位的白银，然后再铸造成银币，在不考虑兑换费用的前提下，显然就会多出一个单位的银币。由于这一现象是由 16 世纪英国财政大臣托马斯·格雷欣发现并提出的，所以又将这一"劣币驱逐良币"规律称为"格雷欣法则"。

【深度阅读】

格雷欣爵士

稍有金融常识的人都知道"格雷欣法则"，即"劣币驱逐良币"规律，是个名叫托马斯·格雷欣的爵士提出来的。格雷欣是王室商人或财务代理人。

16 世记中期，处于上升时期的英国征战不断，如何筹措战争资金成为最紧迫的问题。由于当时金融体系还不发达，一般金融机构只能提供中小规模的资金，无法应付军费等大笔需求。后来当王室急需巨款时，一些有影响力的富商开始帮助筹措资金。格雷欣家族以商业起家，经过三四代经营，到托马斯的上一代，已成为伦敦城较有影响力的王室富商。随着重商主义兴起，商人的地位在等级森严的英国逐渐提高。许多英国商人，或者对海外殖民地有重大贡献者都被授予爵位，托马斯·格雷欣的父亲与叔叔都曾受封并担任伦敦市市长。1519 年，托马斯就出生在这样一个家庭里。大约 13 岁时他进剑桥大学读书，受良好教育，之后学习经商。后来，托马斯受举荐开始担任王室商人，当时他已有多年经商经验，在为英国王室筹措资金的过程中立下汗马功劳，深受伊丽莎白女王倚重。英国经济史学者 R.托尼如此评价托马斯："他是个奇妙的三合一体——成功的商人、金融专家、政府的优秀代理人"。

【想一想】

　　1. 假设某一时期某国规定金银的法定比价为 1∶14，而市场的实际比价为 1∶15，金币和银币，哪个是劣币，哪个是良币？怎么做有获利机会？

　　2. 假设某一时期某国规定金银的法定比价为 1∶15，而市场的实际比价

3. 跛行本位制

为了解决"劣币驱逐良币"现象，资本主义国家纷纷采用跛行本位制，即金币、银币都是本位币；国家规定金币能自由铸造，而银币不能自由铸造；规定银币不具有无限清偿能力，金币和银币按法定比价交换。此时，银币实际上已成为辅币。这种跛行本位制是金银复本位制向金本位制的过渡形式。

与银本位制相比，金银复本位制具有其先进之处：金、银并用，满足了当时生产扩大对通货的需求；金币与银币的价值高低不同，可以分别适用于批发交易和小额交易。但是，金银复本位制是一种不稳定的货币制度，因为货币作为一般等价物是具有独占性和排他性的。随着黄金产量的增加和经济的发展，西方各资本主义国家先后过渡到金本位制。

（三）金本位制

金本位制是指以黄金作为本位币材料的货币制度。1816 年，英国首先过渡到金本位制，随后各主要资本主义国家相继实行金本位制。金本位制在其发展过程中主要经历了金币本位制、金块本位制和金汇兑本位制。

1. 金币本位制

金币本位制是典型的金本位制。在这种制度下，国家法律规定以黄金作为货币金属，即以一定重量和成色的金铸币充当本位币。

金币本位制主要有以下三个基本特征：

(1) 金币可以自由铸造和自由熔化，而其他铸币包括银铸币和铜镍币则限制铸造，从而保证了黄金在货币制度中处于主导地位。本国居民可以根据国家规定的价格标准把黄金自由地铸成金币，其数量没有限制；也可以将金币自由地熔化为金块。金币的自由铸造和自由熔化，可以自发地调节流通中的货币量，保证金币的名义价值和实际价值相一致，从而保证市场物价的基本稳定。

(2) 金币可以自由兑换。在金币本位制下，辅币可以自由地无限制地被兑换成金币，银行券等也可以自由地兑换成金币。这样，辅币和银行券能稳定地代表一定数量的黄金进行流通，既可以节约黄金和货币的流通费用，又能够保证辅币和银行券的价值稳定，不会出现通货膨胀。

(3) 黄金可以自由地输出、输入国境。由于黄金可以在各国之间自由转移，从而保证了世界市场的统一和外汇汇率的相对稳定。

18 世纪末至 19 世纪初，英国经济迅速发展后首先过渡到金币本位制。之后，欧洲各国纷纷效仿。德国于 1871—1873 年实行金币本位制，丹麦、瑞典和挪威均于 1873 年开始实施，美国于 1900 年也实施了金币本位制。

从历史的角度来看，金币本位制对于各国商品经济的发展以及世界市场的统一都起到了重大的推动作用，其稳定的货币自动调节机制无疑是高效率的。但是到了第一次世界大战期间，资本主义国家政治和经济发展开始不平衡，特别是世界黄金存量分配极不均衡，1913 年年底，美、英、法、德、俄五国控制了世界黄金存量的 2/3 以上，迫使许多国家竭力从市场上吸收黄金充实国库，从而使黄金的自由流动、银行券的自由兑换和黄金的自由输出、输入遭到破坏。各国为了阻止黄金外流，先后放弃了金币本位制。到了 20 世纪 30

年代中期，金币本位制逐渐退出历史舞台，金块本位制和金汇兑本位制相继出现。

2. 金块本位制

金块本位制又称为"生金本位制"，是指国内不准铸造、不准流通金币，只发行代表一定黄金量的银行券(或纸币)来流通的制度。1924—1928 年，在资本主义世界进入了相对稳定时期，出现了企图恢复金币本位制的呼声，但金币本位制已经不可能恢复。作为一种变通的金本位制，1925 年 5 月，英国率先实行了金块本位制，然后法国、荷兰、比利时等国相继实行。

在金块本位制下，国家不再铸造和流通金币，而以银行券(或纸币)作为流通的货币，并且规定了单位货币的含金量；此时黄金集中由政府储存，辅币、银行券等价值符号不能自由地兑换黄金，只有达到一定的数量才能兑换成金块。例如：英国 1925 年规定，银行券在 1100 英镑(合 400 盎司黄金)以上才能兑换金块；法国 1928 年规定，银行券在 215 000 法郎以上才能兑换金块。事实上，这样高的限额对于大多数人来说是无法达到的，因此他们也就无法兑换黄金。

金块本位制虽然可以节约黄金的使用，但是维持金块本位制要以国际收支平衡和大量用于对外支付的黄金储备为基础。由于出现了大量的国际收支逆差，加上黄金产量下降，黄金储备不敷支付，许多国家放弃金块本位制，开始实行金汇兑本位制。

3. 金汇兑本位制

金汇兑本位制又称为"虚金本位制"，是指没有金币的铸造和流通，使本国货币依附于某一外国货币，并通过外汇间接兑换黄金的货币制度。

在金汇兑本位制下，国内没有金币的铸造和流通，本国中央银行将黄金和外汇存放于某一个实行金币(块)本位制的国家，并与其建立固定的比价；本国纸币和银行券不能直接兑换黄金，只能先兑换成依附国的货币，然后兑换成黄金。实行金汇兑本位制的国家实际上是使本国货币依附在一些经济实力雄厚的外国货币上，处于附庸地位，从而使得本国的货币政策和经济都受到这些实力强的国家的控制。同时，附庸国家向实力强的国家大量提取外汇准备或兑取黄金也会影响后者的币制稳定。

金汇兑本位制和金块本位制都是一种残缺不全的本位制，实行的时间不长，在 1929—1933 年世界性经济危机的冲击下都相继崩溃。从此，资本主义世界除个别国家外，也都与金本位制告别，而实行不兑现的信用货币制度。

(四) 不兑现的信用货币制度

不兑现的信用货币制度即纸币本位制，是指以不兑换黄金的纸币为本位币的货币制度。当今世界各国普遍实行不兑现的信用货币制度。

不兑现的信用货币制度的基本特点包括：

(1) 信用货币一般是由中央银行发行的，并由国家法律赋予无限法偿能力。

(2) 货币不规定含金量，不能兑换黄金，货币发行不以金银为保证，也不受金银数量的限制。

(3) 流通中的货币不仅指现钞，银行存款也是通货。随着银行转账结算制度的发展，存款通货的数量会越来越大，现钞流通数量会越来越小。

(4) 货币是通过信用程序投入流通领域，通过银行的信用活动进行调节的，不能像金属货币制度下那样可以进行自发的调节。因为不能自发调节，所以需要国家的中央银行或货币管理当局采用某些手段来调解货币供应量，以保持货币稳定。这种货币制度也是一种管理货币制度。

(5) 货币流通的调节构成了国家对宏观经济进行控制的一个重要手段。信用货币的发行数量只能根据本国商品和劳务流通的需要而定，从而使国家对货币的管理成为经济正常发展的必要条件。金融当局可以通过货币总量和利率变化调控宏观经济总量和结构，稳定物价，从而提高经济效益和社会效益。

在信用货币制度下，国家对银行信用的调节和管理尤为重要。现在社会通行的信用货币制度的历史很短，仍有许多不完善之处，但是这种货币制度却创造了货币对经济调节的"弹性"作用，且适应商品生产与交换的发展，显示了较为优越的特性，从而具有强大的生命力。

三、我国的货币制度

我国现行的货币制度是"一国四币"的特殊货币制度，包括人民币制度和香港、澳门和台湾地区的货币制度。其表现为不同地区各有自己的法定货币，各种货币限于本地区流通，各种货币之间可以兑换。人民币和港币、澳门元、新台币的关系，是在一个国家的不同社会经济制度区域内流通的四种货币，它们所隶属的货币管理当局各按自己的货币管理方法发行和管理货币。

（一）人民币制度

我国的人民币制度的建立以 1948 年 12 月 1 日第一套人民币的发行为标志。《中华人民共和国中国人民银行法》规定："中华人民共和国的法定货币是人民币。"人民币在我国社会主义经济建设和人民生活中发挥了重要作用。

1. 人民币制度的基本内容

人民币制度主要包括以下基本内容：

(1) 人民币是中华人民共和国的法定货币，人民币具有无限法偿能力，以人民币支付中华人民共和国境内的一切公共和私人的债务，任何单位和个人不得拒收。

(2) 人民币的单位是"元"，"元"是本位币，辅币的单位是"角""分"。1 元等于 10 角，1 角等于 10 分。人民币的符号为"¥"，取"元"字的汉语拼音首位字母"Y"加两横而成。

(3) 人民币是代表一定价值的货币符号，是一种纸币，它没有含金量的规定，是独立自主的不兑现的信用货币。

(4) 人民币是我国唯一合法通货。国家规定在国内严禁一切外国货币和金银的流通，也禁止人民币输出国境；国家法令规定，严禁伪造、变造人民币以及破坏人民币声誉的行为。凡违反者均要受到法律的制裁。

(5) 人民币的发行实行高度集中统一，货币发行权集中于中央政府，由中央政府授权中国人民银行统一掌管。国务院每年在国民经济计划综合平衡的基础上，核准货币发行指标，并授权中国人民银行发行。人民币由中国人民银行统一印制、发行。

(6) 任何单位和个人不得印制、发售代币票券以代替人民币在市场上流通。残缺、污损的人民币，按照中国人民银行的规定兑换，并由中国人民银行负责收回、销毁。

(7) 中国人民银行设立人民币发行库，在其分支机构设立分库。分库调拨人民币发行基金，应当按照上级库的调拨命令办理。任何单位和个人不得违反规定，动用发行基金。

(8) 我国人民币的可自由兑换是一个渐进过程。我国外汇管理体制改革的长远目标是实现人民币的可自由兑换，达到一定经济实力和全方位的开放之后，人民币将走向国际化。

2. 人民币发行程序

人民币发行程序如图 1-3-2 所示。

图 1-3-2　人民币发行程序

中央银行是货币的发行机构，对货币的发行实行统一的管理。我国的中央银行是中国人民银行，中国人民银行的货币发行主要是通过发行库和业务库来完成的。

发行库是人民银行为保管货币发行基金而设置的金库，是办理货币发行的具体机构。我国实行四级发行库体制，依次分为总库、分库、中心支库和支库。发行库由中国人民银行根据经济发展和业务需要决定设置，各级发行库主任均由同级中国人民银行行长担任。发行库的主要职能是：保管人民币发行基金；办理人民币发行基金出入库和各银行及其他金融机构的现金存取业务；负责现金回笼的整理清点等。

业务库是各商业银行基层分、支行和处、所为办理日常现金收付而设置的金库。业务库保管的货币是流通中的货币，处于周转状态。为节约现金使用、减少现金调拨和控制货币发行的额度，在保证业务现金需要的前提下，人民银行对各商业银行业务库保留的现金均确定一个库存限额，当业务库库存限额确定后，不能任意突破。

人民币发行的具体程序：当业务库中现金低于库存限额时，可从当地央行的存款余额中提取现金，使得货币基金从发行库转到业务库并进入流通领域，这一过程称为现金发行；反之，当业务库中现金超过库存限额时，各商业银行应将超出的部分送存当地央行，使得现金从流通领域中退出，这一过程称为现金回笼。现金从商业银行的业务库流入到市场中的过程称为现金投放；现金从市场进入商业银行业务库的过程称为现金回行。

【想一想】
我国发行了几套人民币？有哪些防伪标识？

（二）中华人民共和国港、澳、台地区的货币制度

1. 香港的货币制度

目前，世界上绝大多数国家通行的货币制度是指由中央银行发行法偿货币。但是，中国香港特别行政区没有中央银行，按照《中华人民共和国香港特别行政区基本法》的规定，港币是香港特别行政区的法定货币，港币的发行权属于香港特别行政区政府。香港自 1983

年起，实行与美元挂钩的联系汇率制，即港币的发行必须有百分之百的美元准备金，并且港币为自由兑换货币。换言之，基础货币的任何变动都必须与外汇储备的相应变动一致。

根据中国香港法律规定，特别行政区政府在确知港币的发行基础健全和发行安排符合保持港币稳定的条件下，授权汇丰银行、渣打银行和中国银行(香港)发行港币(如图 1-3-3 所示)。发钞银行发钞时，需按 7.80 港币兑 1 美元的汇率向金管局提交等值美元，并记入外汇基金的账目，以购买负债证明书，作为其发钞纸币的支持。相反，回收港币纸币时，金管局会赎回负债证明书，银行则自外汇基金收回等值美元。香港政府也发行硬币，硬币的铸造由政府财政司负责，铸造者均需按照政府授权的设计、面额、成分、标准重量及允许的公差进行铸造。

图 1-3-3 汇丰银行、渣打银行、中银香港新港币(样本)

2. 澳门的货币制度

根据《中华人民共和国澳门特别行政区基本法》的规定，澳门元是澳门特别行政区的法定货币。澳门元的发行权属于澳门特别行政区政府。发行澳门元必须以与发行额等值的外币为发行准备。澳门元可自由兑换。

3. 台湾的货币制度

按照台湾地区的有关规定，新台币为台湾地区的法定货币。新台币的实质发行权保留在"中央银行"，但实际发行由"中央银行"委托商业银行进行。新台币的发行必须有百分之百的准备金。

任务四　国际货币体系

一、国际货币体系概述

(一) 国际货币体系的定义

国际货币体系是指国际交易结算时所采用的货币制度，也就是国家之间进行支付的一套规定、做法和制度。

当货币制度问题超出国界时，就成为国际货币体系的问题。在发达的国际交往中，为了保证货币支付的顺畅进行，就会要求所有国家共同遵守一定的规则、秩序和安排，这些内容就构成了国际货币体系。

(二) 国际货币体系的内容

国际货币体系一般包括以下三方面的内容：

(1) 国际储备资产的确定，即用什么货币作为国际间的支付结算货币和国际储备货币。这是国际货币体系的核心内容，也是国际储备的含义所在。

(2) 汇率制度的确定，即各国间货币的比价应该如何确定和维持，是采用浮动汇率制度还是固定汇率制度。

(3) 国际收支的调节方式，即当一个国家出现国际收支失衡时，应该采用什么方式来调节，使之回归至平衡状态。

(三) 国际货币体系的发展阶段

经济体目前的状态在很大程度上取决于它过去的发展历程，当前的国际货币体系和它过去的历程具有较强的联系性。在历史的各个时期，国际货币体系在不断地演变。从时间先后来看，国际货币体系大体上分为三个阶段，即国际金本位制阶段、布雷顿森林体系阶段和牙买加体系阶段。在各个国际货币体系阶段中，其国际储备货币是不同的，因而经历了不同的国际货币体系。

二、国际金本位制

国际金本位制包括古典金本位制下的国际货币体系和金汇兑本位制下的国际货币体系。

(一) 古典金本位制下的国际货币体系

国际金本位制形成于 1879 年，到 1914 年第一次世界大战爆发时结束。到 1879 年，所有的主要工业国和大多数小的农业国都采用了金本位制。在 19 世纪 70 年代中期,法国抛弃了金银复本位制,采用了金本位制;德国放弃了银本位制,也采用了金本位制;美国于 1879 年重回金本位制。但是在 1914 年 8 月,参战的欧洲国家宣布他们的货币不能兑换成黄金和其他货币,国际金本位制几乎在一夜之间突然终止。至此,西欧国家和美国维持金本位制长达 35 年。

1. 基本内容

(1) 在国际金本位制下,黄金作为国际储备货币(即国际本位货币),充当了国际价值尺度、国际支付媒介和国际储备手段的角色。各国货币都规定了法定含金量,货币间的汇率由货币的含金量之比来确定。

(2) 黄金可以自由输出、输入,金币可以自由铸造,因此汇率可以保持稳定。

(3) 银行券可自由兑换成黄金,因此银行券可以保持价值稳定。

(4) 一般物价水平是由世界范围内对黄金的需求和供给决定的,任何国家包括英国,都无法影响本国物价水平,物价在长期内是稳定的。没有一个国家的货币是名义锚(即货币政策制定者用来锁定物价水平的名义变量)。

由于英国在当时的地位,在实际运行中英镑替代黄金执行了国际本位货币的功能。英镑成为全世界广泛使用的货币,伦敦成为世界金融中心。在当时的国际贸易结算中,90% 是通过英镑来结算的。英镑在国际货币体系中占据独一无二的主导地位。

2. 体系缺陷

在运行过程中,古典金本位制下的国际货币体系的缺陷也慢慢表现出来:

(1) 黄金分配极其不均衡。作为世界货币,黄金主要掌握在少数核心国家手中。由此,缺少黄金的国家失去了实行金本位制的基础,也影响了黄金的国际结算职能。

(2) 黄金供给是有限的。黄金是一种自然资源,它的供给依赖于金矿的开采,而且其供给并不能人为地控制。同时,世界经济的不断发展要求作为世界货币的黄金的供给不断增长,以方便交易,从而进一步促进世界经济发展。但是,作为自然资源的黄金的供给无法满足世界经济发展所需要的货币增长要求。所以,世界经济容易陷入通货紧缩的境地,导致国内经济很难处于稳定状态。

(二) 金汇兑本位制下的国际货币体系

1. 基本内容

从本质上讲,金汇兑本位制下的国际货币体系是一种附加了条件的金本位制。它的特点如下:

(1) 各国纸币仍规定有法定的含金量,但是货币不能"自由"兑换成黄金,而只能兑换成实行金(块)本位制国家的货币。

(2) 实行金(块)本位制的国家的货币直接和黄金挂钩,实行金汇兑本位制的国家的货币间接和黄金挂钩。黄金只有在国际收支失衡时,才可以充当国际支付手段。

2. 发展过程

一战时期,各参战国利用黄金作为战争融资手段,禁止黄金输出,并停止将纸币兑换成黄金。同时各国发行大量的纸币，这些纸币在战后急剧贬值，造成严重的通货膨胀，各国间的汇率波动剧烈，因此各国在战后开始着手恢复金本位制，试图稳定国际货币体系。到 1928 年底，战前实行金本位制的国家基本上都恢复了金本位制。但是，战后形势发生了巨大变化，黄金储备分布不均衡。其中，美国所持有的储备黄金在全球储备黄金总量中的份额超过 40%，同时，黄金的供给跟不上世界经济发展的需要。因此，当时只有美国实行纯粹的金本位制。英、法两国分别于 1925 年和 1928 年才实行金块本位制，而其他国家如德国、意大利、丹麦和奥地利等 30 多个国家实行的是金汇兑本位制。由于这一期间采用金汇兑本位制的国家较多，因而这一时期的国际货币体系被称为国际金汇兑本位制。

1929—1933 年的大萧条彻底摧毁了金汇兑本位制。大萧条最初的表现是银行业的黄金挤兑危机。1931 年 9 月 21 日，英国难以应对黄金挤兑压力，最终宣布放弃金块本位制，英镑区国家也相继放弃金汇兑本位制。美国于 1933 年 3 月也不得不放弃金本位制，宣告国际金汇兑本位制彻底瓦解。

在古典的金本位制下，英镑代替黄金行使了国际货币的功能。但是经济大萧条完全彻底地摧毁了以英镑和金本位为标志的国际经济体系。此后，美元、英镑和法郎共同作为国际货币，它们之所以能承担起国际货币的功能，是因为美国、英国和法国向其他国家承诺按一定比价将本国纸币兑换成黄金。这时候的国际储备货币背后的支持是黄金的自然价值和政府的信用。

三、布雷顿森林体系

(一) 基本内容

布雷顿森林体系的基本内容包括：

(1) 以黄金为基础，以美元作为主要的储备货币，实行"双挂钩"的国际货币体系。规定了美元的含金量：35 美元等于 1 盎司黄金。美国政府承诺随时对外按此比价把美元兑换成黄金。"双挂钩"示意图如图 1-4-1 所示。

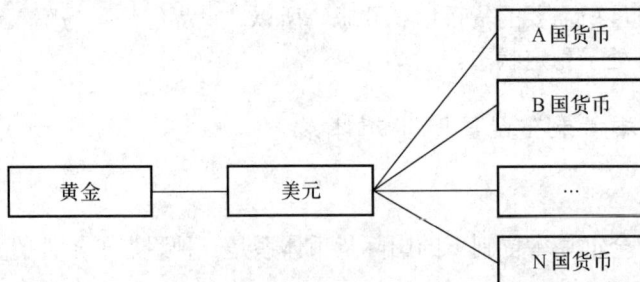

图 1-4-1 "双挂钩"示意图

(2) 实行固定汇率制。各国货币和美元之间保持可调整的固定汇率，各国货币和美元汇率可以在上下 1%的范围内波动。美元与黄金挂钩，其他国家的货币与美元挂钩，这是布雷顿森林体系的最主要特征。

(3) 国际货币基金组织通过预先安排的资金融通措施，保证向会员国提供辅助性储备供应。

(4) 会员国不得限制经常性项目的支付，不得采取歧视性的货币措施。

（二）演变过程

在第二次世界大战还未结束时，美英两国开始着手组织重建国际货币体系。1944年7月，同盟国的40多个国家在美国布雷顿森林召开了国际货币金融会议，通过了美国提出来的方案，布雷顿森林货币体系得以确立。

在布雷顿森林体系中，美元是本位货币，国际货币体系经历了从"美元荒"到"美元泛滥"的过程。在布雷顿森林体系建立之初，西欧各国严重缺乏美元，美国通过贸易收支逆差和资本输出来输出美元。随着西欧和日本经济的恢复以及贸易收支顺差额的扩大，各国持有的美元储备增多，"美元荒"演变成"美元灾"，各国对美元能否按官价兑换成黄金心存疑虑，于是抛售美元，抢购美国的黄金和顺差国的硬通货，形成"美元危机"。

从1947年开始，美国启动"马歇尔计划"，给西欧各国提供价值130亿美元的援助。西欧各国经济迅速恢复，对美国的出口增加，西欧各国和日本出现国际收支顺差，而美国出现国际收支逆差。到1960年，美国外债首次超过了其黄金储备，很多持有美元的国家要求美国按官价将美元兑换成黄金，市场上出现了抛售美元，抢购日元、德国马克和黄金的现象。美国通过和西欧国家、日本签订"互惠信贷协议""借款总安排"和"黄金总库"度过了第一次美元危机。

1961年，越南战争爆发后，美国投入的资金越来越多，财政状况每况愈下，美国国际收支逆差进一步恶化。国际上对美元失去信心，出现了又一轮的用美元按官价兑换黄金的风潮。由于美国的黄金储备已经大幅减少，1968年美国对外宣布"黄金双价制"。1969年，IMF(国际货币基金组织)创立了被称为"纸黄金"的SDR(Special Drawing Right，特别提款权)，以缓解国际流动性压力。

1971年，美国对外短期负债大幅上升，而黄金储备却不断下降。美国的黄金储备再也无法支撑沉重的债务负担。当时的美国总统尼克松于8月15日宣布美国政府停止对外用黄金兑换美元。1973年3月，不利于美元的投机风潮再起，各个国家纷纷放弃了固定汇率，允许本国货币自由浮动。至此，布雷顿森林体系下的固定汇率制度彻底瓦解了。

【深度阅读】

特里芬难题

1960年，美国经济学家罗伯特·特里芬在其《黄金与美元危机——自由兑换的未来》一书中提出："由于美元与黄金挂钩，而其他国家的货币与美元挂钩，美元虽然取得了国际核心货币的地位，但是各国为了发展国际贸易，必须用美元作为结算与储备货币，这样就会导致流出美国的美元在海外不断沉淀，对美国来说就会发生长期贸易逆差；而美元作为国际货币核心的前提是必须保持美元币值稳定与坚挺，这又要求美国必须是一个长期贸易顺差国。这两个要求互相矛盾，因此是一个悖论。"这一内在矛盾被称为"特里芬难题"。"特里芬难题"指出了布雷顿森林体系的内在不稳定性及危机发生的必然性，该货币体系的根本缺陷在于美元的双重身份和双挂钩原则，由此导致的体系危机是美元的可兑换的危机，或是人们对美元可兑换的信心危机。

四、牙买加体系

布雷顿森林体系崩溃之后，国际货币体系进入了一个混乱的无体系的时代。经过长期讨论和协商，1976 年 1 月国际货币基金组织召集各方在牙买加召开会议，各方达成了协议，此协议被称为《牙买加协议》，从而形成了新的国际货币体系——牙买加体系。

（一）基本内容

《牙买加协议》主要包括以下内容：

(1) 形成以美元为主导的多元国际货币格局。黄金不再是货币体系的基础，而只是一种贵金属。美元等强势货币将作为世界关键货币和国际储备货币。

(2) 汇率安排多样化。浮动汇率合法化，各国自行决定固定汇率制度或浮动汇率。

(3) 国际收支调节方式多样化，包括汇率机制调节、利率机制调节、国际金融市场的调节和国际货币基金组织的调节。

（二）牙买加体系的特点

1. 以外汇为主体的国际储备结构

《牙买加协议》规定了黄金的非货币化，割断了黄金和美元之间的联系。黄金的非货币化是必然的缓慢的经济发展过程，不可能因人为决议而转瞬完成。除了黄金和特别提款权之外，国际储备构成是以美元为主导的外汇储备。

2. 以美元为主导的外汇储备结构

随着西欧、日本的经济崛起以及世界经济向多极化发展，美元的储备货币地位不再是唯一的，德国马克、法国法郎、日元、英镑等货币也都作为外汇储备货币，特别是欧元诞生以后也成为主要的外汇储备货币。但是，由于历史的惯性、美国的经济规模和完善的金融市场等原因，美元储备仍占据主导地位。

3. 美元是主导性国际货币

美元是使用范围最广的国际货币。在纽约、伦敦、法兰克福、苏黎世和东京等主要国际金融中心，绝大多数外汇批发业务仍然是美元交易。在各种外汇交易中，美元的交易额占比是最高的。一些重要的大宗商品，特别是原料和初级产品都是以美元计价的。美元资产一直是重要的价值储存手段。

牙买加体系目前也存在一定问题，比如美元作为外汇储备面临着安全问题，欧元区面临着欧洲主权债务危机，这些问题容易导致全球经济的失衡。在国际货币体系的演化过程中，自然因素的决定性影响逐步减弱，而国家的经济实力和超经济的政府力量的影响力逐步增强，直至成为主导性因素。国际货币体系从金本位制、金汇兑本位制、布雷顿森林体系到现行的牙买加体系的发展过程解释了这一规律。

五、欧洲货币制度

对货币制度的研究往往是研究一个主权国家内的货币制度。随着经济和金融全球一体化的发展，超国家主权的跨国货币制度开始诞生，其典型代表便是欧元。

从历史上来说，欧洲诸国有一定的认同感，这种认同感在连绵不断的战争环境中不断强化，并促进了欧洲统一社会思潮的发育和发展。从政治角度来看，二战后，冷战的格局直接启动了欧洲一体化进程。从经济角度来看，在布雷顿森林体系时期，西欧国家因美元不稳定导致的多次美元危机而受损，西欧国家开始着手建设欧洲货币一体化。

1999年1月1日，欧元正式启动，当时共有11国首批参加欧元区，它们是法国、德国、意大利、西班牙、比利时、荷兰、卢森堡、葡萄牙、奥地利、芬兰和爱尔兰。从2002年7月1日起，欧元区内各国的货币完全退出流通。欧元由各成员国中央银行组成的超国家欧洲中央银行统一发行，制定和执行统一的货币政策和汇率政策，并依据《稳定和增长条约》对各成员国的金融管理进行监管。

欧元正式启动可以结束欧盟内部货币动荡的局面，创造出一个稳定的货币环境；可以降低投资风险，减少交易成本，扩大资本市场的融资能力；同时，也可促进各成员国的财政健康稳定，带动经济增长。虽然欧元作为人类历史上跨国货币制度的创新，存在着不少困难和障碍，但是欧元的正式启动对国际货币体系的发展产生了重大影响。在欧元的启示下，世界各大洲都出现了建立跨国货币制度的研究与规划。

【深度阅读】

SWIFT 国际支付系统

目前，美元是用于国际支付和央行储备的主要全球货币，是全球唯一的超级货币。SWIFT又称"环球同业银行金融电讯协会"，是国际银行同业间的国际合作组织。全球几乎所有金融机构都接入SWIFT国际支付系统，通过该系统与其他国家银行开展金融交易，美国基本把控了该系统。

SWIFT名为国际银行间非盈利性的国际合作组织，总部设在比利时，美国和荷兰分设交换中心，但日常运作由董事会管理管控，董事会有25个席位。美国及其盟友英国、法国、德国、瑞士、比利时各拥有2个董事席位，其他会员国仅拥有一个席位，大部分国家没有席位，也没有话语权。

美国的CHIPS(美元大额清算系统)是SWIFT的重要组成部分，是美国控制SWIFT支付系统的关键。CHIPS由21家美国银行持股的清算所支付公司运营，通过与SWIFT系统连接，日处理交易28.5万笔，金额1.5万亿美元。全球大部分美元跨境支付由CHIPS完成。美国凭借SWIFT经常对各国实行金融制裁，通过SWIFT打击核心金融枢纽最为有力。

习题与实训

一、单项选择题

1. 本位货币是(　　)。

A. 可以与黄金兑换的货币　　　　　　B. 被规定为标准的、基本通货的货币

C. 以黄金为基础的货币 　　　　　　　D. 本国货币当局发行的货币

2. 刘某从商业银行贷款 50 万元购买住房，属于货币(　　)职能。

A. 流通手段　　　B. 支付手段　　　　C. 贮藏手段　　　　D. 价值尺度

3. 最早实行的货币制度是(　　)。

A. 金本位　　　　B. 银本位　　　　C. 金银两本位　　　　D. 纸币本位

4. 跛行本位制是指(　　)。

A. 银币的铸造受到控制的本位制　　　B. 以银币为本位货币的金银复本位制

C. 金币的铸造受到控制的本位制　　　D. 以金币为本位货币的金银复本位制

5. 货币在(　　)时执行流通手段的职能。

A. 表现商品价值　　　B. 缴纳税款　　　C. 商品买卖　　　　D. 支付工资

6. 目前世界各国都实行(　　)。

A. 金本位　　　　　　　　　　　　　　B. 银本位

C. 外汇准备制　　　　　　　　　　　　D. 不兑现的信用货币制度

7. 劣币驱良币现象产生于(　　)货币制度。

A. 金本位　　　　　　　　　　　　　　B. 银本位

C. 金银复本位制　　　　　　　　　　　D. 纸币制度

二、多项选择题

1. 一般而言，金属货币具有(　　　)特征。

A. 价值比较高　　　B. 性质稳定　　　C. 易于分割

D. 易于保存　　　　E. 便于携带

2. 货币的两个基本职能是(　　　)。

A. 流通媒介　　　B. 支付手段　　　C. 价值贮藏

D. 世界货币　　　E. 价值标准

3. 货币的支付手段职能(　　　)。

A. 使商品交易双方的价值的相向运动有一个时间间隔

B. 加剧了商品流通过程中爆发危机的可能性

C. 使进入流通的商品增加时，流通所需的货币可能不会增加

D. 克服了现款交易对商品生产和流通的限制

E. 使商品买卖变成了两个独立的行为

4. 货币制度的类型有(　　　)。

A. 银本位制　　　　　　　　　　　　　B. 金银复本位制

C. 金本位制　　　　　　　　　　　　　D. 信用本位制

5. 信用货币制度的特点有(　　　)。

A. 黄金作为货币发行的准备　　　　　　B. 贵金属非货币化

C. 国家强制力保证货币的流通　　　　　D. 金银储备保证货币的可兑换性

E. 货币发行通过信用渠道

6. 货币发挥支付手段的职能表现在(　　　)。

A. 税款缴纳　　　　　　　　　　　　　B. 贷款发放

C. 赔款支付　　　　　　　　　　D. 工资发放

三、简答题

1. 如何理解货币的两个最基本的职能？
2. 简述人民币制度的主要内容。
3. 简述货币制度的构成要素。
4. 简述格雷欣法则。
5. 简述布雷顿森林货币体系。

四、实训题

实训名称：了解我国货币发展历史。

实训目标：了解我国货币的产生、发展形态，未来我国人民币的发展趋势，以加深对我国人民币制度的认识。

实训任务：

1. 参观货币博览馆，根据货币博览馆的资料讨论货币演变的过程。
2. 登录中国人民银行官网，查阅目前我国人民币的发行过程。
3. 查阅相关书籍及网站，寻找能够实现部分货币职能的工具并分析其影响，预测货币在信息技术与生物技术的影响下，其形态、识别、防伪技术的趋势等。
4. 完成一篇 800 字左右的分析报告。

实训开展形式：

1. 在实训教师的指导下，学生参观货币博览馆。
2. 观看相关货币的视频资料，了解货币的历史及现状。
3. 教师提供部分书目及网站供学生参考。
4. 学生分组、分工完成任务，每组不超过 5 人。
5. 集中时间组织各小组汇报、讨论，每组提出的观点一定要有材料和信息支撑。

五、案例分析题

央行数字货币——DCEP

DCEP 是中国人民银行即将发行的法定数字货币，全称为"数字货币电子支付"。DCEP 被定义为 M0(流通中的现金)，这意味着它可以像现金那样自由流通，具有不计息及无限法偿性。与纸币投放一样，DCEP 的投放采取双层运营的模式，即央行对商业银行，商业银行或商业机构对个人和企业。商业银行需要在央行开户，并按投放数额全额缴纳准备金，个人和企业需要通过商业银行或商业机构开立数字钱包。

DCEP 有着现金一样的特性，所以它与目前普遍使用的线上支付工具如支付宝是有很大区别的，具体表现在以下三个方面：

(1) DCEP 是法定货币，具有法偿性，在交易时不可以被拒绝接受；而支付宝只是第三方支付工具，可以选择接受或不接受。

(2) DCEP 在使用时是不需要中间账户的，可以直接交易，目前认为实际操作可能就是拿手机碰一下就能完成转账；而在支付宝上，钱是通过第三方账户转给对方的。

(3) DCEP 支持"双离线支付"，即收支双方都没有网络也可以完成转账交易；而支付宝的离线支付功能要求收款方必须在线。

DCEP 的发行可以一定程度地替代纸币。现有的实物现金体系有若干痛点，发行央行数字货币是现实需要。央行副行长范一飞在《关于央行数字货币的几点考虑》中提出，实现法定货币数字化的"必要性与日俱增"。具体来说，现有纸币有如下问题：发行、印制、回笼和贮藏等环节成本较高，流通体系层级多；携带不便；易被伪造；匿名不可控，存在被用于洗钱等违法犯罪活动的风险。DCEP 的发行有利于抑制公众对私有加密数字货币的需求，巩固我国货币主权。截至 2019 年 12 月初，DCEP 还未正式发行。但可以预见，DCEP 对于当前的货币体系或将是一次大变革，所以我们都要做好准备。

思考：根据以上资料谈谈你对我国目前数字货币的理解。

项目二 信用与利率

【知识目标】

(1) 掌握信用的内涵和特征，理解信用的作用。

(2) 掌握各种信用形式。

(3) 掌握利率的概念及计算利息的方式。

(4) 掌握按不同标准划分的各种类型的利率。

(5) 掌握利率的决定和影响因素，并理解利率的作用。

(6) 了解我国利率体制改革的过程和目标。

【能力目标】

(1) 能够理解现代经济是信用经济。

(2) 能够充分认识各种信用工具。

(3) 能够分析利率变动的原因，并能预测市场利率变动对未来经济的影响。

(4) 能够理解我国利率市场化的必要性。

【案例导入】

央行确认"花呗""京东白条"均纳入征信系统

2006 年 3 月，中国人民银行设立中国人民银行征信中心，作为直属事业单位专门负责企业和个人征信系统的建设、运行和维护。2013 年 3 月 15 日，国务院出台了《征信业管理条例》。目前，征信中心在全国 31 个省和 5 个计划单列市设有征信分中心。

2019 年，中国人民银行负责人介绍，办理"花呗"业务的小额贷款公司于 2015 年接入征信系统，后因放贷主体发生变更暂停报送信贷业务信息，拟于近期恢复报送。对于"花呗"有关信息报送征信系统，相关放贷机构均需事前取得信息主体授权同意，一般采用与信息主体个人签署在线授权同意报送数据的方式。此外，办理"京东白条"业务的小额贷款公司于 2019 年 5 月接入征信系统，相关业务信息报送情况良好。

《征信业管理条例》规定：金融信用信息基础数据库接收从事信贷业务的机构按照规定提供的信贷信息；从事信贷业务的机构应当按照规定向金融信用信息基础数据库提供信贷信息。"花呗"和"京东白条"信贷业务信息分别由阿里集团、京东集团旗下的小额贷款公司向金融信用信息基础数据库(即征信系统)报送，意味着如果用户出现了不良信用记录，就会对未来的大额贷款如房贷、车贷产生直接影响，甚至还会影响出行和就业。不过，在不逾期的情况下，对于用户来说不会受任何影响，并且会留下良好的信用记录。

【思考】

(1) 谈谈你对诚信的认识。

(2) 谈谈你对"花呗"和"京东白条"的了解。

(3) 为什么我国要设立征信中心？

(4) 登录 http://www.pbccrc.org.cn/zxzx/index.shtml 网址进行了解学习。

任务一　信 用 概 述

一、信用的定义和特点

（一）信用的定义

信用是与商品经济紧密相连的经济范畴，是商品生产和货币流通发展到一定阶段的产物。当今社会，信用已广泛地应用于人们的日常经济生活中，信用不仅反映交易主体主观上是否诚实，也反映其是否有履行承诺的能力。在现代市场经济中，金融活动的形成和不断发展就是建立在信用的基础上，信用是现代市场经济的基石。经济学意义上的信用是指一种借贷行为，是以偿还和付息为条件的价值转移，是一种价值运动的特殊形式。它具有两个基本特征：一是到期偿还，二是偿还时支付利息。其中，偿还性是信用最基本的特征。

（二）信用的特点

信用的特点包括：

(1) 信用是一种借贷行为，借贷行为的结果形成了债权、债务关系，即信用关系。

(2) 在信用活动中出让的是资产使用权，而不是所有权。因此，债权人可以凭借所有权要求债务人偿还本金和支付利息。

(3) 信用是价值的单方面转移，不是对等转移，所以它是价值运动的特殊形式。在信用活动中价值运动是通过一系列的借贷、偿还、支付过程实现的，债权人在让渡其使用权时没有发生价值的对等交换，同样，债务人还本付息时也没发生价值的对等交换。

二、信用的基本要素

信用的基本要素包括：

(1) 信用主体。信用主体是指信用活动的双方当事人，一般包括授信方和受信方。授信方是信用活动的债权人，受信方是信用活动的债务人。在有关商品或货币的信用交易过程中，信用主体常常既是授信方又是受信方。

(2) 信用客体。信用客体即信用交易的对象，它是指信用行为指向的资产，它可以是货币的形式，也可以是商品的形式。没有这种信用客体，就不会产生经济交易，从而就不会有信用行为的发生。

(3) 信用工具。信用工具即信用载体或者金融工具，是指记载信用内容或信用关系的凭证，如商业票据、股票、债券、基金、保险等。信用工具是信用关系的载体，没有载体，信用关系无所依附。

(4) 信用内容。信用内容是指信用主体之间的权利、义务关系。在信用活动中，授信方处于债权人的地位，有权索回本金获得相应收益的权利；受信方则处于债务人的地位，有偿还本金以及按期支付利息的义务。

(5) 时间间隔。信用行为与其他交易行为的最大不同就在于，它是在一定的时间间隔内进行的，没有时间间隔，信用就没有栖身之地。

三、信用的作用

信用的作用包括：

(1) 合理配置社会资源。在市场经济条件下，任何一个经济单位的货币收入都会出现不平衡的状况。信用是解决货币资源在某时期不平衡的有效方式。资金的需求方可以通过信用获得资金，把未来的收入转为当前使用，促进社会资源的有效利用，使原本不可能的生产成为可能。资金的供给方也可以通过信用获得投资收益，实现财富的增值。用信用方式调节社会资源余缺，既可以有效解决资金分配不平衡的状况，又可以提高整个社会资源配置的效益。

(2) 节省流通费用，提高经济效益。信用使一部分交易通过赊购、赊销或债权、债务的方式相互抵消而结清；闲置的货币资本通过银行再贷放出去进入流通，使货币流通速度加快，节约了流通货币的使用量。信用货币代替了实体货币的流通，大大降低了社会交易成本。信用结算手段快速灵活，既加速了商品流转，又缩短了商品流通的时间，还减少了流通占用和流通消耗。信用的存在能够促进资金的快速成交，从而有利于提高社会资金的使用效益。

(3) 宏观调控。信用的发展创造出多种信用工具，成为中央银行调控经济的主要手段。信用是调节国民经济的重要经济杠杆，能对国民经济的总量和结构进行有效调节。国家通过制定各种信用政策、金融法规来调节社会信贷总规模，从而调节社会货币供给总量，使货币供求保持一致。同时，国家可以利用信用杠杆及利率的变动来调节信用方向，调节需求结构，同时实现社会产品结构、产业结构和经济结构的调整。

四、信用的产生和发展

(一) 信用的产生

信用是商品经济发展到一定阶段的产物。当商品交换出现延期支付且货币执行支付手段职能时，信用便随之产生。

信用产生的前提是财产所有权的出现，财产所有权的分散化必然导致收入及财富分配的不平均。一部分经济主体收入大于支出，成为盈余预算单位；一部分经济主体收入小于支出，成为赤字预算单位。盈余预算单位和赤字预算单位各自为了自己的利益，必然会相互进行借贷活动。因此，信用是借贷双方追求各自利益最大化的结果。

最早的信用是实物信用，这种信用局限性很大，难以获得广泛的发展。随着社会生产力的进一步发展，信用形式开始出现多样化，由原来单纯的实物借贷演变为实物借贷和货币借贷共存，后来又演变为以货币借贷为主。随着商品经济的发展，货币余缺调剂显得越来越必要，信用逐渐成为商品社会一种非常普遍的经济活动。

（二）信用的发展

随着商品经济的发展和社会生产方式的改变，信用的发展依次经历了高利贷信用、资本主义信用和现代信用三个发展阶段。

1. 高利贷信用

高利贷信用就是以取得高额利息为特征的借贷活动。高利贷信用产生于原始社会末期，广泛存在于奴隶社会和封建社会，是古老的信用形式。

高利贷的利率高，几乎没有什么限制。高利贷资金一般用于生活消费，很少用于发展生产，因为高利贷的利率高，以这种借款用于扩大再生产无利可图。当时的高利贷体现了高利贷者对农民和小生产者的剥削关系。因为高利贷利率高，一般不用于发展生产，经常使小生产者直接陷于贫困破产的境地，从而使社会生产力日益萎缩，导致千百万小生产者破产沦为雇佣劳动者。

2. 资本主义信用

资本主义信用表现为借贷资本的运动形式，借贷资本运动是资本主义信用的基本内容。所谓借贷资本，是指货币资本家为了获得利息而贷给职能资本家使用的一种货币资本。货币资本是在产业资本循环周转的运动中产生和发展起来并为产业资本服务的生息资本。借贷资本是在与高利贷的斗争中产生的，它主要来自产业资本循环并为产业资本的循环周转服务。同时，借贷资本体现了资本主义生产关系，即体现借贷资本家与职能资本家瓜分剩余价值的生产关系。

3. 现代信用

目前的现代信用是一种借贷行为，也是价值运动的特殊形式。现代信用与高利贷信用和资本主义信用相比，其范围更广、信用形式更多样化、信用工具更丰富。现代信用在国民经济中的地位日益突出，同时现代信用风险也在加剧。我国的现代信用由生产领域扩大到非生产领域，同时对国有企业、其他经济组织和个人发放贷款。目前，随着现代技术和经济的发展，社会上出现了各种其他融资渠道，信用形式更加多样化。

任务二 信用形式

信用形式是信用关系的具体表现。随着商品经济的发展，现代信用得到了极大的发展，不仅信用活动日益频繁和深化，信用形式也日益多样化。按照信用主体的不同，信用可以分为商业信用、银行信用、国家信用、国际信用、消费信用等信用形式。

一、商业信用

（一）商业信用的定义

商业信用是指企业之间相互提供与商品交易直接相联系的信用，包括商品赊销、分期付款、委托代销、预付贷款等，主要表现是商品赊销或预付货款。商业信用是一种较早的信用形式，并成为现代信用制度的基础。

在产业资本循环过程中，企业之间相互依赖，但它们在生产时间和流通时间上往往不一致，从而造成一些企业商品积压，有些企业虽急需该商品却无钱购买，因此以延期付款形式提供的商业信用随即出现。商业信用是直接与商品生产和商品流通相联系的，直接为产业资本循环和商业资本循环服务。

（二）商业信用的特点

商业信用的特点包括：

(1) 商业信用主体是企业。商业信用的债权人和债务人都是企业，信用的贷出者(债权人)在商品赊销行为中是商品的卖方，信用的借入者(债务人)在商品赊销行为中是商品的买方。它们都是直接参加生产和流通并掌握着商品的企业，只要双方同意即可签订延期付款或预收货款的合同协议，手续简便，无需信用中介机构介入，就可以自发实现商品形态向货币形态的转化。所以，商业信用是一种直接信用形式。

(2) 商业信用客体是商品资本。商业信用所贷放出去的是商品资本，而不是暂时闲置的货币资本。当企业把商品赊销出去时，商品买卖行为就结束了，但由于没有收回货款，买卖行为实质上转变为借贷行为，形成货币形式的债权、债务关系(借者归还货款并支付利息)。这种行为没有从再生产过程中分离出来，是产业资本运动的一部分。

(3) 商业信用与经济周期动态一致。商业信用的规模在产业周期各阶段与产业资本的周转动态是一致的。在经济繁荣时期，企业生产规模扩大，生产的商品随之增加，商业信用的需求和供应也随之扩大；在经济危机时期，生产萎缩，商业信用的需求和供应也随之缩减。

（三）商业信用的局限性

1. 规模和数量上的局限性

由于商业信用是企业之间相互提供的信用，因此从整个社会的角度来看，商业信用只能在企业之间的现有资本总额中进行再分配，它的最大限度是工商企业现有资本总额的充分运用；从个别大厂商的角度来看，其以延期付款方式出售的商品也并非他的全部资本，只能是他暂时不用于再生产过程中的那部分资本。

2. 使用范围上的局限性

商业信用中借贷双方只有在互相了解对方的信誉和偿债能力的基础上才可能确立信用关系，信用范围相对狭小，所以在使用范围上受到限制。在初次往来且缺乏了解的企业之间很难发生商业信用。

3. 方向上的局限性

商业信用是以商品买卖为前提的，商业信用存在于同一产业链上的工商企业之间。比如纺织工业中，织布厂、印染厂、纱厂之间可以相互提供商业信用；又如生产钢材的企业，可以与机器制造企业之间发生信用关系，也可和铁矿石、焦炭供应商存在商业信用。但一般不在同一产业链上的工商企业之间很难建立商业信用关系。

4. 期限上的局限性

由于商业信用所提供的是在循环过程中的商品资本，如果不能很快地以货币形态收回，就会影响产业资本的正常循环和周转。一般来说，商业信用是短期信用，对于用于扩大再生产的长期资本的筹集作用有限。

由于上述局限性，决定了商业信用不能完全满足社会经济发展的需要。随着商品货币经济的进一步发展，银行信用产生了。

二、银行信用

（一）银行信用的定义

银行信用是银行和各类金融机构以货币形式进行的借贷活动。其主要表现形式是吸收存款、发放贷款以及开出汇票、支票，开立信用账户、信托、金融租赁等。

银行信用是在商业信用基础上产生和发展起来的，银行信用的产生对资本主义商品经济发展起到了巨大的推动作用，并且已经成为整个信用制度的核心和主体。

（二）银行信用的特点

银行信用的特点包括：

(1) 主体一方是金融机构。银行信用是一种间接信用，一般发生在银行与企业、政府、家庭和其他机构之间。银行往往作为受信方以债务人的身份通过存款等方式向社会筹措资金；同时，银行作为授信方以债权人的身份通过贷款等形式向社会贷放资金。银行充当了信用中介，为全社会提供全面的信用服务。

(2) 客体是货币资金。银行信用的载体是单一的货币资金。银行信用是以单一的货币形态提供的，它可以向任何企业、任何机构和个人提供银行信用，从而克服了商业信用在方向和规模上的局限性。

(3) 银行信用规模与产业资本动态不一致。由于银行信用所贷出的资本是独立于产业资本循环的货币资本，因此银行信用规模与产业资本动态表现出不一致，具有一定的独立性，尤其是在经济危机时表现得更加明显。

(4) 具有创造信用的功能。任何经济实体对外提供信用规模的大小要受到自身资本总量的制约，但是银行可以通过吸收公众存款来募集资金，然后通过其资金运用创造资金来源，具有创造信用的能力。在整个银行体系中，一笔原始存款经过银行发放贷款，贷款又转化为新的存款，这样循环往复，就会形成数倍于原始存款的派生存款，以满足社会再生产过程中的货币需求。

（三）银行信用的优势

银行信用的优势包括：

(1) 银行信用消除了商业信用的局限性。

① 银行信用具有广泛性。银行信用是以货币形态提供的信用，因此银行可以把货币贷给任何一个企业，克服了商业信用在方向上的限制。

② 银行信用具有规模性。银行信用贷放的是社会资本。银行信用不受交易额度的影

响，小额资金也可以聚集为大额资金借贷，大额资金也可以分散为小额资金放贷。

③ 银行信用具有贷款期限上的灵活性。在银行信用形式下，可以提供不同期限的贷款，以满足短、中、长期的不同需求。

④ 银行信用在其他信用中处于核心的地位。现代银行信用是信用的主要形式，是其他信用赖以正常运行的基础，尤其是商业信用，更需要银行通过承兑、贴现和抵押贷款为其提供支持。

(2) 银行本身具有规模大、成本低、风险小的优势。

任何其他信用形式都难以与之竞夺，银行作为专营货币的企业具有集中社会闲散资金提供贷款的能力，其资金来源广、成本低、融资能力强；银行作为专业信用机构具有较强的专业能力来识别与防范风险。

(3) 银行作为吸收存款和发放贷款的企业，不仅能够提供信用和创造信用，还能够以较低的成本提供信用。

现代信用形式中，商业信用和银行信用是两种最基本的信用形式。银行信用是伴随着现有资本主义银行的产生，在商业信用的基础上发展起来的一种间接信用。银行信用在规模、范围及期限上都大大超过了商业信用，成为现代经济中最基本的占主导地位的信用形式。

> **【想一想】**
> 商业信用和银行信用两者之间有什么联系？

三、国家信用

(一) 国家信用的定义

国家信用是指以国家为主体向国内外筹集资金的借贷活动。通常，国家信用的债务人是国家(中央政府)，债权人是购买债券的企业和居民等。在现代社会中，国家信用可分为国家的对内负债和国家的对外负债。对内负债是指国家以债务人身份向国内的居民、企业、团体等取得的信用，它形成国家的内债；对外负债是指国家以债务人身份向国外的居民、企业、团体、政府和国际金融组织等取得的信用，它形成国家的外债。

国家信用不是在商品生产和交换的基础上产生的，而是为了满足国家财政分配的需要而产生的。国家举债的目的一般是用于弥补财政赤字或实施重点建设项目。

(二) 国家信用的基本形式

1. 内债的基本形式

内债的基本形式包括：

(1) 发行政府公债。政府公债是指政府为了弥补财政赤字或实施国家重点建设项目而发行的中长期政府债券，是内债的主要形式。

(2) 发行国库券。国库券是指政府为了应付国家短期预算支出需要而发行的一种短期政府公债。

(3) 向中央银行借款。政府向本国中央银行借款实现短期的资金融通。

2. 外债的基本形式

外债的基本形式包括：

(1) 发行国际债券。在国际金融市场上，政府通过发行中长期国际债券来筹措建设资金，这是目前政府对外举债比较流行的形式。

(2) 政府向外借款。政府向外借款主要包括向外国政府借款、向国际金融机构借款、向国外商业银行借款以及出口信贷等形式。

（三）国家信用的作用

国家信用的作用包括：

(1) 弥补财政赤字的重要工具。当今世界许多国家由于种种原因，在不同程度上出现了财政赤字。解决财政赤字通常有三种方法可供选择，即增加税收、向中央银行借款或透支和发行国债。增加税收会提高税率或增加税种，但都会造成企业和城乡居民的负担，容易引发公众的不满；同时也要受到本国立法程序的制约。向中央银行借款或透支会使货币的供应量超过实际需要量，引起通货膨胀。所以，大多数国家都通过发行国债的方法解决财政赤字问题。

(2) 国家筹措建设资金、优化资源配置的重要手段。国家利用信用的经济功能，将社会闲置的货币资金集中起来，用于国家的重点项目和基础设施的建设，保证社会经济的可持续发展。比如出现战争、特大灾害以及开发性项目建设等，都需要一笔庞大的临时支出，这种情况下许多国家运用国家信用来解决。

国家可以利用信用的经济功能，合理地调节市场货币流通量。各国中央银行往往依靠买进和卖出国家债券来调节货币供应，影响金融市场货币供求关系，从而达到调节经济的目的，这就是通常所讲的中央银行公开市场业务的主要内容。当市场货币流通量超过实际需要量，出现通货膨胀时，国家通过发行国债，吸收市场过多的货币流通量，以抑制物价上涨；反之，则可以回购国债，向市场注入新的货币，从而实现市场货币的供求均衡。

【深度阅读】

历年国债数据简析

第二次世界大战以来，西方各国普遍利用财政赤字扩大需求，刺激生产发展，进入80年代，我国也一再出现财政赤字，因而各国均需要依靠发行公债来弥补财政赤字。我国发行公债的目的主要是弥补建设性资金的缺口。历年全国财政及国债数据如表 2-2-1 所示。

1999—2002 年，我国国债规模温和增长，略高于财政赤字规模 500 亿左右。2003—2006 年，我国对国债的依赖程度逐步加深，国债规模超出财政赤字规模，从 2000 亿逐渐提升到 5000 亿。2006 年，国债规模超出财政赤字规模 5271 亿，2007 年之后世界经济突然进入了海啸模式，当年我国财政上实现了 1540 亿的盈余，但是为了应对金融海啸引起的经济问题，我国国债发行规模高达 21 883 亿，用以稳定经济。此后一直到 2012 年，一直维持着超出财政赤字水平的国债发行规模，特别是 2012 年在我国财政盈余规模达到了 10 066 亿的情况下，当年发行了 13 562 亿的国债来支持各项基础设施建设。

表 2-2-1　历年全国财政及国债数据　　　　单位：亿元

年份	一般预算收入	一般预算支出	财政赤字	年度国债发行规模
1999	11 444	13 187	−1743	2446
2000	13 395	15 886	−2491	2719
2001	16 386	18 902	−2516	3083
2002	18 904	22 053	−3149	4461
2003	21 715	24 650	−2935	5442
2004	26 396	28 487	−2091	4808
2005	31 649	33 930	−2281	5042
2006	38 760	40 422	−1662	6933
2007	51 321	49 781	1540	21 883
2008	61 330	62 592	−1262	7246
2009	68 518	76 299	−7781	14 213
2010	83 101	89 874	−6773	15 878
2011	103 874	109 248	−5374	13 998
2012	117 254	107 188	10066	13 562
2013	129 209	140 212	−11 003	15 544
2014	140 370	151 786	−11 416	16 247
2015	152 269	175 878	−23 609	19 875
2016	159 552	187 841	−28 289	29 458

四、消费信用

（一）消费信用的定义

消费信用是由工商企业和金融机构向消费者个人提供的一种信用形式。消费信用中不管生产企业和流通企业以赊销方式，还是金融机构以放款方式，债务人都是购买耐用消费品的消费者。

20 世纪 60 年代，消费信用开始迅速发展。当时，凯恩斯的需求管理观念深入人心，各国开始大力鼓励消费信用，以消费拉动生产。同时，战后经济增长快而稳定，人们收入大幅度提高，产生了巨大的消费需求，金融机构为了迎合市场的改变和发展以积极态度提供消费信用，从而使消费信用有了长足的发展。

（二）消费信用的主要方式

消费信用的主要方式有以下三种。

(1) 分期付款。分期付款是一种最为常见的消费信用形式，是商品销售单位向消费者提供的一种中长期消费信用形式，多用于购买高档耐用的消费品，如家用汽车、家电等。消费者在购买商品时先支付一定比例的现款，然后签订分期付款合同，按合同约定逐期偿还贷款并支付利息。在贷款付清后，商品所有权由卖方转移给买方。

(2) 消费信贷。消费信贷是指银行或非银行金融机构采取信用放款或抵押放款的方式，向个人消费者提供的信用。它的还款方式主要有到期一次偿还本息和分期偿还本息两种。

(3) 延期付款。延期付款是指零售商对消费者提供的信用，即以赊销方式销售商品。许多国家赊销多采用信用卡透支方式提供。消费者可以凭信用卡在约定单位购买商品或者支付劳务，销售单位定期与银行结账；同时，消费者还可以凭信用卡在规定的额度内向银行透支现金。

（三）消费信用的作用

消费信用主要有以下作用：

(1) 消费信用对经济发展有一定的促进作用。

① 消费信用可以提高人们的消费水平。人们的消费受其收入多少的直接影响，在一般情况下，人们对耐用消费品的消费需要较长时间的货币积累；而引入消费信用后，人们可以先消费，再支付货款，或者说人们可动用一部分未来的收入去消费当前尚无力购买的商品，从而提高人们的消费水平。

② 消费信用可以调节消费结构。一个国家的消费结构和生产结构有一个相互适应的过程，这个过程必须运用经济手段加以调节。利用消费信用可以调节各种消费支出占支出总额的比重，引导消费结构朝着适应生产结构的方向发展。

(2) 消费信用对经济发展可能产生消极作用。

消费信用的过度发展会增加经济的不稳定，造成通货膨胀和债务危机。消费信用的盲目发展使一部分人陷入沉重的债务负担之中，通常是借新债还旧债。这种情况加剧了社会的不稳定因素，在经济繁荣时期，借贷关系的发展靠消费信用方式使商品销量扩大。在萧条时期，贷者和借者都减少这种借贷数额，使商品销售更加困难，从而使经济更加恶化。

【深度阅读】

2018 年中国消费信贷市场格局呈现三足鼎立

2018 年，我国消费信贷总金额达到了 37.8 万亿元，同比 2017 年的 31.5 万亿元增长了 20%。2008—2018 年中国消费信贷市场发展规模及增速如图 2-2-1 所示。

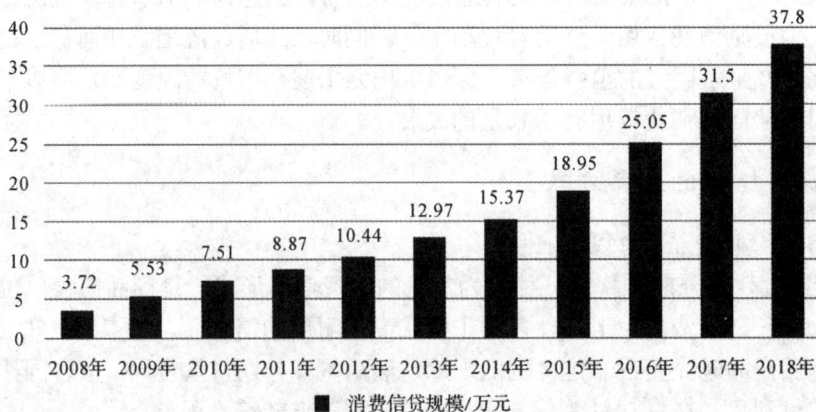

图 2-2-1　2008—2018 年中国消费信贷市场发展规模及增速

消费金融市场的巨大商机和政府政策的支持，使各路资本争相涌入，尤其是消费金融公司在全国试点的推行以及互联网金融的迅猛发展，使传统银行以外的金融机构和非金融机构加快进入，形成了商业银行、消费金融公司等非银行金融机构、互联网消费金融三足鼎立的市场格局。2018 年，中国消费信贷格局如图 2-2-2 所示。

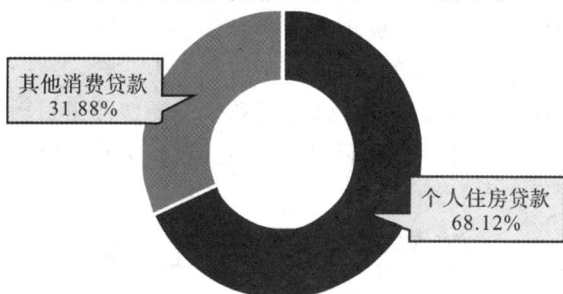

图 2-2-2　2018 年中国消费信贷格局

从国家层面看，消费拉动经济增长的作用日益突出，居民的消费观念也向个性化、品牌化、娱乐化升级，消费的层次和空间更加多元化，年轻人越来越接受超前消费的观念。同时，移动互联网和移动支付大爆发，在技术环境上为互联网场景化的小额高频的信贷服务创造了有利条件，这些都为中国消费金融未来的发展创造了有利条件和广阔的空间。

五、国际信用

（一）国际信用的定义

国际信用是指一个国家经济体与另一个国家经济体之间发生的信用行为。国际信用表现的是国际上的借贷关系，债权人和债务人是不同国家的法人，直接表现为国际资本流动。现代国际金融领域内的各种活动几乎都与国际信用有着紧密联系。

（二）国际信用的形式

国际信用的形式有国际商业贷款和国际直接投资两大类。

(1) 国际商业贷款。国际商业贷款是指一个国家与另一个国家的经济主体之间进行的借贷活动，其基本特征是在国内经济主体与国外经济主体之间形成的债权、债务关系。国际商业贷款包括出口信贷、国际商业银行和银团贷款、发行国际债券、政府贷款、国际租赁等多种具体形式。

(2) 国际直接投资。国际直接投资又称为对外直接投资，是指一个国家投资者以控制他国企业部分产权、参与经营管理为特征，以获得利润为主要目的的资本对外输出。

六、民间信用

（一）民间信用的定义

民间信用是指个人之间以货币或实物的形式相互提供的信用，又称为个人信用。个人信用在我国已经有几千年的历史。随着个体经济、私营经济的不断发展和壮大，我国个人信用逐步发展并有形成规模的态势。民间信用作为我国信用形式的补充，利弊并存，应加以正确引导。

（二）民间信用的特点

民间信用的特点包括：

(1) 信用主体是个体经营者和家庭个人消费者。

(2) 信用客体逐步由以实物为主转向以货币资金为主。

(3) 资金用途由生活消费逐步转向生活消费和生产消费并重。

(4) 利率一般要高于银行同期贷款利率，有些甚至具有高利贷的性质。

任务三　信用工具

一、信用工具概述

（一）信用工具的定义

信用工具也称金融工具、融资工具、筹资工具、投资工具，是资金供求者之间进行资金融通时所签署的表明债权、债务关系的具有法律效力的凭证。这种凭证记载借贷双方的权利和义务，通常包括票面价格、偿还日期、偿还金额、利率水平和偿付方式等内容。现代信息技术的发展下，信用工具已经由最初的口头协议、纸质凭证变成了电子系统记载的数据。

（二）信用工具的特点

1. 偿还性

偿还性是指债务人必须按信用工具所记载的时间偿还债务，同时投资者可依据信用工具的记载收回债权。信用工具一般均载明到期期限，但也存在例外情况。例如，普通股没有规定偿还的期限，但投资者可以通过股票市场转让股票收回投资。

2. 流动性

流动性是指信用工具迅速变为货币而不受损失的能力。能够随时出售换回货币资金的信用工具，其流动性强，如国库券和银行活期存单等；在短期内不易变现的信用工具，其流动性较差。有些信用工具在变现时受金融市场波动影响，持有人承担的风险较高。一般来说，信用工具的流动性与偿还期成反比，偿还期越短，流动性越强；偿还期越长，流动性越差。另外，信用工具的流动性与发行者的资信程度成正比，发行者信誉越高，流动性越强；反之，发行者信誉越低，流动性越差。

3. 风险性

风险性是指信用工具的本息遭受损失的可能性。信用工具的风险分为两大类。一类风险是信用风险，即债务人不履行契约，不按事先约定归还本息，不履行应尽义务。这类风险的大小取决于债务人的信用和经营状况。另一类风险是市场风险，即市场因各种原因出现波动，导致信用工具价格下跌的风险。金融市场瞬息万变，这类风险很难预测，如股票的市价经常会发生变化，一旦价格下跌，会给投资者带来损失。因此，在金融投资中审时度势，采取必要的保值措施非常重要。

4. 收益性

收益性是指信用工具能给持有者带来收益的能力。信用工具的收益通常有两种。一种是固定收益，如利息和股息。投资者按约定获得利息收入，固定收益在一定程度上是名义收益。另一种是即期收益，即利用市场价格的变动出售信用工具获得的收益。如股票买卖价格之差就是一种即期收益。总的来说，各种信用工具的收益率不同。一般情况下，期限短、流动性强、风险小的信用工具收益率相对较低，而期限长、流动性差、风险较大的信用工具收益率相对较高。

（三）信用工具的分类

1. 按金融机构的作用划分

(1) 直接信用工具。直接信用工具是指非金融机构参与而发生的债权、债务所形成的信用工具，如工商企业、个人和政府发行与签署的商业票据、股票、公司债券等。直接信用工具也称为直接融资工具，是直接金融市场上的交易工具。

(2) 间接信用工具。间接信用工具是指金融机构参与而发生的债权、债务所形成的信用工具，如存单、租赁融资、各种借据和银行票据等。间接信用工具也称为间接融资工具，是间接金融市场上的交易工具。

2. 按偿还期限划分

(1) 长期信用工具。长期信用工具也称为资本市场信用工具，是期限在一年以上的投融资所使用的信用工具，如中长期债券、股票，中长期信贷等。

(2) 短期信用工具。短期信用工具也称为货币市场信用工具，是期限在一年以下的投融资所使用的信用工具，如国库券、商业票据、大额可转让存单等。

3. 按所有权划分

(1) 债务凭证。债务凭证的发行者对持有者负债，到期必须对持有者还本付息。债券、存单是债务凭证。

(2) 所有权凭证。所有权凭证的持有者获得了一定资产的所有权而非债权，因而无权索要本金，但有权通过出售所有权凭证而收回本金。股票是所有权凭证。

二、短期信用工具

短期信用工具是指期限在 1 年以内的各种票据。票据是具有一定格式和一定日期，到期由付款人无条件偿付一定款项的、具有法律效力的凭证。票据准确记载借贷双方的权利和义务，经过一定的法定程序，具有法律效力。短期信用工具主要指汇票、本票、支票、信用证等。

（一）票据行为

票据行为有出票、背书、承兑、贴现等。
(1) 出票即签发票据，是创造票据的行为。签发票据形成债权与债务关系。

(2) 背书即持票人为了将未到期的票据转让给其他人而在票据的背面做转让签名、盖章以表示负责的行为。

(3) 承兑即票据的付款人在票据上以文字表示"承认兑付"，承诺票据到期付款的行为。

(4) 贴现即持票人持未到期的票据向银行支付一定利息后，获得剩余款项的资金融通行为。

(二) 汇票

汇票是指由出票人签发，并委托付款人在见票时或指定日期无条件支付确定的金额给收款人或持票人的票据。汇票的绝对记载事项是指《票据法》规定必须在票据上记载的事项，若欠缺记载，票据即为无效。汇票的绝对记载事项包括：表明"汇票"的字样；无条件支付的委托；确定的金额；付款人名称；收款人名称；出票日期；出票人签章。根据《票据法》的规定，汇票分为银行汇票和商业汇票。

银行汇票是指汇款人将款项交存当地银行，由银行签发给汇款人持往异地办理转账结算或支取现金的票据。汇款人可以是单位、个体经营户或者个人。在银行汇票中，出票人和付款人都只能由银行担任，由此被称为银行汇票。

商业汇票是指银行和其他金融机构以外的工商企业签发的汇票，它是收款人或付款人签发，由承兑人承兑，并于到期日向收款人或持票人支付款项的票据。按照承兑人不同，商业汇票可分为银行承兑汇票和商业承兑汇票。银行承兑汇票是由收款人或承兑申请人签发，并由承兑申请人向开户银行申请，经银行审查同意承兑的票据；商业承兑汇票是由收款人签发，经非金融机构的付款人承兑，或由付款人签发并承兑的票据。银行承兑汇票票样如图 2-3-1 所示，商业承兑汇票票样如图 2-3-2 所示。

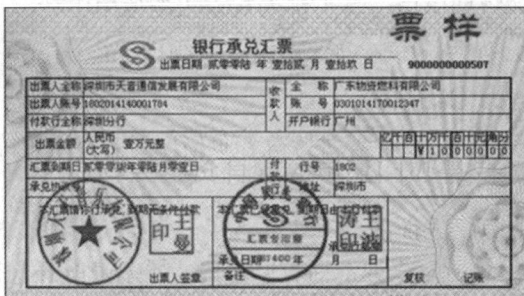

图 2-3-1 银行承兑汇票票样

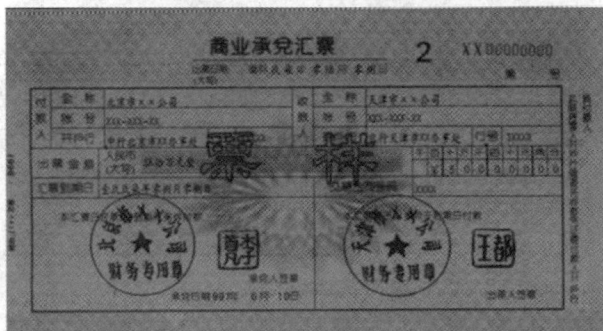

图 2-3-2 商业承兑汇票票样

（三）本票

本票是指由出票人签发，并承诺自己在见票时无条件支付确定的金额给收款人或者持票人的票据。本票又分为银行本票和商业本票。在我国现行的票据制度中只规定有银行本票，即银行出票、银行付款。银行本票是指申请人将款项交存银行，再由银行签发给申请人凭此在同城范围内办理转账结算或支取现金的票据。我国票据法规定本票出票人必须具有支付本票金额的可靠资金来源，并保证支付；同时本票必须记载表明"本票"的字样、无条件支付的承诺、确定的金额等事项。银行本票票样如图 2-3-3 所示。

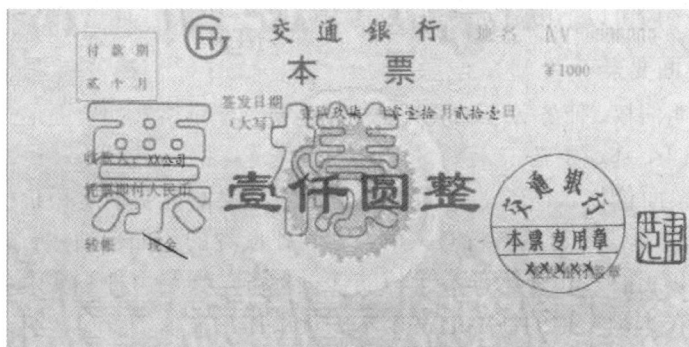

图 2-3-3　银行本票票样

（四）支票

支票是指出票人委托银行或者其他金融机构见票时无条件支付一定金额给收款人或者持票人的票据。支票的基本当事人有三个：出票人、付款人和收款人。出票人即存款人，是在批准办理支票业务的银行机构开立使用支票的存款账户的单位和个人；付款人是出票人的开户银行；持票人是票面上填明的收款人，也可以是经背书转让的被背书人。支票是一种委付证券，与汇票相同，与本票不同。开立支票存款账户，申请人应当预留其本名的签名式样和印鉴。支票按支付方式可分为现金支票和转账支票。现金支票可以用于支取现金，也可以办理转账结算；转账支票只能用于转账，不能提取现金。当存款人所签发支票的票面金额超过其银行存款账户余额时，这种支票被称为"空头支票"，在我国禁止签发空头支票。支票票样如图 2-3-4 所示。

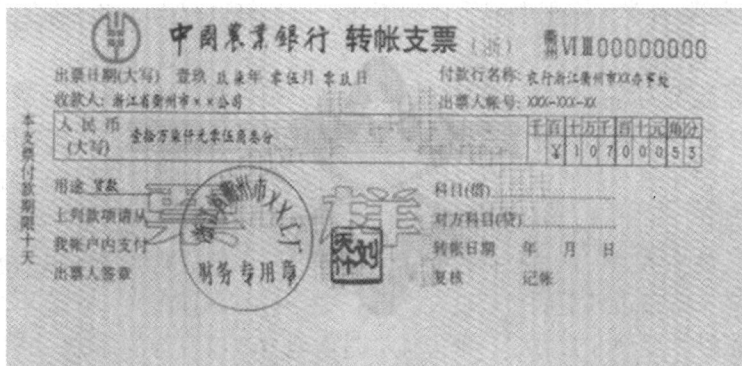

图 2-3-4　支票票样

三、长期信用工具

长期信用工具是指期限在 1 年以上的信用工具，也称为有价证券，即具有一定的票面金额，代表财产所有权或债权，并能取得一定收入的凭证。长期信用工具主要包括中长期债券、股票、证券投资基金、中长期信贷等。

（一）债券

债券是债务人为了筹集资金承诺按一定利率支付利息，并在指定时间偿还本金的一种债务凭证。债券一般可以上市流通转让。

1. 债券的票面要素

债券作为证明债权、债务关系的凭证，一般需要有一定格式的票面形式来表现。通常，债券的票面上有四个基本要素。

(1) 债券的票面价值。债券的票面价值是指债券票面标明的货币价值，是债券发行人承诺在债券到期日偿还给债券持有人的金额。在债券的票面价值中，首先要规定票面价值的币种，即以何种货币作为债券价值的计量标准。确定币种主要考虑债券的发行对象。一般来说，在本国发行的债券通常以本国货币作为面值的计量单位；在国际金融市场筹资，通常以债券发行地所在国家的货币或以国际通用货币为计量标准。此外，还应考虑债券的票面金额。票面金额大小不同，可以适应不同的投资对象，同时也会产生不同的发行成本。

(2) 债券的到期期限。债券的到期期限是指债券从发行之日起至偿清本息之日止的时间，也是债券发行人承诺履行合同义务的全部时间。各种债券有不同的偿还期限，短则几个月，长则几十年，习惯上有短期债券、中期债券和长期债券之分。

(3) 债券的票面利率。债券的票面利率也被称为名义利率，是债券年利息与债券票面价值的比率，通常年利率用百分数表示。利率是债券票面要素中不可缺少的内容。

(4) 债券发行者名称。这一要素指明了债券的债务主体，可以明确债务人还本付息的义务，也为到期追索本金和利息提供依据。

2. 债券的分类

债券种类很多，依据不同的标准会有不同的分类。

(1) 按发行主体分类。根据发行主体的不同，债券可以分为政府债券、金融债券和公司债券等类型。

政府债券是政府为筹措资金发行的债券。其主要用途是解决由政府投资的公共设施或重点建设项目的资金需要和弥补国家财政赤字。政府债券包括公债券、国库券和地方债券。公债券是政府承担还款责任的债务凭证，政府发行公债的目的是为了弥补财政赤字，公债的偿还期一般都在 1 年以上，1 至 10 年为中期公债，10 年以上为长期公债。国库券是一个国家政府发行的债务凭证，与公债没有本质区别。国库券通常为 1 年以内的政府短期债务凭证，它是各个货币市场上的主要交易工具，安全性高，期限短，风险小，在二级市场上的交易十分活跃，变现非常方便。地方债券是由地方政府发行的债券，其目的是满足地方财政的需要或集资兴办地方公共事业。地方债券的还本付息依赖于地方税收，其性质和中央政府债券无本质区别，但地方政府债券信用比中央政府债券的信用差。

金融债券是由银行等金融机构发行的债券，其发行主体是银行或非银行金融机构。金融机构一般有雄厚的资金实力，信用度较高，因此，金融债券往往有良好的信誉。银行和非银行金融机构是社会信用的中介，其资金来源主要靠吸收公众存款和金融业务收入。它们发行债券的目的是筹集用于某种特殊用途的资金，以改变本身的资产负债结构。一般，同期金融债券的利率高于国债利率低于公司债券利率，但金融债券的风险也介于二者之间。一些实力雄厚的大银行的金融债券因为收益高、风险小，很受市场欢迎。

公司债券是公司按照法定程序发行、约定在一定期限还本付息的有价证券。公司债券筹资是企业资金来源之一。公司债券期限一般较长，如 10 年、20 年，企业发行债券必须有明确的用途。公司债券的流动性和安全性均不及政府债券和金融债券，因而利息率较高。各国法律对发行公司债券都有一些限制性规定。比如，对企业发行公司债券额度的限制规定，这个额度一般最多不得超过企业现有资产与现有负债相抵后的净资产额。

(2) 按期限长短分类。根据偿还期限的不同，债券可分为长期债券、短期债券和中期债券。一般说来，偿还期限在 1 年以下的债券为短期债券；偿还期限在 10 年以上的债券为长期债券；偿还期限在 1 年或 1 年以上、10 年以下(包括 10 年)的债券为中期债券。

(3) 按是否有担保分类。根据是否有担保，债券可分为担保债券和信用债券。担保债券也称为抵押债券，它是以某种抵押品(如土地、房屋建筑、设备等)为抵押而发行的。当债务人不能按期支付利息和本金时，持有人可以将抵押品出售。近几年，随着资产证券化业务的开展，以债权作为担保发行的债券也逐年增加，这类债券也称为资产支持债券。信用债券则完全是凭发行者的信用发行的，没有任何担保。为保护投资者的利益，信用债券的发行人要拥有较高的资信。

(4) 按利率是否固定分类。根据利率是否固定，债券可分为固定利率债券、浮动利率债券。固定利率债券是指在发行时规定了整个偿还期内利率不变的债券，其筹资成本和投资收益可以事先预计，不确定性较小。浮动利率债券是指发行时规定债券随市场利率定期浮动的债券。由于与市场利率挂钩，市场利率又考虑了通货膨胀的影响，浮动利率债券可以较好地抵御通货膨胀风险。一般中长期债券采用浮动利率发行，短期债券采用固定利率发行。

(5) 按发行方式分类。根据发行方式的不同，债券可分为公募债券和私募债券。公募债券是指按法定手续，经证券主管机构批准在市场上公开发行的债券。这种债券的认购者可以是社会上的任何人，发行者一般有较高的信誉。私募债券是指向与发行者有特定关系的少数投资者募集的债券。在我国，私募公司债券的发行对象为合格投资者，每次发行对象不超过 200 人。

【深度阅读】

"11 海航 02" 公司债券基本情况

海南航空股份有限公司于 2011 年 5 月 24 日发行公司债券。该债券基本情况如下：

(1) 债券名称：海南航空股份有限公司 2011 年公司债券。

(2) 债券简称及代码：11 海航 02(122071)。

(3) 发行主体：海南航空股份有限公司。

(4) 期限和规模："11 海航 02"为 10 年期固定利率债券，发行规模为 14.4 亿元。

(5) 债券利率：10 年期品种票面利率为 6.20%。采用单利按年计息，不计复利。每年付息一次，到期一次还本，最后一期利息随本金的兑付一起支付。

(6) 上市时间及地点：于 2011 年 6 月 14 日在上海证券交易所上市交易。

(7) 起息日：2011 年 5 月 24 日。

(8) 付息日：自起息日起每年支付一次。2012—2021 年，每年的 5 月 24 日为上一个计息年度的付息日(如遇法定及政府指定节假日或休息日，则顺延至其后的第 1 个工作日)。

(9) 兑付日：兑付日为 2021 年 5 月 24 日(如遇法定及政府指定节假日或休息日，则顺延至其后的第 1 个工作日)。

(10) 担保人及担保方式：海航集团有限公司为本期债券提供全额无条件的不可撤销连带责任保证担保。

(11) 信用级别：经上海新世纪资信评估投资服务有限公司综合评定，发行人的主体信用等级为 AAA，本期债券的信用等级为 AAA。

(二) 股票

世界上最早出现的股份有限公司是 1602 年在荷兰成立的东印度公司。伴随着股份公司的诞生，以股票形式集资入股的方式逐渐出现，并且产生了买卖、交易和转让股票的需求。股票作为股份有限公司发行并由股东持有的有价证券，是具有法律效力的契约。目前，世界上许多国家和地区都在法律上对股票的制作程序、记载的内容以及记载方式作了具体的规定。

1. 股票的定义

股票是股份有限公司签发的证明股东所持股份和享有权益的凭证。股份有限公司的资本划分为股份，每一股份的金额相等。公司的股份采取股票的形式。股票一经发行，购买股票的投资者即成为公司的股东。股票实质上代表了股东对股份公司净资产的所有权，股东凭借股票可以获得公司的股息和红利，参加股东大会并行使自己的权利，同时也承担相应的责任与风险。

2. 股票的特征

股票的特征包括：

(1) 收益性。收益性是股票最基本的特征，它是指股票可以为持有人带来收益的特性。持有股票的目的在于获取收益。股票的收益来源可分成两类：一是来自股份公司。股票持有者有权获得公司派发的股息、红利，数量的多少取决于股份公司的经营状况和盈利水平。二是来自股票流通。股票持有者可以持股票到依法设立的证券交易场所进行交易，当股票的市场价格高于买入价格时，卖出股票就可以赚取差价收益，这种差价收益被称为资本利得。

(2) 风险性。股票风险是指股票投资收益的不确定性。投资者在买入股票时，对其未来收益会有一个预期，但真正实现的收益可能会高于或低于原先的预期，这就是股票的风险。股票实际收益和预期收益经常会出现较大偏差。

(3) 流动性。流动性是指股票可以通过依法转让而变现的特性，即在本金保持相对稳定，股票很容易变现的特性。股票持有人不能从公司退股，所以股票转让为其提供了变现的渠道。由于股票的转让可能受各种条件或法律法规的限制，因此，并非所有股票都具有相同的流动性。通常情况下，大盘股流动性强于小盘股，上市公司股票的流动性强于非上市公司股票。

(4) 永久性。永久性是指股票所载有权利的有效性是始终不变的，因为它是一种无期限的法律凭证。股票的有效期与股份公司的存续期间相联系，二者是并存的关系。对于股份公司来说，由于股东不能要求退股，因此通过发行股票募集到的资金在公司存续期间是一笔稳定的自有资本。

(5) 参与性。参与性是指股票持有人有权参与公司重大决策的特性。普通股持有人作为股份公司的股东有权出席股东大会，行使对公司经营决策的参与权。

3. 股票的分类

1) 普通股和优先股

按股东享有权利的不同来划分，股票可以分为普通股和优先股。

普通股是股票中最普遍和最主要的形式。普通股的持有者即股东拥有经营参与权，这一权利主要通过股东大会来行使，并反映在股东的选举权、被选举权、发言权和表决权上。股东拥有盈余和剩余财产的分配权，当公司盈利时，股东有权取得相应的股息。股东拥有优先认股权，当企业增发普通股时，现有的股东可优先购买新发行的股票，以维持他们在该企业的持股比例，保持其对企业原有的控制权。

优先股是指股份公司发行的在公司收益和剩余资产分配方面比普通股具有优先权的股票。优先股有约定的固定股息率，不随公司利润的增减而波动。优先股股东优先分派股息和清偿剩余资产，即优先股股东在这两方面都优先于普通股股东，但是优先股股东表决权受到限制，不能参加公司的经营管理，不享有表决权。

2) 记名股票和无记名股票

按是否记载股东姓名来划分，股票可以分为记名股票和无记名股票。

记名股票是指在股票票面和股份公司的股东名册上记载股东姓名的股票。我国《公司法》规定，公司若发行记名股票，则应当置备股东名册，记载下列事项：股东的姓名或者名称及住所、各股东所持股份数、各股东所持股票的编号、各股东取得股份的日期。

无记名股票是指在股票票面和股份公司股东名册上均不记载股东姓名的股票。无记名股票也被称为不记名股票，与记名股票的差别不是在股东权利等方面，而是在股票的记载方式上。

3) 有面额股票和无面额股票

按是否在股票票面上标明金额来划分，股票可以分为有面额股票和无面额股票。

有面额股票是指在股票票面上记载一定金额的股票。这一记载的金额也被称为票面金额、票面价值或股票面值。票面金额一般以国家主币为单位。大多数国家的股票都是有面额股票。我国《公司法》规定，股票发行价格可以是票面金额，也可以超过票面金额，但不得低于票面金额。这样，有面额股票的票面金额就成为股票发行价格的最低界限。

无面额股票也被称为比例股票或份额股票，是指在股票票面上不记载股票面额，只注明它在公司总股本中所占比例的股票。

【深度阅读】

我国的 A 股、B 股、H 股、N 股和 S 股

我国上市公司的股票有 A 股、B 股、H 股、N 股和 S 股等的区分。这一区分主要依据股票的上市地点和所面对的投资者而定。

A 股的正式名称是人民币普通股票。它是由我国境内的公司发行，供境内机构、组织或个人(不含台、港、澳投资者)以人民币认购和交易的普通股股票。

B 股的正式名称是人民币特种股票。它是以人民币标明面值，以外币认购和买卖，在境内(上海、深圳)证券交易所上市交易的股票。B 股公司的注册地和上市地都在境内，只不过投资者在境外或在中国香港、澳门及台湾。目前，B 股的外资股性质发生了变化，境内投资者逐渐成为 B 股市场的重要投资主体。

H 股，即注册地在我国内地，上市地在我国香港的外资股。香港的英文是 HongKong，取其字首，在港上市外资股就叫作 H 股。依此类推，纽约的第一个英文字母是 N，新加坡的第一个英文字母是 S，则纽约和新加坡上市的股票就分别叫作 N 股和 S 股。

(三) 证券投资基金

1. 基金的定义

证券投资基金是一种利益共享、风险共担的集合投资方式，即通过发行基金单位集中投资者的资金，由基金托管人托管，由基金管理人管理和运用资金，从事以有价证券为主的金融工具投资，以获得投资收益和实现资本增值。100 多年来，随着经济、社会的发展，基金业从无到有，从小到大，尤其是 20 世纪 70 年代以来，随着世界投资规模的剧增和现代金融业的创新，基金业获得巨大发展。目前，基金业成为与银行业、证券业、保险业并驾齐驱的四大现代金融体系支柱之一。

2. 基金的特点

基金的特点包括：

(1) 集合理财，专业管理。基金将众多投资者的资金集中起来，委托基金管理人进行共同投资，表现出一种集合理财的特点。基金管理人一般拥有大量的专业投资研究人员和强大的信息网络，这样，中小投资者也可以享受到专业化的投资管理服务。

(2) 组合投资，分散风险。基金通常会购买几十种甚至上百种股票，投资者购买基金就相当于用很少的钱购买了一揽子股票，某些股票下跌造成的损失可能由另外一些股票的上涨来弥补，因此可以充分享受到组合投资、分散风险的好处。

(3) 利益共享，风险共担。基金投资的收益在扣除基金托管人和基金管理人按规定收

取的托管费和管理费后，所有盈余按投资者所持有的基金份额比例进行分配。

(4) 独立托管，保障安全。基金管理人只负责投资操作，不负责基金财产的保管；基金财产由独立于基金管理人的基金托管人负责。两者相互制约、相互监督的制衡机制保护了投资者的利益。

(四) 证券投资基金与股票、债券的区别

证券投资基金与股票、债券的区别包括：

(1) 反映的经济关系不同。股票反映的是所有权关系，债券反映的是债权、债务关系，而证券投资基金反映的则是信托关系。

(2) 筹集资金的投向不同。股票和债券是直接投资工具，筹集的资金主要投向实业；而证券投资基金是间接投资工具，筹集的资金主要投向有价证券等金融工具。

(3) 收益风险水平不同。股票的直接收益取决于发行公司的经营效益，不确定性强，投资股票有较大的风险。债券的直接收益取决于债券利率，而债券利率一般是事先确定的，投资风险较小。证券投资基金主要投资于有价证券，投资选择灵活多样，从而使基金的收益可能高于债券，投资风险又可能小于股票。因此，证券投资基金能满足那些不能或不宜直接参与股票、债券投资的个人或机构的需要。

> **【想一想】**
> 股票、债券和基金，这三种信用工具有什么不同？

任务四 利息与利率

一、利息与利率的定义及利率的计算方法

(一) 利息的定义

利息是在资金借贷中债务人支付给债权人超过本金的部分，也是债务人运用借入资金所付出的代价。信用作为一种借贷行为，借款者除按约定的期限偿还所借的货币外，还要付出一定的代价，即支付一定的利息。不同经济学派对利息认识不同。古典经济学派认为，利息是放弃货币使用权给贷者带来不方便的报酬；资本生产力论认为，资本具有生产力，利息是资本生产力的产物；节欲论认为，利息是为积累资本而牺牲现在消费的一种报酬；灵活偏好论认为，利息是对人们放弃货币周转流动性的补偿。

马克思认为，这些理论大多脱离经济关系本身，无法揭示利息的真正来源与本质。他认为利息是作为借款人的职能资本家支付给货币资金所有者或贷出者的一部分利润，是剩余价值的一种分割。职能资本家由于其经营牟利的资本是借入的，所以他必须将取得利润的一部分以利息的形式支付给借贷资本家。所以，"利息不外是一部分利润的特别名称，特别项目"。利息就其本质来说，是剩余价值的特殊表现形式，是利润的一部分，体现了借贷资本家和职能资本家瓜分剩余价值的关系。

（二）利率的定义

利率即利息率，是指在一定时期内利息收入与本金的比例，它体现了一定的利息水平。利率的表示方法一般分为年利率、月利率和日利率。年利率是按年计息的比率，一般用百分比的形式来表示，我国习惯称为"分"。例如，本金 100 元，年利率为 5%，则每年每百元利息收入是 5 元。月利率是按月计息的比率，一般用千分比的形式来表示，我国习惯称为"厘"。例如，本金 1000 元，月利率为 5‰，则每月每千元利息收入是 5 元。日利率是按日计息的比率，一般用万分比的形式来表示，我国习惯称为"毫"。它们之间的关系为

$$月利率 = \frac{年利率}{12}$$

$$日利率 = \frac{月利率}{30}$$

（三）利率的计算方法

1. 单利法

单利是指仅以本金计算利息，而对利息不再计息的方法。

利息的计算公式：

$$I = P \times r \times n$$

本利和计算公式：

$$S = P + I = P(1 + r \times n)$$

其中：I 表示利息；P 表示本金；r 表示利率；n 表示期限；S 表示本利和。

单利计息方法简便，容易计算借款成本，与复利计息方法相比，有利于减轻债务人的利息负担。

2. 复利法

复利法也称为利滚利，是指把上期利息转为下期本金一并计息的方法。

计算复利的利息，首先要计算本利和，然后扣除本金，得出利息。

本利和计算公式：$\quad S = P(1 + r)^n$

利息的计算公式：$\quad I = S - P$

其中：I 表示利息；P 表示本金；r 表示利率；n 表示期限；S 表示本利和。

运用复利计息不仅仅是一种方法，更是一种价值判断。它能更加准确地计算货币所有者的收益，既有利于提高资金的时间观念，也有利于发挥利息杠杆的调节作用和社会资金的使用效益。复利计息在现代经济中的运用范围越来越广泛，也越来越被人们所重视。

【想一想】

假如刘先生有 1 万元人民币，年利率为 5%，分别采用单利和复利方法，帮他计算一下 5 年后的本利和分别是多少？单利与复利对比如表 2-4-1 所示。

表 2-4-1　单利与复利对比

计算方式	单利			复利			复利本息/单利本息
年度	本金	利息	本息(本利和)	本金	利息	本息(本利和)	
第1年末	10 000.00	500.00	10 500.00	10 000.00	500.00	10 500.00	100.00%
第2年末	10 000.00	500.00	11 000.00	10 500.00	525.00	11 025.00	100.23%
第3年末	10 000.00	500.00	11 500.00	11 025.00	551.25	11 576.25	100.66%
第4年末	10 000.00	500.00	12 000.00	11 576.25	578.81	12 155.06	101.29%
第5年末	10 000.00	500.00	12 500.00	12 155.06	607.75	12 762.81	102.10%

【深度阅读】

复利的力量

在印度有一个古老的传说：某国王打算奖赏国际象棋的发明人——宰相西萨·班·达依尔。国王问他想要什么，他对国王说："陛下，请您在这张棋盘的第1个小格里赏给我1粒麦子，在第2个小格里给2粒，第3小格给4粒，以后每一小格都比前一小格加一倍。请您把这样摆满棋盘上所有的64格的麦粒都赏给您的仆人吧！"国王觉得这要求太容易满足了，就命令给他这些麦粒。当人们把一袋一袋的麦子搬来开始计数时，国王才发现：就是把全印度甚至全世界的麦粒全拿来，也满足不了那位宰相的要求。那么，宰相要求得到的麦粒到底有多少呢？　答案是：

$1+2+4+8+\cdots+2^{63}=2^{64}-1=18\,446\,744\,073\,709\,551\,615$(粒)。如果按照当时印度出产小麦量推算，总共是2000年的小麦出产量，表面上看起来所需麦粒数量很少，其实越放越多，最终达到一个天文数量。难怪伟大的爱因斯坦曾说过：宇宙间最大的能量是复利，世界的第八大奇迹是复利。

二、利率的种类

(一) 短期利率和长期利率

按资金借贷期限的长短来划分，利率可以分为短期利率和长期利率。由于资金借贷期限长短的不同，利率水平也不同。通常，我们把借贷期限在一年以内所采用的利率称为短期利率，把借贷期限在一年以上所采用的利率称为长期利率。一般来说，资金借贷期限越长，资金的时间价值就应该越大，经营者的获利也会越多。同时，市场不确定因素的影响越大，市场经营风险也就越大，所以贷出者所获得的报酬也应越多，借入者所支付的利息也应越多。划分长短期利率的真正意义在于：明确借贷期限长短对利率水平的影响，掌握期限利率结构的管理要求，确保借贷资金的真实收益。

(二) 一般利率和优惠利率

按利率是否带有优惠性质来划分，利率可以分为一般利率和优惠利率。一般利率是指金融机构按市场一般标准执行的利率；优惠利率是指低于或者高于市场一般标准执行的利率。例如，银行等金融机构以比普通利率高的利率吸收大客户的大笔存款，以比普通贷款利率低的利率对某些大客户发放贷款，这种针对大客户的利率称为优惠利率。

（三）固定利率和浮动利率

根据利率在整个借贷期间是否调整，将利率分为固定利率和浮动利率。

固定利率是指利率在整个借贷期间按借贷时契约规定的利率执行，不随市场利率的变化而变动。它的特点是简便易行，有利于借贷双方核算成本和收益。它适用于短期借贷和市场利率变化不大的情况。当期限长、利率波动较大时，由于由一方单方面承担利率风险而不适用。

浮动利率是指在借贷契约上规定，在借贷期间利率要根据市场利率的波动作定期调整的利率。它的特点是避免了在借贷期间由于市场利率的波动，给借贷双方带来的风险，但利息的计算相对比较复杂，而且不利于借贷双方成本和收益的核算。目前，在国际债券市场和中长期借贷中，浮动利率被广泛地采用。

（四）名义利率和实际利率

按利率与通货膨胀的关系不同来划分，利率可以分为名义利率和实际利率。名义利率是指以名义货币表示的利息率。一般我们所说的利息率都是指名义利率(如表 2-4-2 所示)。实际利率是指名义利率剔除通货膨胀因素以后的真实利率，它表明投资者实际所获得的利率或债务人实际所要支付的利率。名义利率、实际利率和通货膨胀率三者之间的数量关系如下：

$$i = r - p$$

其中：i 表示实际利率；r 表示名义利率；p 表示通货膨胀率。

表 2-4-2　中国建设银行城乡居民存款挂牌利率表(名义利率)

项　目	年利率/%
一、城乡居民存款	
（一）活期	0.30
（二）定期	
1. 整存整取	
三个月	1.35
半年	1.55
一年	1.75
二年	2.25
三年	2.75
五年	2.75

【想一想】
2019 年，我国城乡居民存款实际利率分别是多少？

（五）官定利率、市场利率和公定利率

按利率形成方式的不同来划分，利率可以分为官定利率、市场利率和公定利率。

官定利率是指由政府金融管理部门或者中央银行确定的利率，在一定程度上反映了非市场的强制力量对利率形成的干预，是国家实现宏观经济目标的重要政策手段，也称为法定利率。

市场利率是指在金融市场上资金供求双方自由竞争所形成的利率，这种利率能灵敏反映资金供求状况。官定利率对市场利率起着导向作用，其升降通常会使市场利率随之升降。

公定利率是指由银行公会确定的各会员银行必须执行的利率。会员银行执行同业公会制定利率可以防止银行间恶性竞争。

（六）基准利率和非基准利率

按在整个利率体系中产生的影响不同来划分，利率可以分为基准利率和非基准利率。基准利率是指在多种利率并存的条件下起决定作用的利率。只要这种利率变动，其他利率也相应变动。基准利率以外的利率被称为非基准利率。基准利率在整个金融市场上和整个利率体系中处于关键地位，起决定性作用。基准利率一般多由中央银行直接调控，并能够对市场其他利率产生稳定且可预测的影响。在放松利率管制以后，中央银行就是依靠对基准利率的调控来实现对其他市场利率的影响。

各国在货币政策的实践中，通常以同业拆借利率或国债回购利率充当基准利率。我国目前以中国人民银行对各商业银行的贷款利率为基准利率(如表 2-4-3 所示)。随着我国银行间同业拆借市场和国债回购市场等货币市场发展及相关利率的放开，同业拆借利率和国债回购利率现在也逐步起到基准利率的作用。

表 2-4-3　我国目前的基准利率水平

项　目	利率水平	调整日期
金融机构人民币存款基准利率		2015.10.24
活期存款	0.35	
三个月	1.10	
半年	1.30	
一年	1.50	
二年	2.10	
三年	2.75	
金融机构人民币贷款基准利率		2015.10.24
一年以内(含一年)	4.35	
一至五年(含五年)	4.75	
五年以上	4.90	

三、决定和影响利率水平的因素

决定和影响利率水平的因素是多种多样的，归纳起来，主要有以下几种。

（一）社会平均利润率

根据马克思的利率理论，利息是利润的一部分，利润率是决定利率的首要因素。在市场经济中，通过竞争和资源的流动，一个经济社会在一定时期内会形成社会平均利润率。社会平均利润率是确定各种利率的主要依据，是利率的最高界限，否则借款人会因无利可图而不愿意借用货币资金；同时，利率也不会等于或小于零，因为在这种情况下贷款人会因无利可图而不愿让渡资金的使用权。所以，利率通常在社会平均利润率和零之间波动。

（二）借贷资金的供求情况

在商品经济条件下，利息作为借贷资金的"价格"，会受到借贷资金供求关系的影响。当市场上资金供过于求时，利率下跌；反之，当市场上资金供小于求时，利率则提高。所以，借贷资金的供求情况是决定和影响利率的一个重要因素，它决定着某一时刻利率的高低。

（三）物价水平

在信用货币流通情况下，利率与物价有着非常密切的联系。一方面，物价过高会引起纸币贬值，从而影响货币购买力，使借贷资本利息和本金发生损失或贬值，贷者就得考虑提高利率来弥补纸币贬值的损失；另一方面，国家也常将利率作为抑制通货膨胀、稳定物价的重要手段。当物价上涨时，如果物价上涨率超过了名义利率，则实际利率成为负利率，各国政府会调高名义利率；反之，当物价下降时且实际利率高于名义利率时，为刺激需求，又会调低名义利率。通常出于货币资金保值和稳定物价的需要，各国政府会调控利率与物价呈同向变动。

（四）国家的经济政策

目前，各国在对经济进行宏观调控时，利率已经成为进行宏观调控的一种重要工具。各国政府根据本国经济发展状况和货币政策目标，通过利率水平、利率结构的确定和设计，努力实现国家的经济增长政策、产业政策和货币政策。国家通过规定和调整基准利率以影响整个市场利率的变动，通过差别利率和优惠利率实现对重点产业、部门或项目的扶持，进而实现对产业、行业或部门结构的调整和优化，保证国家产业政策的顺利实施。

（五）国际市场利率水平

世界经济全球一体化的形势下，资本、商品和技术等生产要素在各国之间广泛流动。在流动过程中，国际利率对国内利率的影响越来越大。当国内利率水平高于国际利率水平时，国外货币资金在追逐高额利息的驱动下流向本国，可以改善本国的国际收支状况，增加本国市场上的资金供给，促使本国利率水平的下降；当国内利率水平低于国际利率水平时，本国货币资金在追逐高额利息的驱动下流向国外，会减少本国市场上的资金供给，促使本国利率水平的上升，最终与国际利率水平趋向一致。所以，在经济开放的国家，国内利率水平的调整必须充分考虑国际利率水平。

四、利率的功能

现代经济中，利率是调节经济运行的重要杠杆，在国家宏观调控中发挥着极其重要的作用，同时还在微观方面对经济各部门的经济活动产生重要影响。

（一）利率对宏观经济的影响

国家在对经济进行宏观调控时发现，政府部门需要有一些短期的、数量化的、能够运用于日常操作的且能直接控制的指标，利率是其中的一个重要选择。利率成为主要的货币政策中介和操作工具，其作用日益增强。近期的实证研究认为，利率是比货币量更好的货币政策行为指标。因为短期利率可以在货币市场直接观察到，中央银行能十分准确地控制目标利率。另一个原因在于一个市场化的基准利率包含了丰富的信息，可以成为指导中央银行操作的中介指标。例如，在美国的实证研究指出，大部分利率的信息含量集中于联邦基金利率。利率的作用可以简单直观地表示为：利率上升→存款增加，贷款减少→投资和有支付能力的商品需求减少→经济收缩；反之，利率下调→存款减少、贷款增加→投资和有支付能力的商品需求增长→经济膨胀。

（二）利率对居民储蓄的影响

短期内提高利率能增加储蓄，降低利率会抑制储蓄。古典经济学家马歇尔认为，人们是否愿意储蓄或储蓄多少取决于利率的高低。他认为，"利率的上升，即储蓄需求价格的上升，势将增加储蓄。利率的上升增大储蓄的愿望，差不多是普遍的法则，而且利率的上升还往往增大储蓄的能力。当利率下降时，就会使更多的人在利率高时储蓄较少而不是较多"。同时，居民储蓄行为对利率有较大的弹性。当利率较高时，生息资产的收益提高，即期消费的机会成本加大，居民就会减少即期消费，增加储蓄量；反之，当利率较低时，居民就会增加即期消费，减少储蓄量。

（三）利率对企业投资行为的影响

利率对企业投资行为的影响表现为：当利率升高时，投资额减少；当利率降低时，投资额扩大。利率与投资呈现出反向变动的关系。在经济稳定发展时期，利率是影响投资的关键因素。企业如果要扩大生产和投资规模，首先需要有一笔新的资金用于购买投资品和支付生产要素的报酬。这笔资金可以有两个来源：一是从信贷市场借入，二是自有资金积累。无论是哪种来源，利率都构成投资的成本。企业家在决策时都会对运用这笔资金投入生产和投资规模是否合算进行事先估计。如果是在投资收益较为稳定的经济环境下，则利率对投资有决定性的影响，即利率越高，成本越大，生产和投资收益就越小。在这种情况下，企业家不仅不会扩大生产和投资，反而会缩小原有的生产和投资规模。反之，低利率会减少投资成本，使投资量上升，投资规模扩大，经济处于扩张状态。

（四）利率对政府筹资行为的作用

政府作为经济中的公共部门，在当代生活中具有日益重要的影响。特别是在经济萧条时期，微观经济主体缺乏消费和投资热情的情况下，政府的公共开支为经济运行注入相当的购买力。因此，政府资金来源一般有三条渠道：一是税收，二是举债，三是发行货币。由于税率不能任意提高，因此政府增加收入主要靠后面两条渠道。由于超发货币会给经济和政治带来巨大灾难，因此举债成为政府筹资的最佳渠道。这样，利率的高低就决定了政府筹资成本的大小。如果利率上升，意味着政府举债的成本增大，政府只能相应提高其债券的利率，否则不足以吸引居民和企业购买国家的各种债券。当利率高到一定水平使政府难以承受高昂的筹资成本时，政府也会选择超发货币渠道筹集资金。

（五）利率对国际经济活动的影响

一个国家的经济是与世界市场紧密相连的，利率的变动将影响该国对外经济活动，主要表现在两个方面：一是对进出口的影响，二是对资本输出、输入的影响。当利率水平较高时，一方面企业的生产成本增加，从而出口竞争能力下降；另一方面生产规模缩小，出口量减少，容易引起对外贸易的逆差。反之亦然。当国内利率高于世界市场利率时，较高的收益将吸引外国投资者，使外国资本大量输入国内。虽然可以暂时缓解国际收支的逆差，但在高利率的情况下，外国资本迅速增加也会带来很多问题，比如沉重的还本付息负担还会造成新的国际收支逆差。

【深度阅读】

美国联邦基金利率

美国联邦基金利率是指美国同业拆借市场的利率，其最主要的是隔夜拆借利率。这种利率的变动能够敏感地反映银行之间资金的余缺，美联储瞄准并调节同业拆借利率就能直接影响商业银行的资金成本，并且将同业拆借市场的资金余缺传递给工商企业，进而影响消费、投资和国民经济。

美联储要求所有在美国吸收储户存款的金融机构都必须存一部分资金在美联储。这个资金账户被称为准备金账户。根据美联储的要求，每个机构的准备金账户余额不能低于它所吸纳的短期存款的一定比例。这个比例被称为法定存款准备金率。如果某个金融机构的储备金低于美联储要求，则必须想办法筹集资金补足。相反，如果储备金高于美联储要求，多余的部分被称为超额准备金，可以随时取走。正常情况下，准备金不足的银行可以向有超额准备金的银行短期贷款，补足准备金。市场上这种金融机构间为满足准备金要求而进行的短期贷款利率被称为联邦基金利率。

作为同业拆借市场的最大的参加者，美联储调整联邦基金利率作用机制如下：如果美联储降低其拆借利率，商业银行之间的拆借就会转向商业银行与美联储之间，因为向美联储拆借的成本低，所以整个市场的拆借利率就将随之下降；如果美联储提高拆借利率，向美联储拆借的商业银行就会转向其他商业银行，听任美联储的拆借利率孤零零地"高处不胜寒"，此时美联储在公开市场上抛出国债，吸纳商业银行过剩的超额准备金，造成同业拆借市场的资金紧张，迫使拆借利率同步上升。因为美联储有强大的干预市场利率的能力，所以经过反复多次的操作，就会形成合理的市场预期。只要美联储提高自己的拆借利率，整个市场就会闻风而动，进而美联储能够直接宣布联邦基金利率的变动。

上面所述对于我国金融调控有重要的启示意义，能够完善我国中央银行对同业拆借利率的干预、调节乃至决定，比发展其他调控手段重要得多。

任务五 我国利率市场化改革

一、利率市场化概述

（一）利率市场化内涵

利率管理体制是一个国家经济管理体制的重要组成部分，它规定了金融管理当局或中央银行的利率管理权限、范围和程度。目前，世界上的利率管理体制有两种：一是市场型，由市场供求来决定利率水平；二是管制型，由货币当局限定利率的上下限。在政府干预的条件下，市场在上下限的范围内决定利率水平，或者完全由货币当局来决定利率水平。

利率市场化也就是利率管理体制由管制型过渡到市场型，即政府逐步放松和取消对利率的直接管制，由市场资金供求双方自主确定利率，以达到资金优化配置的目的。其基本含义如下：利率水平由市场决定；中央银行通过货币政策对利率进行间接调控；市场主体在充分竞争的基础上自主决定资金交易对象、规模、价格、期限和融资条件。

（二）利率市场化理论发展

世界利率市场化改革的浪潮始于20世纪70年代。美国著名经济学家麦金农和肖在1973年分别精辟论述了货币金融与经济增长的关系，认为利率市场化理论是金融发展理论的核心。他们发现发展中国家往往存在金融抑制现象，而且程度很深。金融抑制两个基本特征是低的实际利率水平和有选择的信贷分配。政府管制的过低的实际利率水平导致低水平储蓄和过高的资金需求，这种供求矛盾又导致政府更多的干预，如强制储蓄、有选择性的信贷配给、差别利率以及发放营业许可证、财政补贴等各种各样形式的干预。金融抑制经济中金融市场被分割成两个市场：一个是被政府管制的有组织的市场，另一个是没有正规管制的自由市场。后者利率水平高于前者，中小私人企业和家庭的投资或依靠内部积累，或通过这一市场进行高成本的融资。这降低了资金配置的效率，使市场行为扭曲。这些国家摆脱贫困就必须解除"金融抑制"，实施金融自由化、利率市场化的改革。很多国家在这些理论的影响下进行了利率市场化改革的尝试，随后利率市场化逐步成为世界各国经济金融体制改革不可忽略的课题。

二、我国利率市场化改革的目标与路径

我国利率市场化改革的目标是：建立以中央银行利率为基础，以货币市场利率为中介，由市场供求决定金融机构存贷款利率水平的市场利率体系和利率形成机制。具体来说，就

是将金融产品的定价权交给金融市场主体,存贷款利率由商业银行和金融机构自己决定,中央银行通过运用货币政策工具调控和引导市场利率,间接影响商业银行和金融机构的利率水平,使市场机制在金融资源配置中发挥主导作用。

事实上,我国在相当长的时期内一直实行高度集中统一管理的利率体制,制定和调整利率的决定权集中于中国人民银行总行,存贷款利率甚至一连几年不变,这种僵化的利率体制使利率与资金供求完全脱节,难以发挥经济杠杆的作用。随着我国金融体制改革的不断深入,利率市场化改革成为金融改革必须逾越的门槛。要实现利率市场化改革的目标需要很多条件,因此它是一个渐进的过程,需要较长的过渡时期。目前,我国采取了从银行间同业拆借市场利率市场化到债券市场利率市场化,再到存贷款利率市场化的由简单到复杂的方向;利率自由化路径是先外币后本币,先贷款后存款,先大额长期后小额短期的本外币存贷款。

三、我国利率市场化的进程

我国利率市场化进程有以下重要的四步改革。

(一) 建立全国银行间同业拆借市场

1996 年,正式建立全国银行间同业拆借市场。拆借市场的建立主要目的是方便中国商业银行间进行短期流动性余缺的调配;与此同时,将各商业银行在此拆借的各期限成交利率进行加权平均,形成中国银行间的同业拆借利率(Chibor)。经过半年的试运行,中国人民银行决定不再对银行间同业拆借利率设定上限,实现由拆借双方根据市场资金供求自主确定拆借利率。这标志着中国银行间同业拆借完成自由化改革,此举被视为利率市场化的突破口。

(二) 放开债券市场利率

中国早期债券市场的品种缺少企业债且主要是国债和政策性金融债。国债曾于 1991 年以承购包销的方式发行,之后,财政部在 1996 年选择在证券交易所以市场化方式发行国债,形式采用招标方式,并开启了中国债券市场利率市场化改革。从 1998 年开始,国家开发银行以及中国进出口银行尝试以利率招标等方式在银行间债券市场发行金融债券,从而实现了金融债券的市场化。同时,使以往政策性银行依赖行政摊派进行筹资成为历史。1999 年,财政部首次以市场化发行的方式在银行间债券市场发行国债。这样,包括国债和金融债等品种的银行间债券市场利率全面自由化。

(三) 放开贷款利率,对存款实行上限管理

1. 外币存贷款利率市场化

依照先外币后本币的原则,2002 年中国开始放松对外币存贷款的利率管制,外币贷款以及金额在 300 万美元(含)或等额外币以上外币存款利率可以自由浮动。

2. 人民币贷款利率放开

中国人民币贷款利率是从逐步放宽利率浮动范围的形式展开的。1987 年,中国商业银行流动性资金贷款利率最大上下浮动幅度暂定为 20%和 10%;1996 年,上限减小到 10%。到了 1998 年 10 月 31 日,针对小企业的贷款利率上限再次扩大到 20%,农村信用社例外,

其上限则由 40%上调至 50%。到了 2004 年，除城乡信用社贷款利率上限继续扩大到 2.3 倍外，其他所有金融机构贷款利率放开上限，而下限仍统一为 0.9 倍基准利率。对于商业银行个人住房优惠利率贷款而言，则于 2005 年 3 月 17 日重回正常贷款上限管理。至此，人民币贷款利率完成放开上限的阶段性任务。2013 年 7 月 20 日，人民币贷款利率改革取得历史性突破，下限管制被解除，实现贷款利率形式上的完全自由化。

3. 人民币存款利率放开下限

人民币存款利率自由化以协议存款开始，再扩大到普通存款和同业存款。1999 年 10 月，中资商业银行针对中资保险公司试办长期大额协议存款，期限在五年以上，最低金额为 3000 万元，存款利率以市场化方式协定。2002 年，将全国社保基金和省级社保经办机构也纳入到试点对象范围，不过，最低金额提高至 5 亿元以上。到了 2004 年 10 月 29 日，人民币普通存款利率实行以央行公布的基准利率为上限，放开下限的管理政策。2005 年 3 月，中国金融机构同业存款利率完全由交易双方商定，不再比照央行超额准备金定价执行。2015 年 3 月 1 日起，下调金融机构一年期存款基准利率各 0.25 个百分点，同时将存款利率浮动区间上限扩大至 1.3 倍。

（四）培育基准利率

利率市场化改革需要健全和完善的市场基准利率体系来支持。因为中央银行货币政策需要有基准利率体系作为其操控目标；同时，利率市场化意味着市场主体享有资金的自主定价权，而自主定价需要有一个参考系作为基准，才能高效方便地定价。基准利率能够真实反映资金供求及其成本且具有广泛的影响力，并且是连接中央银行与金融市场和经济行为主体的纽带。目前，我国在利率市场化改革过程中不断培育基准利率，如上海银行间同业拆借利率(Shibor)和贷款市场报价利率(LPR)。

【深度阅读】

了解 LPR

贷款市场报价利率(Loan Prime Rate，LPR)，拟将培育成贷款基准利率(LPR+百分比)。LPR 由各报价行按公开市场操作利率(主要指中期借贷便利利率)加点形成的方式报价，由全国银行间同业拆借中心计算得出，为银行贷款提供定价参考。目前，LPR 包括 1 年期和 5 年期以上两个品种。LPR 报价行目前包括 18 家银行，每月 20 日(遇节假日顺延)9 时前，向全国银行间同业拆借中心提交报价，全国银行间同业拆借中心计算得出 LPR，于当日 9 时 30 分公布，公众可在全国银行间同业拆借中心和中国人民银行网站查询。贷款市场报价利率如表 2-5-1 所示。

表 2-5-1 贷款市场报价利率(LPR)(2020-07-20)

期 限	LPR/%
1 年	3.85
5 年	4.65

习题与实训

一、单项选择题

1. 在银行信用中，银行充当的角色是(　　)。

A. 债权人　　　　　　　　　　　　B. 债务人

C. 既是债权人又是债务人　　　　　D. 都不是

2. 政府信用的主要形式是(　　)。

A. 发行政府债券　　　　　　　　　B. 向商业银行短期借款

C. 向商业银行长期借款　　　　　　D. 自愿捐助

3. 在借贷期限内规定可以调整和变动的利率是(　　)。

A. 固定利率　　　B. 浮动利率　　　C. 名义利率　　　D. 实际利率

4. 由金融市场的资金供求状况决定的利率是(　　)。

A. 基准利率　　　B. 市场利率　　　C. 官定利率　　　D. 实际利率

5. 我国利率目前是以(　　)为主。

A. 市场利率　　　B. 官定利率　　　C. 浮动利率　　　D. 长期利率

二、多项选择题

1. 现代信用在现代经济活动中发挥着重要作用，主要表现在(　　)。

A. 现代信用可以促进社会资金的合理利用

B. 现代信用可以优化社会资源配置

C. 现代信用可以推动经济的增长

D. 现代信用的规模越大越能促进经济的发展

E. 现代信用有可能导致泡沫经济

2. 商业信用的特点是(　　)。

A. 其债权人和债务人都是企业　　　B. 借贷的对象是商业资本

C. 信用的规模依存于生产和流通的规模　　D. 规模巨大，方向不受限制

E. 期限一般较长

3. 利率按期限可以分为(　　)。

A. 长期利率　　　B. 短期利率　　　C. 固定利率　　　D. 浮动利率

4. 信用的基本特征包括(　　)。

A. 偿还本金　　　B. 偿还利息　　　C. 所有权转移　　　D. 使用权让渡

5. 在下面各种因素中，能够对利息率水平产生决定或影响作用的有(　　)。

A. 国际利率水平　　　　　　　　　B. 平均利润率水平

C. 物价水平　　　　　　　　　　　D. 借贷资本的供求

三、简答题

1. 为什么说现代经济是信用经济？

2. 按信用主体不同，信用形式可以划分成几类？分别有什么特点或作用？

3. 主要信用工具有哪些？

4. 简述利率的分类。

5. 什么是利率市场化？为什么说利率市场化是经济发展的必然结果？

四、实训题

实训名称：了解我国市场化的利率。

实训目标：掌握 LPR 和 Shibor 实施准则。

实训过程：

1. 学生在实训室登录全国银行间同业拆借中心官网 http://www.chinamoney.com.cn/chinese/。

2. 完成实训的总结性报告。

3. 学生分组汇报并讨论。

4. 教师进行总结。

五、案例分析题

名义利率和实际利率之间的偏差

名义利率与实际利率的区分十分重要，因为实际利率反映了真实的借款成本，是借款动力和贷款动力的良好的指示器。它还能很好地表示信用市场上发生的事件对于人们的影响程度。

经济学家曾经研究 1953—2014 年间 3 个月期美国国库券名义利率和实际利率的估计值，如图习题-1 所示，发现名义利率和实际利率经常是同向运动的，但有时二者偏差很大。特别是 20 世纪 70 年代，美国名义利率水平较高，但实际利率却非常低，甚至经常为负数。如果按照名义利率的标准来判断，你可能会认为由于借款成本较高因此这一时期信用市场的银根很紧。然而，实际利率的估计值却表明你的判断是错误的。按照不变价衡量，借款成本非常低。

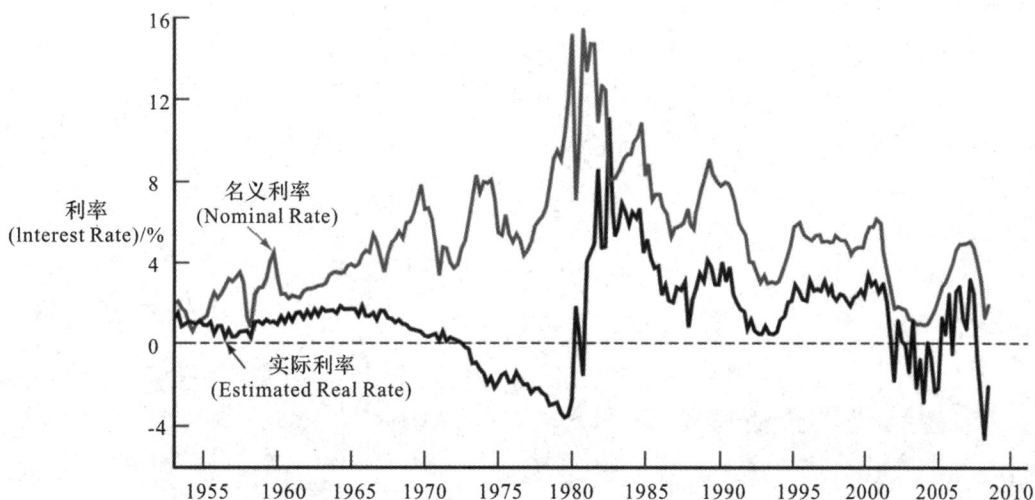

图习题-1　美国的名义利率和实际利率

那么我国的名义利率和实际利率之间呈现的是什么状态？如图习题-2 所示，给出了我国自 1991 年以来 CPI(中国居民消费价格指数)和名义利率(一年期贷款利率)的变化情况。
通过名义利率和通胀率的对比，我们大致可以看出我国存贷款实际利率的变化情况。

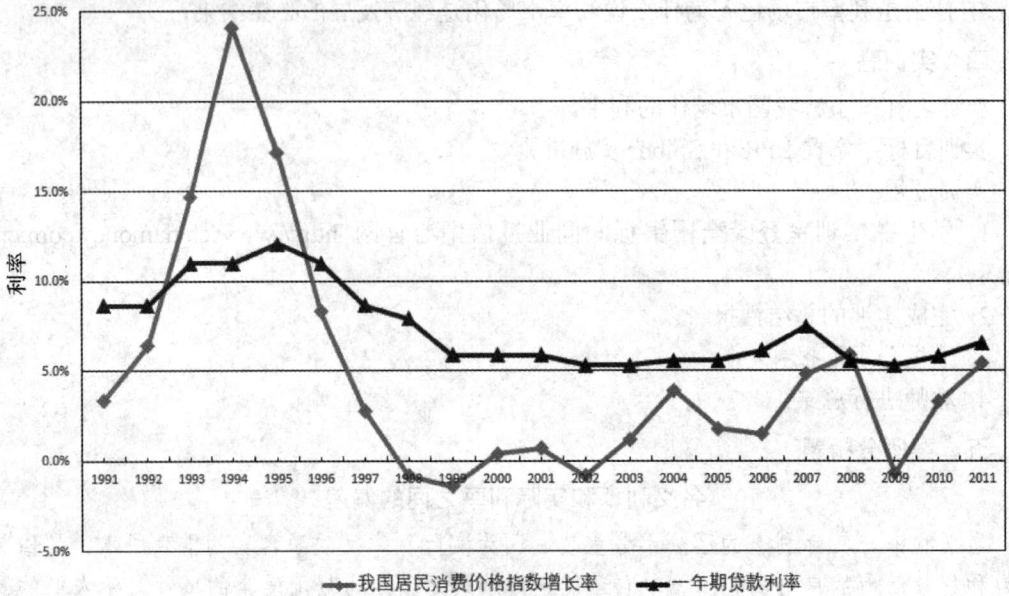

图习题-2　我国的利率水平变化

请回答:

1. 什么是实际利率和名义利率?
2. 根据图表分析，在什么时间段我国实际利率和名义利率偏差很大? 有什么危害?
3. 当时我国采取了什么政策措施?

项目三 金融机构

【知识目标】

(1) 了解金融机构的含义和分类。

(2) 理解金融机构的功能。

(3) 掌握目前我国金融机构体系的构成。

【能力目标】

(1) 能够识别各种金融机构。

(2) 能够正确理解我国金融机构体系中各种金融机构之间的关系。

(3) 能够理解主要国际金融机构的功能。

【案例导入】

中国银保监会发布银行业金融机构法人名单

近日,中国银保监会官网发布银行业金融机构法人名单(截至2019年12月底)。截至2019年12月底,银行业金融机构法人为4607家,较2019年6月公布的4597家,增加了10家。截至2019年12月底,4607家银行业金融机构法人包括:开发性金融机构1家、住房储蓄银行1家、政策性银行2家、国有大型商业银行6家、股份制商业银行12家、民营银行18家、外资法人银行41家、城市商业银行134家、信托公司68家、金融租赁公司70家、消费金融公司24家、汽车金融公司25家、货币经纪公司5家、企业集团财务公司258家、金融资产管理公司4家、贷款公司13家、村镇银行1630家、农村商业银行1478家、农村信用社722家、农村资金互助社44家、农村合作银行28家、其他金融机构23家。

【思考】

(1) 什么是金融机构?金融机构的种类有哪些?

(2) 你知道的金融机构有哪些?请举例说明。

(3) 金融机构的功能是什么?

(4) 我国的金融监管机构有哪些?

任务一 金融机构概述

一、金融机构的含义

(一) 金融机构的定义

金融机构也称为金融中介或金融中介机构,是指主要以货币资金为经营对象,专门从事各种金融服务活动的专业中介机构。金融机构主要包括商业银行、证券公司、保险公司等。

金融市场上的各种金融活动都要借助于一定的金融机构来完成，金融机构是金融市场不可缺少的中介主体。金融机构通过为金融活动提供相关服务，使得资金供需双方资金融通的安全性、流动性和收益性进一步加强，是专业化的融资中介人。

（二）金融机构的产生

随着商品经济的发展，金融活动的专业化发展出现了专业经营机构，如商业银行、投资银行、保险公司等。3000 多年前的美索不达米亚平原，各国的货币主要是贵金属，当时的金匠已经能够向商人们提供货币兑换，并进行一些存贷款业务，具备了商业银行的一些职能；同时金匠又可以为商人们提供票据的兑换、各种证券的抵押放款、财务顾问和咨询服务等，具备了投资银行主要业务的基本形态。可以说，这些金匠是商业银行的鼻祖，又是投资银行的原始形态。后来直到英格兰银行建立，才出现了现代商业银行。现代意义上的投资银行起源于欧洲，于 19 世纪传入美国，并在美国得到迅速发展。近代保险制度是资本主义发展的产物，美国第一家人寿保险公司于 1759 年在费城注册成立。1822 年，比利时出现了共同基金。20 世纪 70 年代早期，美国出现了货币市场基金、对冲基金、私募股权和风险投资公司，向投资者提供了比共同基金收益更高、风险更大的投资选择。

二、金融机构的分类

1. 按照职能作用的不同分类

按照职能作用的不同来划分，金融机构可以分为金融监管机构和接受监管的金融机构。金融监管机构是指代表政府对金融业进行监督管理的金融机构，如我国的中国人民银行、中国银行保险监督管理委员会、中国证券监督管理委员会等。接受监管的金融机构包括银行、证券公司和保险公司等，这些金融机构都必须接受监管机构的监督和管理。

2. 按照业务类别的不同分类

按照业务类别的不同来划分，金融机构可以分为银行类和非银行类金融机构。金融机构分为银行类金融机构和非银行类金融机构两大类，这是最为常见的一种分类方法。

银行类金融机构是指专门或主要经营货币信用业务的金融机构，它通过吸收存款、发放贷款、办理结算、汇兑等业务在整个社会范围内融通资金，充当信用中介。银行类金融机构在金融机构体系中居于支配地位，构成现代金融机构体系的主体。

非银行类金融机构又称为其他金融机构，是指经营各种金融业务，但又不称为银行的金融机构或主要经营某种特定方式的金融业务的金融机构。这类金融机构包括保险公司、信用合作社、消费信用机构、信托公司、证券公司、租赁公司、金融资产管理公司和财务公司等。它们在整个金融机构体系中是非常重要的组成部分，其发展状况是衡量一个国家金融机构体系是否成熟的重要标志之一。

3. 按资金来源形式不同分类

按资金来源形式的不同来划分，金融机构可以分为存款性金融机构和非存款性金融机构。存款类金融机构是指通过吸收个人和企业单位存款的方式筹集资金，通过贷款、投资等方式运用资金的金融机构。它主要包括商业银行、储蓄信贷协会、储蓄互助银行、信用合作社、信托公司、金融资产管理公司、企业集团的财务公司、汽车金融公司等。

非存款类金融机构是指通过自行发行证券或接受某些社会组织或公众的契约性缴款或投资等筹措资金并进行投资的金融机构，如各类保险公司、证券公司、金融公司、共同基金、养老基金等。

存款类金融机构和非存款类金融机构的主要区别在于存款类金融机构可吸收公众存款，而非存款类金融机构不能吸收公众存款。

4. 按业务性质的不同分类

按业务性质的不同来划分，金融机构可以分为商业性金融机构和政策性金融机构。商业性金融机构是指以经营工商业存放款、证券交易与发行、资金管理等一种或多种业务，以利润为其主要经营目标的金融企业，如各种商业银行或存款机构、保险公司、投资银行、信托公司、投资基金、租赁公司等。政策性金融机构是指那些专门配合宏观经济调控，根据政策要求从事各种政策性金融活动的金融机构，如我国的国家开发银行、中国农业发展银行、中国进出口银行等。

5. 按照业务所管辖的地理范围的不同分类

按照业务所管辖的地理范围的不同来划分，金融机构可以分为国内金融机构和国际金融机构。国内金融机构是一个国家主权之内存在的金融机构；国际金融机构是多个国家共同建立的超国家金融机构，包括政府间国际金融机构、跨国银行、多国银行集团等。1930年，在巴塞尔成立的国际清算银行是建立国际金融机构的重要开端。此外，一些国家的金融机构其业务活动范围跨越不同国家和地区，也属于国际金融机构，如花旗银行、汇丰银行等。

【深度阅读】

全球性国际金融机构

一、国际货币基金组织

国际货币基金组织(IMF)是根据 1944 年联合国国际货币金融会议通过的《国际货币基金协定》建立的，1945 年 2 月正式成立，1947 年成为联合国的一个专门机构。其宗旨是：通过会员国共同探讨和协商国际货币问题，促进国际货币合作；促进国际贸易的扩大和平衡发展，开发会员国的生产资源；促进汇率稳定和会员国汇率有条不紊地安排，避免竞争性的货币贬值；协助会员国建立多边支付制度，消除妨碍世界贸易增长的外汇管制；协助会员国克服国际收支困难。会员国缴纳的基金份额是基金组织最主要的资金来源。国际货币基金组织的主要业务活动除了对会员的汇率政策进行监督，与会员国就经济、金融形势进行磋商和协调外，还向会员国提供借款和各种培训、咨询服务。

会员国缴纳的基金份额是基金组织最主要的资金来源。国际货币基金组织是以会员国入股的方式组成的企业经营性质的金融机构。其最高权力机构是理事会，由所有会员国各派一名理事组成，主要决定重大问题，如接纳新会员国、决定基金份额、分配特别提款权、改革国际货币制度等。理事会下设执行董事会负责处理基金组织日常业务。基金组织的重大决策由会员国投票表决。美国拥有的投票权占全部投票权的 20% 以上，因此在基金组织决策中是起决定作用的。

二、世界银行集团

世界银行集团目前主要由国际复兴开发银行、国际开发协会、国际金融公司三个金融机构构成。国际复兴开发银行主要给发展中国家提供中长期贷款；国际开发协会专门向低收入国家提供长期贷款；国际金融公司是世界银行对发展中国家私人部门投资的窗口。

世界银行即国际复兴开发银行(IBRD)，成立于 1945 年 12 月 27 日，1946 年 6 月开始营业。凡参加世界银行的国家必须首先是国际货币基金组织的会员国。它的宗旨是：对用于生产目的的投资提供便利，以协助会员国的复兴与开发，并鼓励不发达国家生产与资源的开发；通过担保或参与私人贷款和私人投资的方式，促进私人对外投资；用鼓励国际投资和开发会员国生产资源的方法，促进国际贸易长期均衡发展，并维持国际收支平衡；当提供贷款保证时，应与其他方面的国际贷款相配合。世界银行是按股份公司原则建立起来的企业性金融机构。

国际开发协会(IDA)成立于 1960 年 9 月 24 日，它是专门对比较贫穷的发展中国家提供赠款和长期优惠贷款的国际金融机构。组织机构与世界银行相似，和世界银行共用一套班子。国际开发协会的宗旨是：通过向不发达国家提供条件优惠、期限较长并可部分地用当地货币偿还的贷款，以促进其经济发展和生活水平的提高。

国际金融公司(IFC)成立于 1956 年 7 月，是世界银行设立的专门对成员国私人企业提供贷款的国际金融机构。申请加入国际金融公司的国家必须是世界银行的会员国。国际金融公司的宗旨是：通过向成员国私人企业提供没有政府担保的风险资本，促进不发达国家私人企业的发展和资本市场的发展。它的贷款方向偏重于钢铁、建材、纺织、采矿、化工、能源、旅游、非金融服务业等部门。

三、金融机构的基本功能

金融机构在产生和发展过程中具有服务于经济社会的多种功能。随着金融机构之间的竞争以及专业化分工的深入，金融中介逐渐形成了以核心功能为主，兼具其他功能的发展模式。

1. 支付中介功能

金融机构提供有效的支付结算服务是适应经济发展需求而最早产生的功能，目前市场支付结算功能都由可吸收存款的金融机构提供，其中商业银行仍是最基本的提供支付结算的金融机构。金融机构可以提供支票、信用卡、借记卡和资金电子划拨等支付方式。这些支付方式降低了交易费用，加快了货币周转，促进了社会经济的发展。

2. 资金融通功能

资金融通功能是金融机构具有的最重要的功能。金融机构通常采用发行金融工具的方式融通资金。首先金融机构通过发行各类金融工具集中社会闲置的资金，然后将吸收的资金投资于需要资金的社会各部门，使融资双方的融资交易活动得以顺利进行，从而促进了资金从盈余者向短缺者的流动。

3. 降低交易成本功能

金融机构的存在大大减少了融资过程中的融资成本，包括交易费用、信息处理成本及监督成本等。通过规模经营和专业化运作，可以合理控制利率，并节约融资交易的各项费用支出，使交易成本得以降低。如果没有金融机构，融资成本将相当高。

4. 转移和管理风险功能

现代市场经济下，各个经济单位都会面临各种风险，如信用风险、利率风险、政策风险、通胀风险等，这些风险极大地影响着经济的稳定与发展。金融机构则能够提供金融风险转移和管理服务。金融衍生品市场可以提供各种规避风险的金融工具。投资公司将投资者投入的资金聚集起来，投资于一批公司股票，可分散并减少风险。商业银行将资金借给许多不同的人和企业，也同样可以分散和减少信用风险。

任务二　金融机构体系

金融机构体系是指由一个国家金融机构按照一定的原则和方式组合成的、具有一定功能的相互联系的有机体，是一个国家金融体系的骨骼和载体。金融机构体系往往由经济发展水平、经济体制、信用状况等因素决定，即经济发展水平越高，市场经济体制越完善，金融机构体系的规模也越大，分工也越精细。

一、金融机构体系的一般构成

在市场经济条件下，各国金融机构体系大多数是以金融监管机构进行组织管理的，形成了基本以中央银行为核心，商业银行为主体，非银行金融机构为重要组成部分的金融机构体系。

1. 金融监管机构

金融监管机构是指根据法律规定对一个国家的金融体系进行监督管理的机构。其职责包括按照规定监督管理金融市场，发布有关金融监督管理和业务的规章和命令，监督管理金融机构的合法合规运作等。其中，中央银行通常在金融监管组织机构中居于核心地位。

目前，各国的金融监管机构主要包括：负责管理存款货币并监管银行业的中央银行或金融管理局，分业设立的监管机构，金融同业自律组织如行业协会。

2. 银行类金融机构

银行类金融机构可分为商业银行、专业银行两种类型。商业银行办理各种存款、放款和汇兑业务，是金融机构体系的主体。专业银行是集中经营特定业务并提供专门金融服务的银行，包括不动产抵押银行、开发银行、储蓄银行、进出口银行等。专业银行的特点是专业化较强、业务范围较窄。

3. 非银行类金融机构

非银行类金融机构是整个金融机构体系的重要组成部分，其发展程度通常作为衡量一个国家金融体系是否成熟的重要标志。非银行类金融机构以某种特定方式吸收资金和运用资金，并从中获取利润。非银行类金融机构包括证券公司、保险公司、信托公司、租赁公司、消费信用机构和财务公司等。

4. 非银行类金融机构与银行类金融机构的比较

(1) 共同点。两者都是通过某种特定途径吸收资金，又以某种特定方式运用资金的金融企业，它们都以盈利为经营目的，并且通过办理货币资金业务在经济运行中发挥着融通资金的作用。

(2) 区别。

① 筹集资金的途径不同。银行类金融机构通过吸收存款来筹集资金，而非银行类金融机构则以非存款方式筹集资金。

② 开办的业务不同。银行类金融机构的主要业务是存款和贷款，而非银行类金融机构的业务方式则呈现出多样化、专业化的特点。例如：证券公司主要从事股票、债券和期货投资业务，保险公司主要从事保险业务，信托公司从事信托业务，租赁公司则主要从事租赁业务。

④ 在金融交易中的角色不同。银行在其业务中既是债务人又是债权人，而非银行类金融机构的交易角色则比较复杂。例如：保险公司主要是充当保险人，证券公司则多作为代理人和经纪人，信托公司则主要充当受托人。

(3) 二者联系。银行类金融机构和非银行类金融机构共同组成一个完整的金融机构体系，共同向社会提供全面和完善的金融服务。银行类金融机构在整个金融机构体系中居主导地位，而非银行类金融机构则丰富了金融业务，充分满足了现代经济对金融的多样化需要。

二、中国的金融机构体系

1949 年以来，中国的金融机构体系经历了从"大一统"的单一银行体系到建立以中国人民银行为中心、以商业银行为主体、多种非银行类金融机构分工协作的金融机构体系。随着中国特色社会主义进入新时代，未来中国金融机构体系改革的重点是增强金融服务实体经济能力，提高直接融资比重，以促进资本市场健康发展。

(一) 新中国金融体系的建立与发展

新中国金融体系的建立与发展包括以下时期：

(1) 1949—1978 年：计划经济时期"大一统"的金融机构体系建立。

从 1949 年到 1978 年的 30 年间，为适应高度集中统一的计划经济体制，我国建立了"大一统"模式的金融机构体系。

新中国成立初期，金融市场混乱，货币种类繁杂，通货膨胀居高不下，严重阻碍货物流通和国民经济恢复。为平抑物价，稳定经济和金融秩序，人民政府采取了如下措施：迅速建立中国人民银行的各级分支机构，组建由中国人民银行统一领导的高度集中的金融管理体制；没收、接管官僚资本银行，整顿、改造私人银行和钱庄，建立农村信用合作社；建立统一的人民币制度，建立"统存统贷"的信贷管理体制。1953—1979 年，我国实行中国人民银行统揽一切金融活动的"大一统"的金融体系。"大"是指中国人民银行分支机构覆盖全国；"一"是指中国人民银行是该时期唯一的银行，它集中中央银行和商业银行双重职能于一身，集现金结算中心和信贷中心于一体；"统"是指全国实行"统存统贷"

的信贷资金管理体制。

(2) 1979—1983 年：多元混合型金融机构体系建立。

1979 年，恢复设立中国农业银行。随后，中国银行从中国人民银行分设出来，中国建设银行从财政部分离出来。中国信托投资公司和中国人民保险公司等非银行金融机构也先后成立。这一时期，银行等金融机构迅速发展，但中国人民银行仍然身兼二职，既承担中央银行职能，又办理信贷储蓄业务，没有真正成为专门的金融管理机构。此时期，我国处于多元混合型金融机构体系。

(3) 1984—1993 年：以中央银行为中心，国有专业银行为主体，多种金融机构分工协作的金融体系逐步形成。

1983 年 9 月，国务院出台了《中国人民银行专门行使中央银行的职能决定》，从 1984 年 1 月 1 日起，中国人民银行开始专门行使中央银行职能，其原有商业银行业务由新成立的中国工商银行办理。1985 年，全面推行"拨改贷"政策银行信贷代替财政拨款成为企业的主要资金来源，此后又相继成立了交通银行、招商银行等十几家股份制商业银行。至此，我国建立了以中国人民银行为中心，国有专业银行为主体，多种金融机构分工协作的金融体系。市场开始逐步纳入全国统一监管框架，全国性市场由此形成并初步发展。

(4) 1994—2003 年：市场化金融体系逐步改革和完善。

1993 年 11 月，为全面适应社会主义市场经济体制建设的要求，党的十四届三中全会通过了《中共中央关于建立社会主义市场经济体制若干问题的决定》，提出金融体制改革的重点：一是要把中国人民银行办成真正的中央银行，主要用经济办法调控货币供应量，保持币值稳定；二是现有专业银行要逐步转变为商业银行；三是组建政策性银行，实行政策性业务与商业性业务分开；四是改革外汇管理体制，建立以市场为基础的、有管理的浮动汇率制度和统一规范的外汇市场。

改革的具体措施包括：

第一，相继成立了国家开发银行、中国进出口银行、中国农业发展银行三家政策性银行，专门承担政策性金融业务，实现了政策性金融和商业性金融相分离。政策性银行不以营利为目标，具有特定的资金来源，主要依靠发行金融债或向中央银行举债运行，不与商业银行竞争。

第二，对国有专业银行实行商业化改造。1995 年颁布的《中华人民共和国商业银行法》，从法律上明确了四大国家银行的性质为国有独资商业银行，只承担商业性业务，不再按专业领域划分业务，实施"自主经营、自担风险、自负盈亏、自我约束"的经营机制。

第三，银行业与信托业、证券业分离。1993 年开始全面整顿金融秩序，规定银行不得从事证券业经营。1998 年颁布的《证券法》进一步明确了金融机构分业经营原则。

(5) 2004 年至今：多种所有制和多种经营形式、结构合理、功能完善、高效安全的现代金融机构体系建立。

2003 年 4 月，中国银行业监督管理委员会成立，标志着我国"分业经营、分业监管"的金融体系得以确立。分业监管部分解决了当时的混乱问题，但这一监管模式受到了全球金融一体化和综合经营的挑战。2007 年，我国开始推进金融体制改革，发展各类金融市场，逐步形成了多种所有制和多种经营形式、结构合理、功能完善、高效安全的现代金融体系。

（二）中国现行的金融机构体系

目前，我国形成了以中国人民银行为核心，商业银行为主体，证券、保险、信托等非银行金融机构并存和分工协作的金融机构体系，如图 3-2-1 所示。

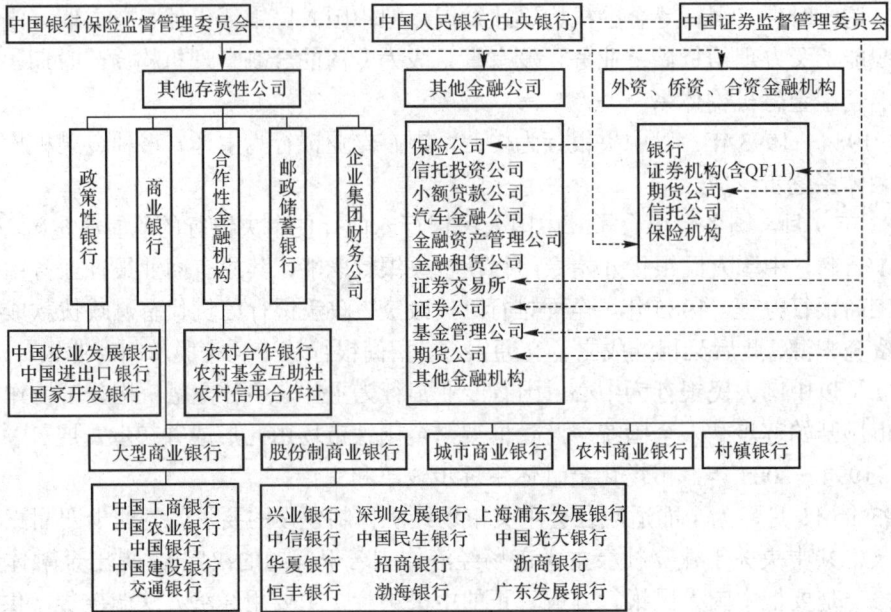

图 3-2-1　中国现行的金融机构体系

（三）金融监管机构

金融监管机构是一个国家或地区具有金融管理、监督职能的机构。截至目前，我国实行"一委一行两会"金融监管模式，即中国金融监管机构是"一委一行两会"，亦即国务院金融稳定发展委员会、中国人民银行、中国证券监督管理委员会(中国证监会)、中国银行保险监督管理委员会(中国银保监会)。

国务院金融稳定发展委员会(简称金融委)是国务院协调金融稳定和改革发展重大问题的议事协调机构，负责协调中国人民银行、中国银保监会、中国证监会、国家外汇管理局、发展改革委、财政部等金融财政部门，强化人民银行宏观审慎管理和系统性风险防范职责，落实金融监管部门监管职责，并强化监管问责。

中国人民银行是我国的中央银行，也是国务院组成部门之一，主要负责制定和执行货币政策，维护金融稳定，同时承担一定的金融服务职能。中国人民银行官网如图 3-2-2 所示。

图 3-2-2　中国人民银行官网

中国银行保险监督管理委员即中国银保监会,对全国银行业和保险业实行统一监督管理,维护银行业和保险业合法、稳健运行,对派出机构实行垂直领导,对银行业和保险业改革开放和监管有效性开展系统性研究。中国银保监会如图3-2-3所示。

图 3-2-3 中国银保监会

【想一想】
中国人民银行和中国银行保险监督管理委员的职责有什么不同?

中国证券监督管理委员会是依照法律、法规和国务院授权,统一监督管理全国证券期货市场,维护证券期货市场秩序,保障其合法运行的机构。中国证监会设在北京,现设主席1名,副主席4名,驻证监会纪检监察组组长1名。根据《证券法》第14条规定,中国证监会还设有股票发行审核委员会,委员由中国证监会专业人员和所聘请的会外有关专家担任。中国证监会官网如图3-2-4所示。

图 3-2-4 中国证监会官网

【想一想】
中国证券监督管理委员会的职责是什么?

（四）商业银行

1. 大型国有控股商业银行

在我国金融机构体系中处于主体地位的是六家大型国有控股商业银行:中国工商银

行、中国农业银行、中国银行、中国建设银行、交通银行和中国邮政储蓄银行。长期以来，这些银行无论在人员和机构网点数量上，还是在资产规模及市场占有额上，均在我国整个金融体系中占有绝对举足轻重的地位。根据《中华人民共和国商业银行法》的规定，大型国有控股商业银行的经营范围包括：吸收公众存款，发放短期、中期和长期贷款，办理国内外结算，办理票据承兑与贴现，发行金融债券，代理发行、代理兑付、承销政府债券，买卖政府债券和金融债券，从事同业拆借，买卖、代理买卖外汇，从事银行卡业务，提供信用证服务及担保，代理收付款及代理保险业务，提供保险箱业务，经中国人民银行批准的其他业务。大型国有控股商业银行的标识如图 3-2-5 所示。

图 3-2-5　大型国有控股商业银行的标识

【深度阅读】

中国邮政储蓄银行

中国邮政储蓄可追溯至 1919 年开办的邮政储金业务，至今已有百年历史。2007 年 3 月，在改革原邮政储蓄管理体制基础上，中国邮政储蓄银行有限责任公司正式挂牌成立。2012 年 1 月，中国邮政储蓄银行有限责任公司整体改制为股份有限公司。2015 年 12 月，中国邮政储蓄银行引入 10 家境内外战略投资者。2016 年 9 月，该行在香港联交所挂牌上市。2019 年 12 月，该行在上交所挂牌上市，圆满完成"股改—引战—A、H 两地上市"三步走改革目标。

中国邮政储蓄银行拥有近 4 万个营业网点，服务个人客户超过 6 亿户，定位于服务"三农"、城乡居民和中小企业，为中国经济转型中最具活力的客户群体提供服务，是中国领先的大型零售商业银行。经过 13 年的努力，中国邮政储蓄银行的市场地位和影响力日益提高。2020 年，惠誉、穆迪分别给予该行与中国主权一致的 A+、A1 评级，标普全球给予该行 A 评级，展望均为稳定。

2019 年全球银行最强榜单

英国《银行家》杂志公布了 2019 年全球银行 1000 强最新排行，中资银行依旧保持领先位置，连续两年包揽排行榜前4名。其中，中国工商银行连续7年名列榜首，中国建设银行保持第二名不变，中国农业银行升至第三，中国银行排名第四。报告显示，中国共有136家银行榜上有名，其利润总额达到3120亿美元，位居全球第一。中国工商银行利润额最高，净利润达到436亿美元。中国建设银行紧随其后，以净利润373亿美元位列第二。

《银行家》杂志评价："中资银行在今年的排行榜中依旧保持着领先位置。它们产生的银行利润总额位居世界第一，比美资银行利润总额多了近四分之一。中国工商银行是全球盈利最高的银行。"此外，网商银行首次进入排名榜单，显示了中国在科技领域的影响力。

【想一想】
请查阅6家大型国有控股银行的前5大股东是哪些机构？

2. 全国股份制商业银行

随着金融体制改革的不断深入，我国陆续组建了一批股份制商业银行。目前，我国的股份制商业银行共有12家，包括中信银行、光大银行、华夏银行、民生银行、招商银行、兴业银行、广发银行、平安银行、浦发银行、恒丰银行、浙商银行和渤海银行。股份制商业银行正逐步成为我国银行体系的重要组成部分。部分股份制商业银行的标识如图3-2-6所示。

图3-2-6 部分股份制商业银行的标识

【深度阅读】

中信银行的发展

中信银行成立于1987年，是中国改革开放中最早成立的新兴商业银行之一，是中国最早参与国内外金融市场融资的商业银行，并屡创中国现代金融史上多个第一，为中国经济建设做出了积极贡献。2007年4月，该行在上海证券交易所和香港联合交易所A+H股同步上市。该行向企业客户和机构客户提供公司银行业务、国际业务、金融市场业务、机构业务、投资银行业务、交易银行业务、托管业务等综合金融解决方案，向个人客户提供零售银行、信用卡、消费金融、财富管理、私人银行、出国金融、电子银行等多元化金融产品及服务，全方位满足企业、机构及个人客户的综合金融服务需求。

截至 2019 年末，中信银行在国内 151 个大中城市设有 1401 家营业网点，同时在境内外下设 6 家附属机构；该行总资产规模超 6 万亿元，员工人数近 6 万名。2019 年，英国《银行家》杂志"全球银行品牌 1000 强排行榜"中中信银行排名第 19 位，一级资本排名第 26 位。

3. 政策性银行

政策性银行是由政府设立，不以营利为目的，而以贯彻国家产业政策和区域发展政策为目的的金融机构。1994 年，为了适应经济发展的需要，根据政策性金融与商业性金融相分离的原则，我国相继建立了国家开发银行、中国进出口银行和中国农业发展银行 3 家政策性银行。

1) 国家开发银行

国家开发银行成立于 1994 年，是直属中国国务院领导的政策性金融机构。2008 年 12 月，国家开发银行改制为国家开发银行股份有限公司。2015 年 3 月，国务院明确国家开发银行定位为开发性金融机构。2017 年 4 月，"国家开发银行股份有限公司"名称变更为"国家开发银行"，组织形式由股份有限公司变更为有限责任公司。

国家开发银行注册资本为 4212.48 亿元，股东是中华人民共和国财政部、中央汇金投资有限责任公司、梧桐树投资平台有限公司和全国社会保障基金理事会，持股比例分别为 36.54%、34.68%、27.19%和 1.59%。

国家开发银行主要通过开展中长期信贷与投资等金融业务，为国民经济重大中长期发展战略服务。截至 2018 年末，资产总额为 16.2 万亿元，贷款余额为 11.68 万亿元，净利润为 1121 亿元。国开行是全球最大的开发性金融机构，中国最大的中长期信贷银行和债券银行。

国家开发银行目前在中国内地设有 37 家一级分行和 4 家二级分行，境外设有香港分行和开罗、莫斯科、里约热内卢、加拉加斯、伦敦、万象、阿斯塔纳、明斯克、雅加达、悉尼等 10 家代表处，全行员工为 9000 余人，旗下拥有国开金融、国开证券、国银租赁、中非基金和国开发展基金等子公司。

2) 中国进出口银行

中国进出口银行是由国家出资设立，直属国务院领导，支持中国对外经济贸易投资发展与国际经济合作，具有独立法人地位的国有政策性银行。依托国家信用支持，积极发挥在稳增长、调结构、支持外贸发展、实施"走出去"战略等方面的重要作用，加大对重点领域和薄弱环节的支持力度，促进经济社会持续健康发展。

中国进出口银行通过资本金的运用，境内外发行金融债券及其他有价证券，同业拆借、同业存款、回购业务，吸收授信客户项下存款等方式筹集资金。中国进出口银行发行的债券为政策性金融债券，由国家给予信用支持。

中国进出口银行的经营宗旨是紧紧围绕服务国家战略，建设定位明确、业务清晰、功能突出、资本充足、治理规范、内控严密、运营安全、服务良好、具备可持续发展能力的政策性银行。

目前，中国进出口银行拥有美国标准普尔公司、美国穆迪投资者服务公司和惠誉信用评级有限公司的评级，这些评级分别是 A+、A1、A+，与中国国家主权信用评级一致。中国进出口银行的信用评级如图 3-2-7 所示。

	中国主权 China's Sovereign Ratings	中国进出口银行 THE EXPORT-IMPORT BANK OF CHINA
STANDARD &POOR'S　美国标准 普尔公司	A+	A+
M　美国穆迪投资者服务公司 Moody's Investors Service	A1	A1
惠誉信用评级有限公司 Fitch Ratings	A+	A+

图 3-2-7　中国进出口银行的信用评级

3）中国农业发展银行

中国农业发展银行成立于 1994 年，注册资本为 570 亿元，直属国务院领导，是我国唯一一家农业政策性银行。其主要任务是以国家信用为基础，以市场为依托，筹集支农资金，支持"三农"事业发展，发挥国家战略支撑作用。经营宗旨是紧紧围绕服务国家战略，建设定位明确、功能突出、业务清晰、资本充足、治理规范、内控严密、运营安全、服务良好、具备可持续发展能力的农业政策性银行。目前，全系统共有 31 个省级分行、339 个二级分行和 1816 个县域营业机构，员工 5 万多人，服务网络遍布中国大陆地区。

4. 城市商业银行

城市商业银行是中国银行业的重要组成部分，其前身是 20 世纪 80 年代设立的城市信用社。我国原有约 5000 家城市合作信用社，有相当多的城市合作信用社已失去合作性质，实际上已办成小型商业银行。为规避风险，形成规模，1995 年国务院决定，在城市合作信用社清产核资的基础上，通过吸收地方财政、企业入股组建城市合作银行。其服务领域是依照商业银行经营原则为地方经济发展服务，为中小企业发展服务。1998 年，城市合作信用社全部改名为城市商业银行。截至 2019 年底，全国共有城市商业银行 134 家。部分城市商业银行标识如图 3-2-8 所示。

图 3-2-8　部分城市商业银行标识

5. 外资银行

外资银行是指外国金融机构在中国境内投资设立的从事金融业务的分支机构和具有中国法人地位的外商独资银行、中外合资银行。自 1992 年起，我国在对外资金融机构开放了厦门、珠海、汕头、海南、上海等省市的基础上，又相继开放了南京、宁波、福州等城市，外资金融机构在我国开始进入迅速发展时期。近年来，由于跨国公司对外直接投资向第三产业转移的总体趋势的影响，以及加入 WTO 后我国金融业对外开放速度的进一步加快，外商对我国金融业的投资明显加快。截至 2019 年 10 月末，外资银行在华共设立了 41 家外资法人银行、114 家母行直属分行和 151 家代表处，外资银行营业机构总数为 976 家。

【深度阅读】

我国大型商业银行占据市场主导地位

银行业是国民经济体系重要的组成部分和核心产业。近年来，我国银行业经营态势总体稳健向好，资产负债规模稳步扩张，资产质量和资本充足率总体稳定。根据数据显示，2019 年，银行业金融机构总资产、总负债规模分别达到 290 万亿元和 265.54 万亿元，同比分别增长 8.14% 和 7.71%。

目前，我国银行业金融机构可划分为大型商业银行、股份制商业银行、城市商业银行、农村金融机构及其他金融机构五大类。根据银保监会发布的数据显示，在市场竞争方面，大型商业银行占据主要市场份额。根据银保监会数据显示，2020 年上半年，大型商业银行占据整个商业银行市场份额的 39.60%，股份制商业银行占 18.30%，城市商业银行占13.30%，农村金融机构占 13.30%，其他金融机构占 15.50%。2020 年 6 月银行业各类金融机构所占市场份额情况如图 3-2-9 所示。

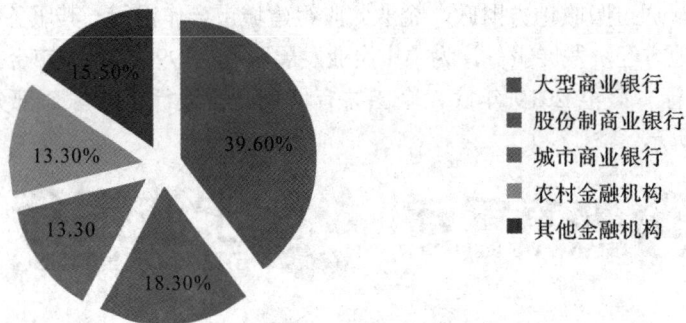

图 3-2-9　2020 年 6 月银行业各类金融机构所占市场份额情况

（五）非银行类金融机构

1. 证券公司

证券公司是指依照《公司法》和《证券法》设立经营证券业务的有限责任公司或股份有限公司。在我国，设立证券公司必须经国务院证券监督管理机构审查批准。证券公司是证券市场的主要中介机构，在证券市场运行中发挥着重要作用。根据《证券法》，我国证券公司的主要业务包括证券经纪业务，证券投资咨询业务，与证券交易、证券投资活动有关的财务顾问业务，证券承销与保荐业务，证券自营业务，融资融券业务等。

2. 基金管理公司

基金管理公司是一种以追求投资收益为目标，以利益共享、风险共担为原则，由发起人发行基金单位将众多投资者的资金汇集起来，以组合投资方式将资金投资于各种金融资产的金融机构。

3. 保险公司

保险公司的业务范围有两大类：一类是财产保险业务，具体包括财产损失保险、责任保险、信用保险等业务；另一类是人身保险业务，具体包括人寿保险、健康保险、意外伤害保险等。保险公司根据风险分散原理，将社会经济生活中的个别风险通过保险机制分散于多个经济主体，以保证社会经济生活的稳定。保险具有分散风险、组织经济补偿两个基本功能，在现代社会中，保险还具有融通资金的功能。

4. 财务公司

我国的财务公司是指以加强企业集团资金集中管理和提高企业集团资金使用效率为目的，为企业集团成员单位提供财务管理服务的非银行金融机构，如中国南航集团财务有限公司、中国华电集团财务公司、中油财务有限公司、华能集团财务公司等。

5. 信托投资公司

信托投资公司是一种以受托人的身份代人理财的金融机构。我国的信托制度有近百年的历史。现代的信托投资公司是在经济体制改革后开始创办起来的。1979 年 10 月，新中国第一家信托机构——中国国际信托投资公司在北京成立，其任务是引导、吸收和运用外国的资金，引进先进技术和先进设备。2001 年，《中华人民共和国信托法》颁布，中国的信托业开始依法运行和发展。2007 年，银监会发布了《信托公司管理办法》，中国信托机构开始了新的发展。

6. 金融租赁公司

金融租赁公司是指以经营融资租赁业务为主的非银行金融机构。为促进我国融资租赁业的健康发展，加强对金融租赁公司的监督管理，2007 年 1 月 23 日，银监会发布《金融租赁公司管理办法》，规定了金融租赁公司的机构设立、变更与终止、业务范围、经营规则、监管管理等。2014 年 3 月 13 日，银监会发布了新版《金融租赁公司管理办法》。

7. 金融资产管理公司

金融资产管理公司是经国务院决定设立的收购、管理和处置因收购国有商业银行不良资产而设立的国有独资非银行金融机构。

1999 年，经国务院决定，我国相继成立了信达资产管理公司、华融资产管理公司、东方资产管理公司和长城资产管理公司四家资产管理公司。四大资产管理公司是具有独立法人资格的国有独资金融企业，注册资本金均为 100 亿元人民币，由财政部全额拨入，其主要任务及经营目标是收购、管理和处置四大国有银行剥离的不良资产以及最大限度保全资产、减少损失，化解金融风险。

2013 年，金融资产管理公司逐步转型为以不良资产处置为主业，提供多种金融服务的商业性金融企业。中国长城资产管理公司和中国东方资产管理公司积极开展股份制改造准备工作。其中，中国东方资产管理公司 2013 年投资控股中华联合保险控股股份有限公司，并已持有证券、保险、信托、金融租赁等金融牌照。2019 年底我国银行业金融机构如表 3-2-1 所示。

表 3-2-1　2019 年底我国银行业金融机构　　　　　单位：家

名　称	数　量	名　称	数　量
政策性银行	2	外资法人金融机构	41
大型商业银行	6	信托公司	68
股份制商业银行	12	金融租赁公司	70
民营银行	18	汽车金融公司	25
城市商业银行	134	贷款公司	13
农村商业银行	1478	消费金融公司	24
农村合作银行	28	企业集团财务公司	258
农村信用社	722	中德住房储蓄银行	1
村镇银行	1630	货币经纪公司	5
农村资金互助社	44	金融资产管理公司	4
开发性金融机构	1	其他金融机构	23
合计数量	4607		

习题与实训

一、单项选择题

1. 下列不属于商业银行的是(　　)。

A. 中国工商银行　　　　　　　　B. 中国建设银行

C. 中国银行　　　　　　　　　　D. 中国农业发展银行

2. 下列属于股份制商业银行的是(　　)。

A. 中国人民银行　　　　　　　　B. 中国银行

C. 中信银行　　　　　　　　　　D. 中国进出口银行

3. 我国金融机构体系的主体是(　　)。

A. 中国人民银行　　　　　　　　B. 商业银行

C. 非银行金融机构　　　　　　　D. 政策性银行

4. 我国金融机构体系的核心是(　　)。

A. 中国人民银行　　　　　　　　B. 商业银行

C. 非银行金融机构　　　　　　　D. 政策性银行

二、多项选择题

1. 下列属于非银行类金融机构的有(　　　)。

A. 证券公司　　　B. 商业银行　　　C. 信托投资公司　　　D. 基金公司

2. 我国的金融监管机构有(　　　)。

A. 中国人民银行　　　　　　　　B. 中国银行保险监督管理委员会

C. 中国证券监督管理委员会　　　　　D. 国务院金融稳定发展委员会

3. 不能办理社会公众存款业务的金融机构有(　　)。

A. 证券公司　　　B. 商业银行　　　C. 政策性银行　　　D. 保险公司

三、简答题

1. 简述我国金融机构体系的构成。

2. 简述金融机构的功能。

3. 简述政策性银行与商业银行的区别。

四、实训题

· 实训 1

实训名称：讨论国家开发银行的性质。

实训目标：了解金融机构性质变迁。

实训任务：

1. 明确活动主题，将学生分成小组并进行分工。

2. 完成一份《开发性金融机构的形成过程》的电子演示文稿，由小组代表讲演。

3. 教师讲评，引导学生掌握政策性金融机构的变化趋势。

· 实训 2

实训名称：2020 年银行业金融机构法人。

实训目标：了解我国银行业金融机构法人的类型、特点及区域分布，加深对我国银行业金融机构的认识。

实训任务：

1. 登录中国银行保险监督管理委员会官网，查阅 2020 年银行业金融机构法人名单。

2. 学生分组、分工完成任务，每组不超过 5 人。

3. 每组完成一篇 800 字左右的分析报告，所提出的观点一定要有材料和信息支撑。

4. 集中时间组织各小组汇报、讨论。

项目四　商业银行

【知识目标】

(1) 了解商业银行的变迁过程。

(2) 掌握商业银行的性质和职能。

(3) 掌握商业银行的业务性质、业务范围。

(4) 掌握商业银行的经营管理原则。

【能力目标】

(1) 能够理解商业银行产生的必然性。

(2) 能够识别商业银行的业务运作过程。

(3) 能够理解商业银行在经济活动中的社会职责。

(4) 能够初步分析商业银行的经营管理活动。

【案例导入】

包商银行二级债全额减记

　　根据《商业银行资本管理办法(试行)》等规定，央行、银保监会认定包商银行已经发生"无法生存触发事件"，于是包商银行在接到《关于认定包商银行发生无法生存触发事件的通知》后，于2020年11月13日发布公告表示"2015包行二级债"本金将实施全额减记，累积应付利息5.85亿元不再支付。

　　"2015包行二级债"是包商银行于2015年12月25日发行的，规模为65亿，票面竞标利率为4.8%，清偿顺序在包商银行存款人和一般债权人之后，股权资本、其他一级资本工具和混合资本债券之前。此二级债发行时设计有减记条款，即在无法生存触发事件发生时，包商银行有权在无需获得债券持有人同意的情况下对本期债券以及已发行其他一级资本工具的本金进行全额减记，二级债的投资者将血本无归。

　　对于个人存款来说，根据《存款保险条例》规定，银行破产，储户最高可获赔付50万元。按照包商银行的清偿顺序，包商银行对于个人存款百分百进行清偿，即对于包商银行的个人储户没有上限赔偿50万元的限制，将进行全额赔偿。

【思考】

(1) 什么是商业银行？哪些机构监管商业银行？

(2) 设立商业银行需要达到什么条件？

(3) 商业银行的一级资本和二级资本分别有哪些？

(4) 商业银行有哪些业务类型？

任务一 商业银行的产生与发展

一、商业银行的定义

商业银行是指以多种金融资产和金融负债为主要经营对象，以获取利润为经营目标，为客户提供多种金融服务的金融企业。商业银行在各类金融机构中的历史最为悠久，业务范围最为广泛，对社会经济生活影响面最大。商业银行是唯一能吸收活期存款，具有派生存款创造能力的特殊金融企业，是金融机构体系的主体。

商业银行的名称源于早期资本主义银行的经营特征。最初，以英格兰银行为代表的商业银行是由商人集资入股创办的股份制性质的金融组织，经营业务主要是为商业企业提供金融服务。因为商业企业具有营销快、资金流转迅速的特点，所以商业银行的资金来源主要是吸收短期商业存款，资金运用主要是发放短期商业贷款。因此，人们把这类银行称为商业银行。随着商品经济的发展，商业银行的经营业务已远远超出传统的经营范围。在资金来源方面，商业银行既有短期性资金，也有长期性资金；在资金运用方面，商业银行既有各种贷款，又有证券投资、黄金买卖等业务，同时还有许多中间业务和表外业务。现今，世界各国仍将这类功能多、经营业务全面的金融机构称为商业银行。

二、商业银行的产生和发展趋势

（一）早期商业银行的产生

西方商业银行的原始状态可以追溯到古巴比伦王国时期。早在公元前 16 世纪，在巴比伦就有一家"里吉比"银行。考古学家在阿拉伯大沙漠发现的石碑证明，在公元前 2000 年以前，古巴比伦的寺院对外放款，而且放款采用由债务人开具类似本票的文书交由寺院收执的方式，这种文书还可以转让。公元前 4 世纪，希腊的寺院、公共团体、私人商号也从事各种金融活动，但这种金融活动只限于货币兑换性质，还没有办理放款业务。罗马也有类似希腊银行业的机构出现，但较希腊银行业有所进步，它不仅经营货币兑换业务，还经营放贷、信托等业务，同时对银行业的管理和监督订有明确的法律条文。罗马银行业所经营的业务虽不属于信用放贷，但已经具有近代银行业务的雏形。人们公认的早期银行的萌芽，起源于文艺复兴时期的意大利。"银行"一词的英文"Bank"，是由意大利文"Banco"演变而来的。

据考证，早在 12 世纪，意大利就出现了事实上的银行，但在历史上首先以"银行"为名和具有典型银行意义的是 1580 年建立的威尼斯银行。早期银行业的产生与国际贸易的发展有着密切的联系。中世纪的欧洲地中海沿岸各国，尤其是意大利的威尼斯、热那亚等城市是著名的国际贸易中心，商贾云集，市场繁荣。但是，由于当时的社会封建割据，货币制度混乱，各国商人所携带的铸币形状、成色、重量各不相同，为了适应贸易发展的需要，必须进行货币兑换。为了顺利地进行商品交换，各国商人需要把各自携带的大量各地货币兑换成当地货币，于是就出现了专门从事货币兑换业务的货币兑换商。随着商品经济的发展，货币兑换商收付货币的规模不断扩大，各地商人为了避免因长途携带大量金属货币而带来的不便和危险，便将没用完的货币委托给货币兑换商保管，后来又发展到委托货币兑换商办理货币支付和汇兑。这样，简单的货币兑换业就开始演变成了货币经营业了。货币经营者借此汇集了大量货币资金，而后他们发现其所保管的资金余额其实是相当稳定的，可以用来发放高利贷，获取高额利息收入。货币经营者便从原来被动地为客户保管货币转而变为积极主动地揽取货币保管业务，通过逐渐降低保管费吸收更多的货币资金；同时，货币经营者不再收取保管费，而是给委托保管货币的客户一定的好处。这时，货币保管业务就演变为存款业务，而货币经营业也就演变为存款、贷款、汇兑、结算等业务集于一身的早期银行。

在英国，早期的银行业是通过金匠业发展而来的。17世纪中叶，英国的金匠业极为发达，人们为了防止金银被盗，将金银委托给金匠保存。当时，金匠们不仅代人保管金银，签发保管凭条，还可按顾客的书面要求将金银划拨给第三者。金匠们还利用自有资本发放贷款，以获取利息。同时，金匠们签发的凭条可以代替现金流通于市场，被称为"金匠券"，是最早的近代银行券。这样，英国的早期银行就在金匠业的基础上产生了。此时，银行业的放款对象主要是政府和封建贵族，放款带有高利贷性质，年利率平均为20%～30%，其提供的信用不利于社会化再生产过程。英国是最早设立现代股份制银行的国家。1694年，英国政府为了同高利贷作斗争，维护发展工商业的需要，决定成立一家股份制银行——英格兰银行，并且规定英格兰银行向工商企业发放低利率(5%～6%)贷款，支持工商业发展。由于英格兰银行募集股份资本高达120万英镑，实力十分雄厚，很快就在信用领域内形成垄断地位。英格兰银行的组建模式很快被推广到欧洲其他国家。从此，现代商业银行开始在世界范围内得到普及。

我国早在11世纪就出现了"银行"一词。当时，人们习惯将各类从事商业活动或小商品生产的机构称为"行"，即行业、行当之意，于是从事银器铸造与买卖的行业便称为"银行"。鸦片战争之后，外国金融机构开始侵入我国，由于我国长期以来使用白银作为货币材料，故人们将当时从事货币存放等信用业务的外国金融机构"Bank"称为"银行"。

(二) 商业银行的发展趋势

20世纪90年代以来，随着经济全球化浪潮的到来，以及以信息技术为核心的现代高科技的迅猛发展，现代商业银行的发展呈现出以下趋势。

1. 银行经营智能化

银行经营智能化是指以电子化方式自动处理日常业务，包括电子计算机、数据库、网络通信、电子自动化金融工具和商业结算机构联网组成的电子银行业务处理系统。一切可程序化的业务都可以并不断地以创新的形式纳入电子化处理和服务体系中。

2. 经营方式网络化

网络银行(如图4-1-1所示)利用国际互联网，一方面为客户提供开销户、查询、支付、转账、索取对账单、支付支票、个人理财、信用卡等业务，另一方面为自己发布消息、搜集信息、创新产品提供便利。它能够为客户提供超越时空的"3A"式服务，即任何时间(Anytime)、任何地方(Anywhere)、任何方式(Anyhow)。随着经济社会的发展，网络银行的利润占银行业总利润的比率将越来越大。

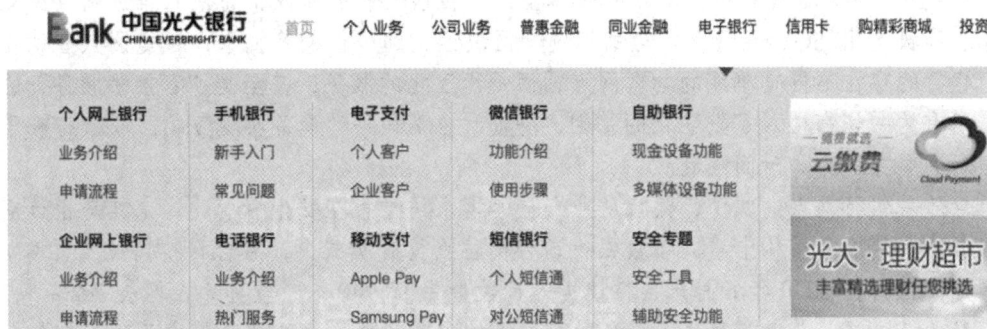

图 4-1-1 网络银行

3. 机构网点虚拟化

随着银行业务处理的自动化、电子化和网络化,一大批电子化的金融服务机构逐渐取代人工,成为银行前台服务的主要形式。这就导致传统的银行网点朝两个方向发生变化,即无人化和无形化。

4. 业务综合化和全能化

业务综合化和全能化主要是指商业银行在传统的存、放、汇业务方面实行了多样化经营。在金融电子化和金融产品创新的推动下,传统商业银行正迅速向综合服务机构转变,业务服务范围扩展至社会生活的各个领域。在商业银行与其他金融机构进行合并、兼并或收购控股的条件下,商业银行逐渐发展成为集银行、证券、投资、保险等业务于一身的金融集团,真正成为无所不能的"金融百货公司"。

5. 金融活动全球化

金融活动全球化是经济全球化的组成部分,使资金在全球范围内流动,体现了金融机构的跨国经营、金融市场的全球联动、金融产品的全球运用和货币的全球一体化趋势。可以预见,在不久的将来,全球银行业可以通过互联网的公共商务系统实现联网,从而实现商业银行的全球化服务。

【深度阅读】

银行网点关停——智能化、5G 成网点转型主线

根据银保监会金融许可证信息平台的数据统计,截至 2020 年 9 月底,商业银行机构退出列表中合计共有 2087 家银行网点终止营业。伴随着金融科技的发展,物理网点加速向智能化、轻型化转型,银行业务的办理方式也发生着剧变。

目前,商业银行营业网点常见场景:大厅里只有少量工作人员,可实现自动化办理业务的机器有很多台,大厅一角一字排开的多台智能柜台与旁边的 ATM 取款机形成了自助智能服务区。统计显示智能柜台大致可以办理 90% 的个人非现金业务,包括开卡开户、人民币汇款、打印流水、密码挂失与重置、客户信息变更、外币跨境汇款等,很多人会主动

选择使用智能柜台。

智能化、5G 是目前银行网点的转型主线。目前，各大商业银行深入推进网点智慧化转型，积极运用 5G、云计算、生物识别、区块链、远程视频等技术，赋能网点智慧化转型。银行的存在不再是单纯的物理网点，而是线上化的服务，甚至是"零接触服务"的呈现，所有的一切都植入了数字化的基因，并通过 5G 和移动设备实现万物互联，打破了传统银行的服务边界和时间限制。

伴随着银行网点的减少，银行从业人员的需求结构也在发生着变化，尤其是柜员岗位首当其冲。从人员结构上看，多数银行前台岗位人员有所减少，后台科技岗位人员增加。中国建设银行在 2020 年 6 月末，科技类人员数量为 10 940 人，较去年末增长 7.5%，占集团人数的 2.98%。未来有互联网、金融科技等技术背景的人才的招聘需求正逐步增加，采取金融科技人员与业务人员混合培养的模式将会是主流。

三、商业银行的组织形式

目前，世界各国商业银行的组织形式主要有四种类型。

(一) 单一银行制

单一银行制又叫作独家银行制，是指银行业务只由各自独立的银行机构经营而不设立分支机构的银行制度。单一银行制的典型代表是美国。美国曾实行完全的单一银行制，不允许银行跨州经营和设立分支机构。

目前在西方发达国家中，只有美国的商业银行采用这种银行制度，通过一个网点提供所有的金融服务。由于美国是各州独立性较强的联邦制国家，在历史上各州的经济发展很不均衡，东西部发展差距较大，为了适应经济均衡发展的需要，特别是适应中小企业发展的需要，反对金融权力的集中，反对银行吞并以及在各州的相互渗透，各州都立法禁止或限制商业银行开设分支机构，尤其是跨州设立分支机构。美国现有商业银行 1 万家左右，其中绝大多数是规模比较小的商业银行。但随着经济的发展及地区经济联系加强，加上金融业竞争的加剧，开设分支机构的限制已有所放松，1994 年美国国会取消了限制跨州建立支行的规定。

1. 单一银行制的优点

(1) 银行在各自区域内独立经营，符合自由竞争的原则。单一银行制下银行数量众多，可以维持竞争局面以防止垄断的产生。

(2) 银行可以根据实际需要设立，由本地人经营，因而吸收本地资金比较容易，有利于促进地方经济的发展。

(3) 银行的经营规模小，组织比较严密，易于管理。

2. 单一银行制的缺点

单一银行制也有明显的缺点：

(1) 银行不设立分支机构，这与经济的外向发展和商品交换范围的扩大存在矛盾。同时，在计算机和网络应用如此普及的情况下，其业务发展和金融创新受到限制。

(2) 银行业务主要集中于某一地区或某一行业,易受经济发展状况波动的影响,风险集中。

(3) 银行规模较小,不便于取得规模经济效益。

(二) 总分行制

总分行制又叫作分支行制,是指在总行之下在本地或外地设立若干分支机构的银行制度。商业银行的总行一般设在各大中心城市,分支行统一由总行领导指挥。这种银行制度源于英国的股份制银行。按总行职能的不同,总分行制又可分为总行制和总管理处制。总行制是指总行除管理和控制各分支行外,本身也对外营业。总管理处制是指总行只负责控制各分支行,不对外营业,总行所在地另外设立对外营业的分支行或营业部。

由于总分行制更符合经济发展的客观要求,因而成为当代商业银行的主要组织形式。目前,世界各国一般都采用这一银行制度,尤以英国、德国、日本等最为典型。我国的商业银行绝大部分也采取总分行制。

1. 总分行制的优点

(1) 以总行为中心,分支机构遍布各地,有利于吸收存款、调剂转移资金、提高资金的使用效益;由于贷款和投资范围广泛,风险易于分散,提高了银行经营的安全性。

(2) 经营规模较大,服务范围广,易取得经济效益,相对降低了单位业务的成本。

(3) 内部工作可以实行高度的分工,有利于培养专业化人才,从而提高工作效率。

(4) 有利于采用现代化设备,提供方便的金融服务。

(5) 商业银行总数较少,便于金融当局的宏观管理。

2. 总分行制的缺点

(1) 容易造成金融垄断,妨碍竞争。

(2) 从银行内部管理角度看,由于分支机构多,总行统一管理难度较大。

(3) 在对企业的资金支持方面,因为总行的政策易倾向于城市里规模较大的企业,所以不利于地方经济的发展。

(三) 银行持股公司制

银行持股公司制是指由某一集团成立股权公司,再由该公司控制或收购若干银行的组织形式。被收购银行的业务和经营决策权由股权公司控制。

银行持股公司 20 世纪初开始出现。当时在联邦德国,银行可办一切业务,业务已经综合化,银行往往以参股形式直接控制企业;政府允许银行持有企业的股票,所以有的银行从企业开办、募股、发行债券到经营,均参与其中并提供贷款。为了提高银行的竞争力,美国的银行持股公司也迅速发展起来。起初,银行持股公司本身不从事商品生产或销售业务,主要通过发行股票或公司债券的方式组织货币资本,再用以购买其他公司的股票。之后,其业务范围逐渐扩大,包括办理投资、信托、租赁等业务。目前,美国 3/4 以上的商业银行资产隶属于银行持股公司。

银行持股公司在美国迅速发展的原因如下:

(1) 银行持股公司可避开各州立法中不允许银行跨州设立银行分支机构的限制。

（2）银行持股公司可避开银行法对商业银行经营业务上的限制，扩大经营范围，办理商业银行不能或不便经营的投资、信托、租赁等业务，使银行能够间接运营非银行的业务领域，以追求更高的利润。银行持股公司还能够以原来不允许银行本身使用的办法为银行筹集资金，如发行商业票据等。

（四）连锁银行制

连锁银行制是指由某一个人或集团购买若干家独立银行的多数股份，以控制这些银行的经营决策的组织形式。连锁制的成员银行都保持其独立性。连锁银行制曾盛行于美国中西部，是为了弥补单一银行制的缺点而发展起来的。连锁银行制一般是围绕一个州或一个地区的大银行组织起来的，几个银行的董事会由一批人组成，以这个组织中的大银行为中心，形成集团内部的各种联合。连锁银行制与银行持股公司制的作用相同，差别在于连锁银行制没有股权公司的存在形式，无需成立控股公司。由于受个人或某一集团控制，不易获得银行所需的大量资本，许多连锁制银行相继转为银行分支机构或组成控股公司。

【深度阅读】

美国花旗集团的产生

1998 年美国花旗集团的诞生，在美国本土开创了全能化金融服务的先河，从根本上动摇了传统的金融分业体制。花旗集团的实践表明，大型金融集团公司的全能化与综合化是世界经济与国际金融体制一体化的必然趋势，是提高国际竞争力的客观现实需要。

首先，花旗公司成立。美国银行法规定，商业银行不允许购买股票，不允许经营非银行业务，对分支行的开设也有严格的限制。为了避开法律的制约，花旗银行于 1968 年在美国特拉华州成立了单一银行控股公司，以其作为花旗银行的母公司。它把自己的股票换成其控股公司——花旗公司(Citicorp)的股票，而花旗公司资产的 99% 是花旗银行的资产。花旗公司当时拥有 13 个子公司，能提供多元化的金融服务，例如商业银行、证券业务、投资管理、信托服务、保险业务、融资租赁、商业结算等。花旗公司与花旗银行的董事会成员是同一套人马，公司和银行是一个班子、两块牌子。这样，花旗银行(如图 4-1-2 所示)通过花旗公司这块招牌扩大了其经营和投资的范围。

图 4-1-2　花旗银行

然后,花旗集团成立。英国与日本分别在 1986 年与 1998 年进行了"大爆炸"(Big Bang)式的金融改革,突破了传统分业管理的模式,实行了全能银行体制。相反,美国的银行业受制于其法律约束,处境维艰,只能在欧洲、日本大型全能银行集团的攻势下节节败退。为了在国际金融市场上与欧洲、日本的大型全能银行集团展开竞争,1998 年 4 月 6 日,花旗公司与旅行者集团宣布合并。合并组成的新公司称为"花旗集团",其商标为旅行者集团的红雨伞。合并后花旗集团的总资产达到 7000 亿美元,净收入为 500 亿美元,股票市值超过 1400 亿美元,业务遍及 100 多个国家的 1 亿多客户,雇员达 161 700 名,成为世界上规模最大的全能金融集团公司之一。花旗公司与旅行者集团的合并成为美国有史以来最大的一起企业兼并案。花旗集团集银行、证券、保险、信托、基金、租赁等全方位的金融业务于一身。客户到任何一个花旗集团的营业点都可以得到储蓄、信贷、证券、保险、信托、基金、财务咨询、资产管理等"一条龙"式的金融服务。

任务二　商业银行的性质与职能

一、商业银行的性质

商业银行是企业,它和一般的工商企业一样,是社会经济的一个重要组成部分。商业银行必须具有从事业务经营所必需的自有资本,并根据自身行业的特点,依法经营,照章纳税,自负盈亏,把利润最大化作为自己的经营目标。获取最大限度的利润是商业银行产生和发展的基本前提,也是商业银行经营的内在动力。从这方面来看,商业银行与一般工商企业没有本质的区别。但是,商业银行是特殊的金融企业,是以追逐利润为目标,以金融资产和金融负债为经营对象,具有综合性、多功能特征的金融企业。它的特殊性主要表现如下:

(1) 商业银行的经营对象具有特殊性。一般工商企业经营对象是具有一定使用价值的商品,从事商品的生产或流通;而商业银行是以金融资产和金融负债为经营对象,经营的是货币和货币资本这种特殊的商品,其经营内容包括货币收付、借贷以及各种与货币流通有关的或者与之联系的金融服务。

(2) 商业银行对整个社会经济的影响和受社会经济的影响具有特殊性。商业银行对整个社会经济的影响要远远大于任何一个工商企业;同时,商业银行受整个社会经济的影响也远大于任何一个工商企业所受的影响。

(3) 商业银行责任的特殊性。一般工商企业只以盈利为目标,只对股东和使用自己产品的客户负责;而商业银行除了对股东和客户负责之外,还必须对整个社会负责。它有义务配合国家的货币政策和财政政策,共同维护社会经济的持续、健康、稳定发展。

从商业银行作为金融企业的特殊性来看,它与国家的中央银行、专业银行(指西方指定专门经营范围和提供专门性金融服务的银行)和其他金融机构相比有所不同。中央银行是国家的金融管理当局和金融体系的核心,具有较高的独立性,它不对客户办理具体的信贷业务,不以营利为目的。专业银行和其他金融机构只限于办理某一方面或几种特定的金融业务，业务经营具有明显的局限性。商业银行的业务经营则具有很强的广泛性和综合性，它的经营范围从经营金融"零售"业务到经营"批发"业务，为顾客提供大量的金融服务；其业务触角已延伸至社会经济生活的各个角落，变成了名副其实的"金融百货公司"。随着一些国家金融监管的放松，专业银行和其他金融机构的业务范围也有扩大的趋势，但与商业银行相比，差距仍然很大。商业银行在其特有的经营优势上，业务扩张更快，发展更迅速。

> **【想一想】**
> 　　中国建设银行作为商业银行，和一般工商企业相比有哪些特殊性？

二、商业银行的职能

商业银行的职能是由商业银行的性质决定的。商业银行作为一个国家经济中最重要的金融中介机构，其职能表现在以下几个方面。

（一）信用中介职能

信用中介职能是商业银行最基本、最能反映其经营活动特征的职能。这一职能的实质是通过商业银行的负债业务(如吸收存款)，把社会上各种闲散资金集中到银行，再通过商业银行的资产业务(如放款)，将资金投向社会经济各部门。商业银行作为货币资本贷出者和借入者实现了货币资本的融通；商业银行通过信用中介职能实现了资本盈余与短缺之间的调剂，但并不改变货币资本的所有权，改变的只是其使用权。

（二）支付中介职能

支付中介职能是指商业银行以存款账户为基础，为客户办理货币结算、转移存款、货币兑换、收付货币的行为。从历史的角度来看，货币支付和货币汇兑以货币的兑换收付、货币的保管为前提，而存贷款业务是上述业务的延伸与发展，因而，商业银行支付中介职能的产生要早于信用中介职能。支付中介职能也是商业银行最基本的职能之一。通过这一职能，商业银行成为工商企业、社会团体和个人的货币保管者、出纳者和支付代理人，也因此成为经济过程中的支付链条和债权债务关系的中心。

（三）信用创造职能

信用创造职能是指商业银行所具有的创造信用流通工具并扩大放款和投资的能力。信用创造是商业银行的主要职能之一，也是区别于其他金融机构的一个特点。在现代部分准备金制度下，商业银行利用其吸收的存款，以活期存款的方式发放贷款；在这些存款没有完全取走的情况下，它成为银行新的资金来源，银行又可据此发放贷款。如果借款人以转账形式支取，它又会成为另一家银行的资金来源，银行在缴足法定准备金之后，又可据此发放贷款，形成新的存款。如此继续下去，最后整个银行体系就会形成数倍于原始存款的派生存款。在不断地创造派生存款的过程中，商业银行发挥着信用创造职能。商业银行也不能无限制地创造货币，也不能凭空创造货币，它要受多种因素的制约。比如：货币创造的限度取决于原始存款的规模；有贷款才有派生存款，如果没有足够的贷款需求，存款贷不出去，就谈不上货币创造。

（四）金融服务职能

金融服务职能是指商业银行利用自身资源为客户提供的多方面的金融服务。随着金融业的不断发展，银行间的业务竞争更为激烈，商业银行涉及面广，信息较为灵通，特别是计算机在银行业务中的广泛应用，使银行具备了为客户提供多种金融服务的条件。这些金融服务包括：为企业的经营决策提供咨询服务；代企业进行其自身的货币业务，如银行代替企业发放工资、代理支付其他费用等；提供各种信托业务、经纪人业务、租赁业务、国际业务等。商业银行通过提供金融服务既提高了信息与信息技术的利用价值，加强了银行与社会的联系，同时也为银行增加了很多业务收入，提高了银行的盈利水平。而且，随着信息技术日新月异的发展，商业银行金融服务功能将发挥越来越大的作用，并对社会经济生活产生更加广泛而深远的影响。

（五）调节经济职能

调节经济职能是指商业银行通过其信用中介活动，调节社会各部门的资金余缺的功能。在中央银行货币政策的指引下，商业银行能够通过资金量的变化调节投资与消费比例关系，引导资金流向，实现产业结构调整，发挥消费对生产的引导作用。商业银行还可以通过在国际市场上的融资活动来调节本国的国际收支变化。

三、商业银行经营原则

（一）安全性原则

安全性是指商业银行资产负债及所有业务免遭损失的可能性。由于银行业是一个风险高度集中的行业，商业银行应努力避免各种不确定因素对它的影响，保证商业银行的稳健经营和发展。安全性是银行在其经营活动中首先要考虑的一个问题，坚持安全性原则，也是商业银行业务经营的特殊性所决定的，是商业银行业务经营与管理的内在要求。

首先，商业银行作为特殊企业，自有资本较少，经受不起较大的损失。商业银行是以货币为经营对象的信用中介机构，不直接从事物质产品和劳务的生产流通活动，不可能直接获得产业利润。如果商业银行不利用较多的负债来支持自己运作，那么商业银行的资金利润率就会大大低于工商企业利润率。其次，商业银行经营条件特殊，尤其需要强调它的安全性。对于商业银行来说，对居民的负债是有硬性约束的，既有利息支出方面的约束，也有到期还本的约束。如果商业银行不能保证安全经营，则到期按时收回本息的可靠性将非常低，最严重的情况很可能导致商业银行倒闭。在现代信用经济条件下，商业银行是参与货币创造过程的一个非常重要的媒介部门，如果因商业银行失去安全性而导致整个银行体系混乱，则会损伤整个宏观经济的正常运转。

（二）流动性原则

流动性是指商业银行能够随时应付客户提现和满足各种合理资产支付需求的能力。商业银行的流动性包括资产和负债两个方面的流动性。资产的流动性是指资产能够在不发生损失的条件下迅速变现的能力；负债的流动性是指商业银行能够以较低的成本随时获得所需资金的能力。商业银行是典型的负债经营，资金来源的主体部分是客户的存款和借入款。存款是以能够按时提取和随时为客户开出支票支付为前提的；借入款是要按期归还或随时兑付的。资金来源流动性这一属性，决定了资金运用即资产必须保持相应的流动性。

（三）盈利性原则

盈利性是指商业银行获得利润的能力，是商业银行经营管理活动的最主要动力。商业银行作为经营性的企业，获取利润既是其最终的目标，又是其生存的必要条件。商业银行盈利水平的高低是其经营管理状况的综合反映。盈利性不仅反映了商业银行现行战略与策略的正确性，更重要的是为商业银行的进一步发展打下了良好的基础。银行盈利多少，不仅关系到银行股东的利益，而且关系到商业银行的生存和发展。商业银行的一切经营活动，包括如何设立分支机构、开发何种新的金融产品、提供何种金融服务、建立什么样的资产组合等都要围绕盈利这一目标展开。

（四）"三性"原则的关系

盈利是企业生存发展的必要条件，商业银行作为企业来说，首要目标是盈利。但作为一个经营货币信用的特殊企业，商业银行在实现这个目标的过程中又要受到流动性与安全性的制约，若忽视这两者，单纯追求盈利，则商业银行的经营必然陷入混乱。因此，现代商业银行在追求盈利性目标的同时，必须兼顾安全性和流动性。其中，安全性是前提，只有保证了资金安全无损，才能获得正常盈利；流动性是条件，只有保证了资金正常流动，才能确立信用中介的地位，银行各项业务活动也才能顺利进行；盈利性是目的，之所以要保持资金安全性和流动性，目的就是为了盈利。另一方面，这"三性"原则之间又存在着矛盾。富有流动性、较安全的资产，一般来说盈利性也较低；而盈利性较高的资产，往往安全性和流动性都比较差。所以，要提高资金的安全性和流动性，往往会削弱其盈利性；而要提高盈利性，安全性和流动性必然受到影响。因此，商业银行经营管理的核心就是协调处理这三者之间的关系，使安全性、流动性和盈利性达到最佳组合。

任务三　商业银行的主要业务

商业银行的业务一般可分为负债业务、资产业务、中间业务三大类。负债业务和资产业务是商业银行的信用业务，也是商业银行的主要业务；中间业务是负债业务和资产业务的派生业务，是银行经营活动的重要内容，也是极具发展潜力的业务。商业银行业务如图4-3-1所示。

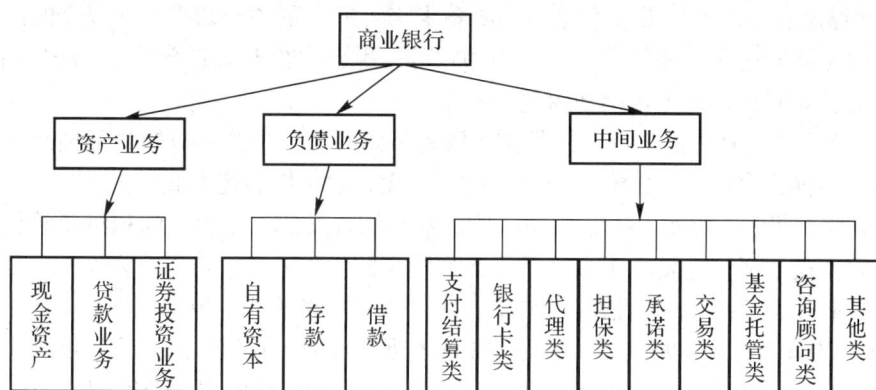

图 4-3-1 商业银行业务

一、商业银行的负债业务

商业银行的负债业务是指形成商业银行资金来源的业务，它决定着商业银行资产业务以及中间业务的开展。因此，负债业务是商业银行最基础、最主要的业务。从广义的角度看，商业银行的负债业务包括自有资本、存款和借款三项业务。

(一) 自有资本

自有资本即资本金，是银行吸收外来资金的基础，国际上通常定义为银行股东为赚取利润而投入银行的货币和保留在银行中的收益。

《巴塞尔协议》明确规定商业银行的资本分为核心资本和附属资本。

1. 核心资本

核心资本是银行资本中最重要的组成部分，应占银行全部资本的50%以上。这部分资本的价值相对稳定，是各国银行唯一相同的成分，对银行盈利差别和竞争能力影响极大，是判断资本充足率的基础。核心资本主要由以下两部分组成：

(1) 实收资本。实收资本是指已发行并完全缴足的普通股和永久性非累积优先股，这是永久的股东权益。

(2) 公开储备。公开储备是指以公开的形式，通过保留盈余或其他盈余，反映在资产负债表上的储备，包括股票发行溢价、保留利润、普通准备金和法定准备金的增值等。

2. 附属资本

附属资本也叫作二级资本，是银行的债务资本，具体包括以下五项：

(1) 未公开储备。未公开储备又称为隐蔽储备，是指虽未公开，但已经被银行监管机构所接受的储备。因未公开储备缺乏透明度，许多国家不承认其作为可接受的会计概念，也不承认其作为资本的合法成分，所以它不是核心资本的股本成分。在监管机构接受的情况下，未公开储备才有资格包括在附属资本之内。

(2) 重估储备。重估储备包括两方面：一是对计入资产负债表的银行自身房产的正式重估，称为房产业重估储备；二是来自有隐藏价值的资本的名义增值，它是由商业银行持有的有价证券增值所造成的，称为证券重估储备。

（3）普通准备金。普通准备金是指为防备未来可能出现的一切损失而设立的，在损失一旦出现时可随时用之弥补的准备金。因为它可被用于弥补未来的不可确定的任何损失，符合资本的基本特征，故被包括在附属资本中。

（4）混合资本工具。混合资本工具是指既有一定股本性质又有一定债务性质的资本工具，包括可转换为普通股的债券、长期性的优先股、累积性的优先股等。

（5）次级长期债务资本。次级长期债务资本包括普通的、无担保的初级债券和到期年限在五年以上的次级债券资本工具以及不允许赎回的优先股。其特点有两个：一是次级，即债务清偿时不能享有优先清偿权；二是长期，即有严格的期限规定。

按照《巴塞尔协议》的规定，银行的资本充足率(即银行的资本总额/加权风险资产总额)不低于 8%，其中核心资本充足率(即核心资本总额/加权风险资产总额)不低于 4%，附属资本总额不得超过核心资本总额的 100%。建设银行资本充足率如图 4-3-2 所示。

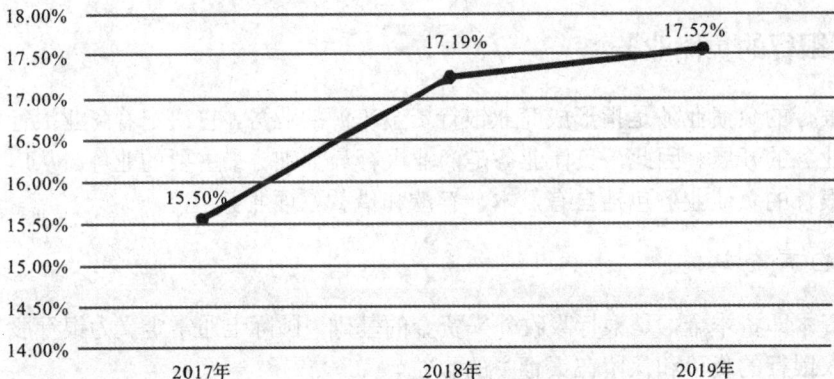

图 4-3-2　建设银行资本充足率

【深度阅读】

《巴塞尔协议》

1974 年，德国赫斯坦特银行与美国富兰克林银行等国际银行相继倒闭，极大地震惊了国际金融界。人们开始意识到，银行国际化、金融工具的创新及银行表外业务的发展，已经使各国对商业银行的监管严重弱化，而商业银行本身所承担的风险却大大增加，严重威胁着国际金融体系与各国经济的顺利运行和健康发展。在此背景下，1974 年年底，十国集团中央银行行长倡议建立一个由中央银行和银行监管当局为成员的委员会，其主要任务是讨论有关银行监管的问题。该委员会的办公地点设在国际清算银行的总部所在地——瑞士的巴塞尔，因此被称为巴塞尔委员会。巴塞尔委员会的宗旨在于加强银行监管的国际合作，共同防范和控制银行风险，保证国际银行业的安全和发展。

1988 年 7 月，巴塞尔委员会通过了《巴塞尔协议 I》，该协议规定银行必须根据自己的实际信用风险水平持有一定数量的资本。《巴塞尔协议 I》是衡量单家银行乃至整个银行体系稳健性最重要的指标，为各国银行监管当局提供了统一的资本监管框架，使全球资本监管总体上趋于一致。巴塞尔委员会建议 1992 年年底前各成员国的国际银行都应达到这一标准。1988 年通过的《巴塞尔协议 I》被誉为国际银行监管领域的一个划时代的文件，已成为国际银行业的竞争规则和国际惯例，在加强银行业监管、防范国际金融风险中发挥了重要作用。

随着世界经济一体化、金融国际化浪潮的涌动，金融领域的竞争，尤其是跨国银行间的竞争日趋激烈，金融创新使银行业务趋于多样化和复杂化。1996—2004 年，巴塞尔委员会为了应对出现的新情况，正式发表了《巴塞尔协议Ⅱ》，新协议于 2006 年年底在十国集团开始实施，适用范围是所谓的国际活跃银行及银行集团。《巴塞尔协议Ⅱ》在信用风险和市场风险的基础上，新增了对操作风险的资本要求；在最低资本要求的基础上，提出了外部监管和市场约束的新规定，形成了资本监管的"三大支柱"。

2007 年美国次贷危机爆发，并逐步发展成全球的金融危机。此次危机极大地冲击了银行体系，为避免全球信贷危机重演，2010 年 12 月 16 日巴塞尔委员会发布了《巴塞尔协议Ⅲ》，要求各成员国从 2013 年开始实施。《巴塞尔协议Ⅲ》集中确立了国际银行业监管的新标杆，其主要内容包括三个方面：一是强化了资本充足率的监管标准，二是引入了杠杆率监管标准，三是建立了流动性风险量化监管标准。

（二）存款

存款是商业银行负债业务中最重要的业务，是商业银行资金的最主要来源，一般占商业银行资金来源的 70%以上。存款决定着商业银行的负债规模，同时还制约着商业银行的资产经营能力，甚至影响银行的生存和发展。因此，对银行而言，具有最重要意义的始终是存款。通常将商业银行的存款按其性质和支取方式划分为活期存款、定期存款和储蓄存款三种类型。

1. 活期存款

活期存款是指无需事先通知银行，存款人即可随时存取和转让的一种存款。在支取这种存款时一般使用支票，因此把这种活期存款称为支票存款。开立活期存款账户一般是为了交易和支付，所以存款人主要是企业和个人。活期存款是一个国家货币供应的最大部分，也是商业银行的重要资金来源。但由于该类存款存取频繁，手续复杂，成本较高，因此西方国家商业银行一般都不支付利息，有时甚至还要收取一定的手续费。

2. 定期存款

定期存款是指银行与存款人双方事先约定存款期限、利率，到期后支取本息的存款，具有存期灵活、选择余地大、利息收益较稳定的特点，是商业银行获取资金的重要渠道。这种存款的期限通常为 3 个月、6 个月和 1 年不等，期限长的可达 5 年或 10 年等。定期存款比活期存款存期经营成本低，是商业银行稳定的资金来源。因此，商业银行通常对定期存款给予较高的利息，一般而言，存期越长，利率越高。按规定，定期存款一般不能提前支取，而习惯上银行往往会给存款人以通融，让其提前取款，但对提前支取的部分要按活期存款的标准计付利息。

3. 储蓄存款

储蓄存款是指为居民个人积蓄货币资产和获取利息而设立的一种存款，可分为活期存款和定期存款两种。储蓄存款通常由银行发给存款人一张存折(存单)，以此作为存款和取款的凭证，储蓄存款一般不能据此签发支票，使用时只能提取现金或先转入存款人的支票存款账户。储蓄存款存折不具有流动性，即存折不能转让和贴现。储蓄存款的存款人主要是个人，为了保障储户的利益，各国金融监管当局对经营储蓄存款的银行都有严格的管理规定，一般要求只能由商业银行和专门的储蓄机构来办理，且要求银行对存款负无限清偿责任。

（三）借款

借款是指商业银行主动向中央银行、其他金融机构和金融市场借入资金的一种负债业务。商业银行借款业务主要包括向中央银行借款、同业借款、回购协议、发行金融债券、国际金融市场借款等。

1. 向中央银行借款

中央银行是商业银行的最后贷款人，向中央银行借款是商业银行融资的一条渠道。商业银行向中央银行借款的主要形式有两种：一是再贷款，二是再贴现。再贷款是商业银行从中央银行得到的直接借款，以解决其季节性或临时性的资金需求；再贴现是指商业银行持未到期的商业票据向中央银行再次贴现，从而取得现款的行为。在市场经济发达的国家，由于商业票据和贴现业务的广泛运用，再贴现成为商业银行向中央银行借款的主渠道；而在商业票据信用不发达的国家，则主要采取再贷款的形式。

2. 同业借款

同业借款是指商业银行向其他金融机构借入短期资金的资金融通活动。同业借款目前被当作商业银行资产负债管理的手段。同业借款具有期限较短、利率较低、风险较小的特点。银行同业借款的用途主要有两个方面：一是填补法定存款准备金的不足，这一类借款一般都属于日拆借行为；二是满足银行季节性资金的需求，一般需要通过同业拆借市场进行。同业借款在方式上比向中央银行借款灵活，手续也比较简便。一般，同业借款分为以下几类：

(1) 同业拆借。同业拆借是指银行同业之间的短期资金借贷行为，是最主要的同业借款方式。同业拆借期限较短，有的只有一天或一夜，所以有时称为隔日或隔夜借款。同业拆借一般是通过商业银行在中央银行的存款账户进行的，可以说它是超额准备金调剂的一种手段。

(2) 转贴现。转贴现是指商业银行将尚未到期的商业票据转售给其他商业银行，以获得资金融通的行为。

(3) 转抵押。转抵押是指商业银行将发放抵押贷款而获得的抵押品再次向其他银行申请抵押贷款，以获得资金融通的行为。

3. 回购协议

回购协议是指商业银行将持有的有价证券出售给其他金融机构，并约定在某一日期后以约定的价格再购回其所出售的有价证券，以获得可用资金的一种协议。回购协议实际上是银行以有价证券作担保而获得的一种短期借款。回购协议的期限灵活，安全性较强，流动性较高，能有效增强长期债券的变现性。

4. 发行金融债券

发行金融债券是商业银行为取得比较稳定的资金来源，通过向社会公开发行债务凭证而形成的负债业务。它以发行债券的方式借入资金。与存款负债相比，其特点在于不需提取法定存款准备金，属于主动性负债。发行金融债券在发行数量、期限等方面往往要受到监管机构的严格限制；同时利率较同期银行存款要高，债券的流动性也受到限制。

5. 国际金融市场借款

随着国际金融市场的发展，商业银行还可以在国际金融市场上通过吸收存款、发行大额可转让定期存单、发行商业票据等方式广泛地获取资金，来弥补资金来源的不足。目前，最具规模、影响最大的国际金融市场是欧洲货币市场。向国际金融市场借款，具有交易量大、资金来源充足、流动性强、借款手续简便、借款利率较高的特点。

二、商业银行的资产业务

商业银行的资产业务是指商业银行运用资金的业务，也就是商业银行将通过负债业务筹集来的资金放贷或投资出去以赚取收益的活动。商业银行盈利状况如何、经营是否成功，很大程度上取决于资产业务的运营效果。

(一) 现金资产

现金资产是商业银行流动性最强的资产，并且是银行经营所必需的资产。由于不能给银行带来直接的收益，因此一般银行保留的现金资产数额不大。现金资产包括库存现金、在中央银行的存款、存放同业款项、托收中现金等。

1. 库存现金

库存现金是指商业银行保存在业务库中的现钞和硬币，主要用于应付客户提现和日常零星开支。库存现金不能产生利息，并且需要投入保管费用，所以商业银行的库存现金一般都保持在最低限度。

2. 在中央银行的存款

在中央银行的存款是指商业银行存放在中央银行的准备金存款。准备金存款由两部分组成：一部分是法定存款准备金，另一部分是超额准备金。法定存款准备金是指商业银行对吸收的各项存款余额按照中央银行规定的法定准备金比率缴存中央银行的准备金。超额准备金是指商业银行存在中央银行的存款准备金账户中，超过了法定准备金的那部分存款余额，主要用于商业银行之间票据交换差额的清算，应付不可预料的现金提存与等待有利的贷款和投资机会等。

3. 存放同业款项

存放同业款项是指商业银行存放在其他商业银行的存款，即为了便于在同业之间开展代理业务和结算收付，商业银行在其他银行开立活期存款账户而保留的存款。由于存放同业款项属于活期存款性质，随时可以支用，因此视同为现金资产。

4. 托收中现金

托收中现金是指商业银行在为客户办理票据支付清算的过程中，产生的需要向其他付款银行托收但尚未收妥的款项。托收中现金是一笔他行占用的资金，在途时间较短，收妥后即成为存放同业款项。银行一般将其视为现金资产。

（二）贷款业务

贷款是商业银行作为贷款人，按照一定的贷款原则和政策，以还本付息为条件，将一定数量的货币资金提供给借款人使用的一种借贷行为。它是商业银行的传统核心业务，也是商业银行中占比最大、最重要的资产。商业银行贷款业务种类很多，可以按照不同的标准进行分类。

1. 按贷款期限划分

按贷款期限划分，商业银行贷款可分为短期贷款、中期贷款和长期贷款。

(1) 短期贷款。短期贷款是指期限在 1 年以内(含 1 年)的各项贷款，一般用于企业的各种临时性、季节性的营运资金需求，特点是期限短、流动性强、周转快。

(2) 中期贷款。中期贷款是指期限在 1 年(不含 1 年)以上、5 年(含 5 年)以内的各项贷款，一般用于企业的设备更新和技术改造。

(3) 长期贷款。长期贷款是指期限在 5 年(不含 5 年)以上的各项贷款，一般用于企业的基本建设。

2. 按贷款保障方式划分

按贷款保障方式划分，商业银行贷款可分为信用贷款、担保贷款和票据贴现。

(1) 信用贷款。信用贷款是指银行完全凭借借款人的信誉而无需提供抵押物或第三者保证而发放的贷款。这类贷款从理论上讲风险较大，因此银行要收取较高的利息，而且对借款人的条件要求较高。一般而言，银行只向熟悉的、资信状况良好的大公司、大集团提供此类贷款。

(2) 担保贷款。担保贷款是指以法律形式规定的担保方式作为还款保障而发放的贷款。根据提供保障方式的不同，担保贷款又可分为保证贷款、抵押贷款和质押贷款。保证贷款是指按照《中华人民共和国担保法》规定的保证方式，以第三人承诺在借款人不能偿还贷款时，按约定承担还款责任而发放的贷款。这种贷款要求保证人必须具有代为清偿债务的条件和能力。抵押贷款是指按照《中华人民共和国担保法》规定的抵押方式，以借款人或第三人的财产作为抵押物而发放的贷款。如果借款人不能按期归还贷款本息，银行将凭借抵押权处理抵押物以收回债权。质押贷款是指按照《中华人民共和国担保法》规定的质押方式，以借款人或第三人的动产或权利作为质物发放的贷款。

担保贷款保障性强，能够减少贷款的风险损失，是商业银行最主要的贷款方式。但担保贷款手续较为复杂，同时需要对抵押物(或质物)进行评估、保险和保管，无论对于借款人还是贷款人，贷款的成本都比较高。

(3) 票据贴现。票据贴现是指银行以购买借款人未到期商业票据的方式发放的贷款，即票据收款人在票据到期以前将票据权利转让给银行，并贴付一定利息从银行取得现款的一种短期融资方式。票据贴现实质上是银行以票据为担保而对持票人发放的一种贷款。票据贴现是贷款的一种特殊方式，票据到期后，银行可向票据载明的付款人收取票款。如果票据合格且有信誉良好的承兑人承兑，这种贷款的安全性和流动性都比较好。

3. 按客户类型划分

按客户类型划分，商业银行贷款可分为个人贷款和公司贷款。

(1) 个人贷款。个人贷款是指以自然人为借款人的贷款。个人贷款主要包括个人住房贷款、个人消费贷款、个人经营贷款和个人信用卡透支四大类。绝大多数个人贷款主要用于消费，极少数个人贷款用于生产经营。

(2) 公司贷款。公司贷款又称为企业贷款或对公贷款，是以企事业单位为对象发放的贷款，主要包括流动资金贷款、固定资产贷款、房地产贷款、银团贷款、国际贸易融资、国内贸易融资、票据贴现等。

4. 按贷款风险程度划分

国际通行的贷款质量分类方法是以贷款风险程度为依据的。在比较各国信贷资产分类方面不同做法的基础上，我国于 2001 年制定了《贷款风险分类指导原则》，规定了我国银行贷款风险分类方法，按照统一标准将贷款划分为正常、关注、次级、可疑和损失五个类别。其中，次级贷款、可疑贷款和损失贷款称为不良贷款。这种贷款分类标准的核心是贷款偿还的可能性，这种可能性在很大程度上取决于检查人员的经验、知识和判断能力，实践性很强。

(1) 正常贷款。正常贷款是指借款人能够履行借款合同，有充分把握按时足额偿还贷款本息的贷款。这类贷款的借款人的财务状况无懈可击，没有任何理由怀疑贷款的本息偿还会发生问题。

(2) 关注贷款。关注贷款是指尽管借款人目前有能力偿还本金，但是发生了一些可能会影响贷款偿还的不利因素，如果这些因素继续存在，可能会影响借款人的还款能力，因此，需要对其关注或监控。

(3) 次级贷款。次级贷款是指借款人的还款能力出现了明显的问题，依靠其正常经营收入已无法保证足额偿还贷款本息的贷款。

(4) 可疑贷款。可疑贷款是指借款人无法足额偿还贷款本息，即使执行抵押或担保也肯定会造成一部分损失的贷款。这类贷款具备了次级贷款的所有特征，但是程度更加严重。

(5) 损失贷款。损失贷款是指在采取所有可能的措施和一切必要的法律程序后，本息仍然无法收回或只能收回极少部分的贷款。这类贷款已经丧失作为银行资产的价值，因此已没有意义将其继续保留在资产账面上，应当履行必要的内部程序之后将其冲销。建设银行不良贷款率如图 4-3-3 所示。

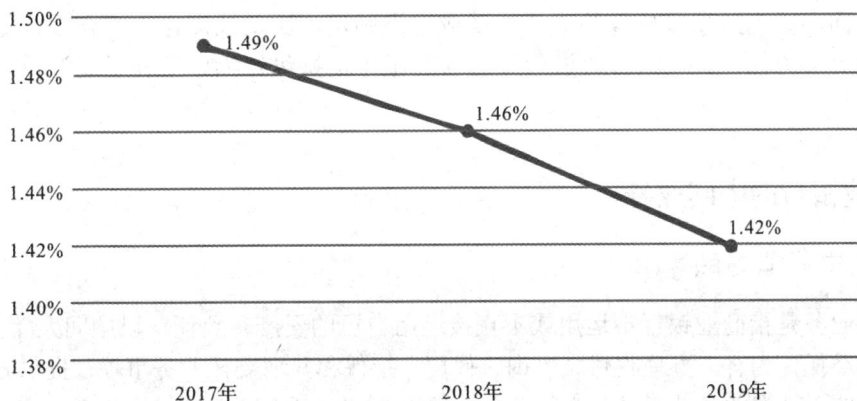

图 4-3-3　建设银行不良贷款率

（三）证券投资业务

证券投资业务是指商业银行在金融市场上购买各种有价证券的业务活动。证券投资是商业银行一项重要的资产业务，也是商业银行收入的主要来源之一。

1. 商业银行证券投资的目的

商业银行作为经营货币信用业务的金融企业，其参与证券投资业务的主要目的有以下三个：

(1) 增加收益。从证券投资业务获取收益，以提高商业银行的盈利水平是商业银行从事证券投资业务的首要目的。商业银行证券投资的收益主要来自利息收益和资本收益。

(2) 分散风险。如果商业银行将全部的资金都用于发放贷款，一旦贷款到期收不回来，银行就必须承担全部风险。而银行如果将部分资金投资于有价证券，只要投资证券的回报率与贷款的回报率不完全一致地变动，资产多样化对降低风险的好处就会显现出来。证券投资可以有效分散和降低风险，使银行得以稳健经营，利润的实现也得到保障。

(3) 增强流动性。流动性是商业银行经营管理的重点之一。在商业银行的资产中，除了现金以外，有价证券拥有较高的流动性。有些有价证券可以在几乎不受损失的情况下抛售出去，换回现金，所以商业银行投资有价证券可以提高资产的流动性。此外，商业银行持有库存现金和在中央银行的存款没有利息或者利息很低，而商业银行投资买卖有价证券能增加其收益，从而使银行在流动性和收益性两方面保持平衡。

2. 商业银行证券投资的对象

由于商业银行证券投资的主要目的是增加收益、分散风险和增强流动性，因此商业银行应投资于安全性好、变现能力强、盈利性较高的有价证券。满足这些要求的最佳选择就是国库券、政府公债、政府机构债券、信用等级高的企业债券和部分优质股票。由于政府债券的最大特点是安全性好、流动性强，特别是短期的政府债券(如国库券)还本付息期限短，拥有活跃的二级市场，可以随时变现，因此国库券已经成为各国商业银行投资的主要对象。

目前，各国金融管理当局基于银行经营的安全和保持金融秩序稳定的需要，对商业银行的证券投资业务都有严格的限制规定。大多数国家的商业银行都被禁止投资于股票。一方面，因为股票投资风险大，变现成本不确定，流动性高，不符合银行稳健经营的原则；另一方面，因为银行投资股票容易产生市场操纵行为，不利于证券市场的健康发展。

三、商业银行的中间业务

（一）中间业务的概念

中间业务是指商业银行不运用或不直接运用自己的资产、负债，以中间人(代理人)的身份接受委托，为客户办理收付、咨询、代理、担保和其他委托业务事项，提供各类金融服务并收取手续费的经营活动。中间业务一般不直接反映在商业银行资产负债表上，不构成商业银行表内资产、表内负债。中间业务是银行非利息收入的业务。

长期以来，我国习惯上将资产负债业务以外的其他业务统称为中间业务，而西方国家则称为表外业务。商业银行在办理中间业务时，通常以收取佣金或手续费的方式获利。中间业务的发展为商业银行带来了大量的佣金收入和手续费收入。目前，西方商业银行中间业务收入占比一般为 40%～50%，个别的如花旗银行中间业务收入占比则达到了 80%。随着社会经济生活的变化和金融创新的不断涌现，中间业务得到迅速发展，特别是商业银行中间业务已经突破了传统的结算、代收代付范畴，出现了占用客户资金、代客户垫付资金、出售银行信用、承担业务风险等信用行为，使中间业务的品种迅速增加，覆盖面迅速扩大。

(二) 我国中间业务的种类

根据中国人民银行颁布的《商业银行中间业务暂行规定》，我国商业银行中间业务划分为九大类。

(1) 支付结算类中间业务。支付结算类中间业务是指商业银行为客户办理因债权、债务关系引起的货币支付、资金划拨等经营活动的业务。

(2) 银行卡类中间业务。银行卡类中间业务是指商业银行向社会发行具有消费信用、转账结算、存取现金等全部或部分功能的信用支付工具的业务。银行卡类中间业务包括信用卡和借记卡业务。

(3) 代理类中间业务。代理类中间业务是指商业银行接受客户委托，代理客户指定的经济事务，提供金融服务并收取一定费用的经营活动。代理类中间业务具体包括代理证券业务、代理保险业务、代理金融机构委托业务、代收代付业务等。

(4) 担保类中间业务。担保类中间业务是指商业银行为客户债务清偿能力提供担保、承担客户违约风险的业务。担保类中间业务具体包括银行承兑汇票、备用信用证、各类银行保函等。

(5) 承诺类中间业务。承诺类中间业务是指商业银行在未来某一日期按事前约定条件向客户提供约定信用的业务。承诺类中间业务主要包括贷款承诺业务。

(6) 交易类中间业务。交易类中间业务是指商业银行为满足客户保值或自身风险管理等方面的需要，利用各种金融工具进行资金交易的业务。交易类中间业务包括远期外汇合约、金融期货、互换和期权等。

(7) 基金托管类业务。基金托管类业务是指有托管资格的商业银行接受基金管理公司委托，安全保管所托管基金的全部资产，为所托管基金办理基金资金清算、款项划拨、会计核算、基金估值并监督管理人投资运作的经营活动。基金托管业务包括封闭式和开放式投资基金托管业务等。

(8) 咨询顾问类中间业务。咨询顾问类中间业务是指商业银行依靠自身信息、人才、信用等优势，收集整理、分析研究商业银行、客户资金运动的有关信息，形成并提供给客户系统的资料和方案以满足客户经营管理需要的服务活动。咨询顾问类中间业务包括信息咨询、财务顾问等。

(9) 其他类中间业务。其他类中间业务是指不能归入以上八类的业务，包括保管箱业务等。

建设银行 2019 年主要财务数据如表 4-3-1 所示。

表 4-3-1　建设银行 2019 年主要财务数据　　　　单位：亿元

总资产	254 362.61	资本充足率	17.52%
总负债	232 011.34	不良贷款率	1.42%
存款规模	183 662.93	拨备覆盖率	227.69%
贷款规模	145 406.67	加权平均净资产收益率	13.18%
营业收入	7056.29	手续费及佣金净收入占营业收入比率	19.46%
净利润	2692.22	净利差	2.12%
每股收益/元	1.05	成本收入比	26.53%

【深度阅读】

我国商业银行的设立条件及业务要求

1. 我国设立商业银行应当具备的条件

(1) 有《中华人民共和国公司法》规定的公司章程；

(2) 有规定的注册资本最低限额；

(3) 有具备任职专业知识和业务工作经验的董事、高级管理人员；

(4) 有健全的组织机构和管理制度；

(5) 有符合要求的营业场所、安全防范措施和与业务有关的其他设施。

设立全国性商业银行的注册资本最低限额为十亿元人民币。设立城市商业银行的注册资本最低限额为一亿元人民币，设立农村商业银行的注册资本最低限额为五千万元人民币。注册资本应当是实缴资本。

2. 我国商业银行的业务要求

商业银行在中华人民共和国境内不得从事信托投资和证券经营业务，不得向非自用不动产投资或者向非银行金融机构和企业投资，但国家另有规定的除外。

商业银行办理票据承兑、汇兑、委托收款等结算业务，应当按照规定的期限兑现，收付入账，不得压单、压票或者违反规定退票。有关兑现、收付入账期限的规定应当公布。同业拆借，应当遵守中国人民银行的规定，禁止利用拆入资金发放固定资产贷款或者用于投资。拆出资金限于交足存款准备金、留足备付金和归还中国人民银行到期贷款之后的闲置资金。拆入资金用于弥补票据结算、联行汇差头寸的不足和解决临时性周转资金的需要。

习题与实训

一、单项选择题

1. 下列(　　)不属于商业银行的现金资产。

A. 库存现金　　　　　　　　　　　B. 存款准备金

C. 存放同业款项　　　　　　　　　D. 应付款项

2. (　　) 是商业银行最基本也是最能反映其经营活动特征的职能。

A. 信用创造　　　　　　　　　　　　B. 信用中介

C. 支付中介　　　　　　　　　　　　D. 金融服务

3. (　　)是历史上第一家股份制银行，也是现代银行产生的象征。

A. 德意志银行　　　　　　　　　　　B. 法兰西银行

C. 英格兰银行　　　　　　　　　　　D. 日本银行

4. 按照贷款五级分类的方法，下列不属于不良贷款的是(　　)。

A. 关注　　　　　　　　　　　　　　B. 次级

C. 可疑　　　　　　　　　　　　　　D. 损失

5. 下列(　　)属于商业银行的负债业务。

A. 库存现金　　　　　　　　　　　　B. 存款准备金

C. 贷款　　　　　　　　　　　　　　D. 存款

6. 下列(　　)属于商业银行的中间业务。

A. 证券投资　　　　　　　　　　　　B. 准备金

C. 结算　　　　　　　　　　　　　　D. 票据贴现

7. 下列(　　)属于商业银行的核心资本。

A. 未公开储备　　　　　　　　　　　B. 实收资本

C. 普通准备金　　　　　　　　　　　D. 混合资本工具

二、多项选择题

1. 我国商业银行的核心资本包括(　　　　)。

A. 实收资本　　　　　B. 资本公积　　　　　C. 盈余公积

D. 未分配利润　　　　E. 附属资本

2. 我国商业银行的担保贷款包括(　　　　)。

A. 信用贷款　　　　　B. 保证贷款　　　　　C. 抵押贷款

D. 质押贷款　　　　　E. 票据贴现

3. 按照组织结构来划分，商业银行的组织形式包括(　　　　)。

A. 单一银行制　　　　B. 综合型银行制　　　C. 连锁银行制

D. 银行控股公司制　　E. 总分行制

4. 下列业务中，属于商业银行负债业务的是(　　　　)。

A. 吸收存款　　　　　B. 同业拆借　　　　　C. 库存现金

D. 再贴现　　　　　　E. 发行金融债券

5. 下列业务中，属于商业银行资产业务的是(　　　　)。

A. 贷款　　　　　　　B. 托收中现金　　　　C. 再贴现

D. 证券投资　　　　　E. 库存现金

三、简答题

1. 简述商业银行的性质和职能。

2. 简述商业银行的发展过程。

3. 简述商业银行的业务。

4. 简述商业银行的组织形式。

5. 简述商业银行中间业务特点。

四、实训题

· 实训 1

实训名称：认识商业银行的负债业务。

实训目标：掌握商业银行的负债业务种类，加深对商业银行负债业务的理解。

实训任务：

1. 登录某商业银行官网，查询其负债业务种类。

2. 登录中国人民银行官网，查阅目前我国金融法规政策变化。

3. 查阅相关书籍及网站，寻找且预测我国商业银行负债业务发展变化趋势，并分析这种趋势对于经济和社会个人的影响及形成原因等。

4. 完成一篇 500 字左右的分析报告。

实训开展形式：

1. 在实训教师的指导下，学生查看银行资产负债表和金融法律法规。

2. 教师提供部分书目及网站供学生参考。

3. 学生分组、分工完成任务，每组不超过 6 人。

4. 集中时间组织各小组汇报、讨论，每组提出的观点一定要有材料和信息支撑。

· 实训 2

实训名称：认识商业银行的资产业务。

实训目标：掌握商业银行的资产业务种类，加深对商业银行资产业务的理解。

实训任务：

1. 登录某商业银行官网，查询其资产业务类型。

2. 登录中国人民银行官网，查阅某银行资产业务状况。

3. 查阅相关书籍及网站，寻找且预测我国商业银行资产业务发展变化趋势，并分析这种趋势对于经济和社会个人的影响及形成原因等。

4. 完成一篇 500 字左右的分析报告。

实训开展形式：

1. 在实训教师的指导下，学生查看银行资产业务表和金融法律法规。

2. 教师提供部分书目及网站供学生参考。

3. 学生分组、分工完成任务，每组不超过 6 人。

4. 集中时间组织各小组汇报、讨论，每组提出的观点一定要有材料和信息支撑。

项目五　中央银行

【知识目标】

(1) 了解中央银行的发展过程。

(2) 掌握中央银行的性质和职能。

(3) 掌握中央银行的业务种类和范围。

【能力目标】

(1) 能够理解中央银行产生的必要性及发展趋势。

(2) 能够理解中央银行的业务运作过程。

(3) 能够理解与中央银行相关的金融现象。

(4) 能够分析中央银行的金融政策对金融经济的影响。

【案例导入】

美国中央银行的建立

英国在 1694 年成立了自己的中央银行(英格兰银行)，瑞士和法国也分别在 1668 年和 1800 年成立了各自的央行。这些早期的中央银行仍然从事和私人银行类似的商业活动，比如吸收居民储蓄和提供贷款。后来这些商业银行业务逐渐从中央银行分离出来。现在的中央银行都只是政策制定和监管机构，不再对个人和企业进行商业借贷活动。政策职能和商业银行业务分离更有利于中央银行制定政策。

美国联邦储备系统(美联储)是美国的中央银行，从 1913 年到现在，美联储已存在 100 余年。历史上，美国曾多次试图成立一个中央银行，但因为议员及总统担心央行权力过大，或央行会被少数利益集团绑架而没有成功。建国之初，美国是由一些独立的州以联邦的形式组成的松散组织，大部分的行政权力主要集中在州政府，而非联邦政府。因此，成立中央银行这样一个联邦机构的想法会引起各州的警觉，他们担心联邦政府想以此为名来扩大自己的权力范围。

美国的第一任财政部部长汉密尔顿在美国独立战争结束后，向国会提议成立一个全国性的银行。汉密尔顿是领导美国独立战争和起草宪法的几个领袖之一，和华盛顿等人一起被誉为美国的开国之父。汉密尔顿提议成立一个唯一的全国性银行，主要负责帮助美国各州发行债券，以逐步偿还独立战争时期累积的债务。另外，该银行还可帮助保管财政部的存款及处理其他联邦政府财务上的收支。汉密尔顿的这个提议当时遭到了强烈反对，反对者主要担心三个方面：其一，这样一个全国性银行比其他银行有更多竞争优势，会造成它在私营银行业务上的垄断；其二，该银行超出美国宪法规定的联邦政府权限；其三，成立全国性银行会削弱各州政府的权力。汉密尔顿力排众议，于 1791 年在费城成功建立了这样一个银行——美国第一银行，但国会只批准第一银行经营 20 年。20 年后，必须获得国会批准，第一银行才能继续存在。

美国第一银行并不是现代意义上的中央银行，它实际上仍是一个私人性质的商业银行。第一银行和其他银行一样吸收储户的存款和发放商业贷款。另外，第一银行按照股份制方式成立，股票在市场上公开出售，股东和其他上市公司股东一样分配红利，决定第一银行如何经营。唯一不同的是：其他商业银行属于州内银行；而美国第一银行是全国性质的银行，在全美开展业务，而且是唯一一个为美国财政部提供服务的银行。1811 年，第一银行的 20 年经营期限到期之后，国会没有批准它继续存在。第一银行被迫关闭。

1812 年，英美再起战争冲突。由于缺乏一个有效的中央银行系统和全国统一的金融市场，美国的州内银行陷入一片混乱。为了恢复银行秩序和处理战争债务，美国再次考虑成立一个类似第一银行的中央银行。1816 年，由美国国会投票通过，麦迪逊总统签署法案成立了美国第二银行。和第一银行类似，国会也只给第二银行颁发了 20 年执照。同样，20 年期限到期后，国会没有批准它继续存在，美国第二银行重蹈第一银行覆辙被迫关闭。

在美国第二银行关闭后的 70 多年里，美国政府没有再试图建立一个类似中央银行的机构。在此期间，美国的金融市场经历了放任自流式的大发展。但随着金融市场的不断扩张，放任自流式银行体系的缺点也越来越多地暴露出来，银行挤兑造成市场崩溃的情况经常发生。美国在 1873 年、1884 年、1890 年、1893 年、1907 年都发生过由于挤兑造成银行大规模倒闭的金融危机。尤其是在 1893 年的危机中，美国有超过 500 家银行相继倒闭，很多人的毕生积蓄可以说一夜之间付诸东流。金融危机不仅给个人和家庭造成巨大的财富损失，整个美国经济也由于金融业无法正常运转而陷入了长时间停滞。沉寂了 10 年之后，金融危机于 1907 年在美国再度爆发。危机爆发的导火索是股票市场上一些投机者试图操纵美国联合铜业公司的股票，但没有成功。贷款给这些投机者的银行和信托投资公司因此损失惨重。1907 年 10 月，纽约第三大信托投资公司可尼克波克被迫宣布破产。当年可尼克波克的破产引发了一场席卷美国的金融海啸。存款者人人自危，纷纷从银行等金融机构提款以避免损失。由于金融恐慌，银行间也失去信任，相互间的借贷完全冻结。此时，某个银行一旦出现储户挤兑，由于无法向其他银行贷款来应对挤兑，最终往往只能以破产收场。这种银行挤兑很快从纽约蔓延到全国各地，一场类似 1893 年金融危机的市场崩溃即将发生。

当时，美国著名金融公司摩根大通(J.P. Morgan)的创始人摩根意识到了问题的严重才开会，要求大家一起拿出资金帮助面临挤兑的银行。而摩根自己也身先士卒，拿出资金帮助金融市场渡过危机。1907 年的金融危机结束后，美国参议员奥尔德里奇组织了一个委员会，专门负责调查金融危机的成因以及教训。在 1907 年的危机中，尽管仍有将近 100 家银行因为挤兑而倒闭，但与 1893 年 500 多家银行倒闭相比，算是一个不错的结局。摩根带领其他金融机构挺身而出，为遭受挤兑的银行提供流动资金是 1907 年危机成功化解的一个重要因素。但这种依赖金融市场上某个人的能力解决危机的方式存在很多不确定性，最好用法律形式赋予某个机构稳定金融市场的职能来缓解危机。因此，奥尔德里奇花了将近两年时间考察欧洲国家的中央银行，并对欧美金融市场进行了系统的比较分析。随后，他起草了被称为《奥尔德里奇计划》的提案，主张美国应该模仿欧洲国家成立一个统一的中央银行。今后再发生类似 1907 年的金融危机时，该中央银行可以向被挤兑的银行提供紧急贷款，以此稳定金融市场信心。1913 年，美国国会最终达成一致意见，通过了《联邦储备法案》，威尔逊总统签署了该法案，正式宣告美联储成立，即美国的中央银行正式成立。

【思考】

(1) 什么是中央银行？

(2) 中央银行与普通的商业银行相比，有怎样的特殊性？

(3) 中央银行的演化经过了怎样的历程？

(4) 中央银行有哪些职能？

任务一　中央银行的产生和发展

一、中央银行产生的背景

自 17 世纪中央银行出现至今已经有三百余年的历史，随着金融活动成为现代经济的核心，中央银行的作用日益突出。目前，中央银行制度已成为一个国家最基本的经济制度之一。

1. 商品经济的快速发展

在 13、14 世纪的欧洲，商品经济已经得到初步发展。15、16 世纪，欧洲资本主义制度开始形成，社会生产加速转向商品化。17 世纪的欧洲，随着纺织、酿酒、食品和农具制造业脱离农业成为新的独立部门，工商业和新式农业逐渐占据了社会生产的主导地位，商品经济获得迅速发展。到了 18 世纪，工业革命使得资本主义社会的经济发展方式发生了深刻的变化，商品交换这一经济活动无论从地域还是数量都被急剧放大，为中央银行职能的逐步完善提供了条件。

2. 商业银行的普遍设立

商品经济的快速发展为货币经营商转变成银行创造了条件。传统的货币经营商及高利贷者已不能满足规模不断扩大的工商企业对资本的需求；同时，工商业活动产生的庞大的资金流量也为货币信用提供了大量的廉价资金。银行业正是顺应客观经济发展的这一需求而产生的。

银行业的最初形成是在 13 世纪至 14 世纪，最先出现在经济贸易比较发达的欧洲。16 世纪以后，银行的设立和发展也出现了一个高潮。意大利、法国、德国、英国等国涌现了一大批银行，银行业的发展不仅体现在银行数量的迅速增加，而且体现在银行业务方面，即银行业务完全脱离货币兑换、金银保管和高利贷的传统形式，发行银行券、为企业办理转账和为新兴行业提供融资及服务成为银行的重要业务。

3. 信用关系的广泛存在

随着商品经济的快速发展，以货币关系为特征的银行信用逐步替代商业信用成为信用的主要形式。特别是在现代银行成立之后，货币成为信用的主要载体，货币和信用观念深入人心，促进了资本主义银行业的蓬勃发展。

一方面，银行为企业的资本联合和社会筹资提供条件与便利，如为股份公司代理发行股票、代付股息和建立股票转让市场，为多种形式的企业代理各类债券发行、转让和还本付息等；另一方面，银行直接提供贷款、扩大企业资金，并通过商业票据承兑、贴现、抵押放款等方式把商业信用转化为银行信用，使信用范围和规模进一步扩展，从而为社会化大生产和商品经济的蓬勃发展提供了条件。

4. 经济中出现新的问题

在17世纪至18世纪初，信用制度和银行体系已成为当时商品经济运行体系的重要支撑。但这时的信用制度特别是银行信用体系还比较脆弱，银行的大量设立和业务活动的创新以及信用规模的扩大缺少有效的、稳定的制度保证。经济中出现以下新的问题：

(1) 银行券的分散发行问题。因为银行的经营规模和信誉不同，这些银行发行的银行券被社会接受的程度差异很大。一些小银行由于经营规模小和知名度有限，其发行的银行券的社会认知度低，流通范围受到限制，阻碍了商品经济的发展。

(2) 票据交换和清算问题。信用制度的发展使商业银行相互之间的债权、债务关系日益复杂，需要进行交换的票据数量和清算的业务量迅速增加，使规模有限的商业银行难以应付，从而降低了清算速度。商业银行的规模有限，使得可以清算的债权、债务关系的范围有限，给票据的交换带来了麻烦，也降低了清算速度。

(3) 银行的破产倒闭问题。银行的破产倒闭使信用体系和经济运行不断受到冲击。银行经营规模小，抵御风险的能力就差。债权、债务清算效率低下，容易造成信用链断裂，使得银行倒闭经常发生，破坏了信用体系和经济体系的正常运行。

(4) 金融监督与管理问题。缺少统一规则的竞争使金融秩序经常出现混乱。银行业的激烈竞争迫使一些银行破坏货币发行纪律，滥发货币，造成货币兑付困难。一些银行高息揽储，铤而走险，增加了金融秩序的混乱程度。金融的稳定运行需要一个公平、健全的规则和机制。而当时各个银行的运作一般是依据各自的经营原则进行的，尽管在运作过程中各银行之间也形成了某些约定，但这些约束的效力是有限的，导致金融活动经常出现无序甚至混乱状况。因此，要保证经济金融稳定，减少金融运行的风险，政府对金融业进行监督管理是极其必要的。

面对现状，一些国家的政府开始从制度上寻找原因，试图建立一种有效的制度即中央银行制度，以稳定信用制度和银行体系，避免频繁发生经济危机和金融危机。

二、中央银行的形成和发展

从发展过程来看，中央银行的产生一般有两条途径：一是由信誉好、实力强大的大银行逐步演变形成。在演变的过程中，政府根据客观需要不断赋予其某些特权，使之逐步具有中央银行的特征并最终成为中央银行。二是由政府出面直接组建中央银行。英格兰银行是前者的典型，在中央银行的形成历史上产生了重要影响，可以说英格兰银行的历史就是一部中央银行的形成史。

中央银行的产生晚于商业银行，其起源于 17 世纪中后期。1694 年，历史上最早的股份制银行——英格兰银行诞生。英格兰银行成立伊始就与英国政府保持了特殊的关系，在以后的发展中成为最早具备最完整的中央银行特征的银行，后来逐渐成为其他国家建立中央银行的范本。

(一) 英格兰银行的产生

英格兰银行在中央银行制度的发展史上是一个重要的里程碑，其与英国政府的特殊关系使它最早具有中央银行的基本性质和特征。

威廉三世时，英国政府财政困乏，需要大量款项。苏格兰人威廉·佩特森(William Paterson)主张募集 120 万英镑资本组建银行，为政府垫款。英格兰银行遂于 1694 年 7 月 27 日由英国国会决议设立，并取得了不超过资本总额的钞票发行权。当时，它借给政府的资本数目共计 120 万英镑，每年可向政府支取 10 万英镑，其中 9.6 万英镑为利息(年利率为 8%)，0.4 万英镑为管理费。截至 1746 年，英格兰银行已借给政府 1168.68 万英镑，并提出"英格兰不能有第二家银行由国会决议设立""英政府稳定，英格兰银行亦随之稳定"等主张。1826 年，英国国会通过法案，准许其他股份银行设立，并可发行钞票，但限制在伦敦 65 英里以外，以示有别于英格兰银行。1833 年，国会准许股份银行在伦敦经营存款业务，但规定只有英格兰银行发行的钞票才具有无限法偿资格。

1825 年和 1837 年，英国爆发了两次历史上最早的周期性经济危机，它冲击了整个英国的国民经济，危机的爆发一般都是从货币信用领域开始的。1821—1825 年，英国棉纺织和冶金工业生产增长了 50%，信用扩张迅速。同时，英国对拉丁美洲的投资扩大，特别是矿业公司的股票被虚幻地看涨，促成了股票交易所的投机狂热。生产盲目增长超过了市场容量，于是 1825 年首先爆发了证券交易所危机，股票行市下跌 40%~70%。接踵而来的是支付手段缺乏，货币不足，信用中断，存款挤提，贷款被迫冻结。1825—1826 年有 140 家银行倒闭，并且发生了国际收支逆差，黄金外流，存款人和银行券持有者对银行失去了信心。整个社会开始寻找危机的根源，从而产生了一场关于银行券发行保证的大讨论。

当时不同派别对发行方式争议颇大，银行学派认为钞票乃商业发展的需要，应由银行处置，政府不得干涉；通货学派认为钞票是现金代用品，政府对准备金应加以规范。由于当时银行券停止兑现和银行券贬值对人们产生了深刻影响，致使通货学派的主张得以实施。1844 年 7 月 29 日，英国国会通过了《银行特许条例》(由英国首相比尔主持通过，亦称《比尔条例》)。

《银行特许条例》规定英格兰银行在 1844 年 8 月 31 日以后划分为发行部和银行部。前者以 1400 万英镑的证券(证券准备金，其中的 1101.51 万英镑是政府对该银行的债务)及营业上不必要的金属贮藏的总和发行等额的银行券(包括流通中的银行券)。用证券准备金发行的银行券不得超过 1400 万英镑，逾额应全额以金银为准备金。发行部保持的金银，无论何时都不得超过金属贮藏的 1/4。此后，英国的银行数量逐渐减少，英格兰银行一步步地垄断了全国的货币发行权，并于 1928 年成为英国唯一的发行银行。

随着英格兰银行发行权的扩大，其地位日益提高，许多商业银行便把现金储备的一部分存入英格兰银行，商业银行之间的债权、债务关系也通过英格兰银行来划拨冲销，而票据交换的最后清偿也通过英格兰银行进行。在后来几次经济危机的冲击下，英格兰银行岿然不动，从而取得了更多商业银行的信任。1854 年，英格兰银行取得清算银行的地位。1825年和 1837 年的两次经济危机中，英格兰银行曾经对普通银行提供贷款。1847 年、1857 年和 1866 年的周期性经济危机中，英国国会批准英格兰银行的货币发行暂时突破 1400 万英镑的限制，用它的银行券支持一般银行，充当了最后贷款人的角色。英格兰银行经过长期的摸索，终于形成了灵活的再贴现政策和公开市场操作等调节措施，从此奠定了近代中央银行理论和业务形成的基础。

(二) 中央银行的发展

1. 中央银行的推广

第一次世界大战使得货币制度面临巨大考验，战前各国大多采用金本位制，战时都停止了兑换黄金并禁止黄金出口；同时，为了适应战时财政需要，各国中央银行大肆发行货币，向财政大量借贷，引起了严重的通货膨胀。

第一次世界大战结束后，各国都深受通货膨胀的困扰，深感稳定币值的必要性。于是1920 年在比利时的首都布鲁塞尔举行了历史上第一次国际金融会议。会议强调通货膨胀的根源是财政赤字，稳定币值的关键是财政平衡，货币发行银行要摆脱各国政府政治上的控制。由于银行券已经代替贵金属成为流通货币，要完全恢复金本位制比较困难，因此，会议建议各国建立中央银行，由中央银行集中发行货币，这样有利于控制货币发行和稳定币值。

1922 年，国际经济会议在瑞士日内瓦召开，又重申和强调了布鲁塞尔会议的决议，建议尚未建立中央银行的国家要尽快建立中央银行，共同维持国际货币体系和经济的稳定。这一时期对中央银行制度建设最重要的贡献是进一步统一了货币发行。1921—1942 年，新成立的中央银行有 43 家：欧洲 16 家、美洲 15 家、亚洲 8 家、非洲 2 家、大洋洲 2 家。世界上的主要国家差不多都在这一时期建立了中央银行。

在此阶段，中央银行制度的推广具有以下三个特点：

(1) 大部分中央银行都不是由商业银行自然演进形成的，而是迫于通货膨胀的压力，依靠政府的力量创建的。

(2) 大部分中央银行在经历短暂的金本位制以后，对货币发行制度进行了改革，即恢复了虚金本位制(又称金汇兑本位制)，建立了比例准备金制度并且垄断了货币发行权，停止为政府财政直接提供贷款，并把稳定币值当作中央银行的首要任务。

(3) 由于 20 世纪 30 年代的经济大危机导致大量金融机构倒闭，给社会经济造成了巨大的震荡和破坏，人们认识到保持金融机构和金融体系稳定的必要性，进一步增强了存款准备金制度，使之成为中央银行管理金融的重要手段。

2. 现代中央银行的建立

第二次世界大战结束以后，各参战国都面临重建经济的任务。在凯恩斯宏观经济理论的指导下，中央银行成为国家干预和调节经济、稳定金融市场的必不可少的工具。

首先，在信用货币制度下，中央银行成为唯一的货币发行者，虽然其他金融机构也参与信用供应，但是信用供应量的大小最终取决于基础货币的多寡。

其次，中央银行的货币发行数量不再像金本位制那样依赖于持有的黄金数量，而是可以根据货币政策的需要灵活决定。

此时期对于中央银行的认知变化有：中央银行作为金融管理当局需要采取中性立场，以社会利益为目标；中央银行不应以营利为目标；信用货币发行产生的巨额利益应归于国家。

再次，中央银行调节经济的手段进一步成熟。中央银行彻底放弃了商业银行业务，专门行使中央银行职能。美联储在 1920 年偶然参与债券买卖，发现公开市场的债券买卖比再贴现政策对货币供应量的影响更大，对信用量的调节更有效果。受此启发，各国中央银行纷纷仿效美联储，以普通买卖者的身份积极参与公开市场交易。最后，存款准备金制度的功能由防止流动性危机转变为货币政策工具。存款准备金制度的初衷是集中清算和通过强制集中商业银行的存款准备金，来增强商业银行以及银行体系抵御流动性危机的能力。但是，在 1933 年美国建立了联邦存款保险公司(FDIC)和其他存款保险机构以后，商业银行以及其他存款货币银行发生流动性危机的可能性大大降低，存款准备金制度从原来防止流动性危机功能转变为中央银行调节货币供应量的政策工具。

三、中央银行制度的类型

目前世界各国基本上都实行了中央银行制度，但由于各国的体制和发展历史的不同，各个国家形成了不同类型的中央银行制度。

(一) 单一型中央银行制度

单一型中央银行制度是指国家建立单独的中央银行机构，使之全面纯粹地行使中央银行的职能。这种类型又分为一元式和二元式中央银行制度。

一元式中央银行制度是指仅有一家中央银行行使中央银行的权力和履行中央银行的全部职能。这种形式的中央银行的特点是权力集中统一、职能完善。根据需要在全国设立一定数量的分支机构，分支机构的多少依据各国中央银行的性质及其在本国经济中的地位而定。这种中央银行制度是最完整和标准的形式，目前世界上绝大多数国家的中央银行制度都采取这种形式。

二元式中央银行制度是指整个国家的中央和地方都设立中央银行并分别行使金融管理权，不同等级的中央银行共同组成统一的中央银行体系。中央级中央银行和地方级中央银行在货币政策方面是统一的，中央级中央银行是最高金融决策机构，地方级中央银行要接受中央级中央银行的监督和指导。但在货币政策的具体实施、金融监管和中央银行有关业务的具体操作方面，地方级中央银行在其辖区内具有一定的独立性，与中央级中央银行不是总、分行的关系，而是依法律规定分别行使其职能。一般来说，实施此种中央银行制度与实行联邦制的国家体制有关，美国是其典型代表。

(二) 复合式中央银行制度

复合式中央银行制度是指国家不单独设立专司中央银行职能的中央银行机构，而是由一家集中央银行职能与商业银行职能于一身的国家大银行兼顾中央银行的职能。这种中央银行制度往往与中央银行处于初级发展阶段和国家实行计划经济体制相对应。前苏联实行过这种制度，我国在 1984 年之前也实行这种制度。

（三）准中央银行制度

准中央银行制度是指某些国家不设通常意义上的完整的中央银行，而是设立类似中央银行的金融管理机构，执行部分中央银行职能，或者由政府授权某家或几家商业银行承担部分中央银行职能。采取这种制度的主要是地域较小且同时又有一家或几家银行在本国或本地区处于垄断地位的国家和地区。目前，新加坡、马尔代夫、斐济、沙特阿拉伯、塞舌尔和我国香港特别行政区等实行这种准中央银行制度。

【深度阅读】

香港的准中央银行制度

我国香港特别行政区采用准中央银行制度。港币发行由汇丰银行、渣打银行和中国银行发行。货币发行于 1983 年进一步实行与美元挂钩的货币局制。由于实行货币局制，货币政策调控经济的余地很小，因此也可以说放弃了货币政策。在金融监管方面，香港长期采取自由放任的方针，不设金融管理机构。1993 年，香港设立香港金融管理局，由该局行使非常有限的货币政策制定、金融监管和支付体系管理职能。票据清算由汇丰银行负责。香港特别行政区政府财政资金的进出根据《公共财政条例》由财政司司长书面授权民间银行办理。

（四）跨国中央银行制度

跨国中央银行制度是指若干国家联合组建一家中央银行，各成员国不专设自己的中央银行，由这家跨国中央银行在其成员国范围内行使全部或部分中央银行职能的中央银行制度。这种跨国中央银行为成员国发行共同的货币和制定统一的货币金融政策，监督各成员国的金融机构和金融市场，对成员国的政府进行融资、办理成员国共同商定并授权的金融事项等。

实行跨国中央银行制度的典型代表是西非货币联盟、中非货币联盟和东加勒比海货币管理局以及欧洲中央银行等。1999 年开始的欧洲中央银行是一家独立的超国家的金融机构，负责制定和执行欧元区的货币政策，掌管欧元的发行。

【深度阅读】

欧洲中央银行

欧洲中央银行于 1998 年 6 月 1 日在法兰克福成立，这是货币银行史上的一个重大的创举，也是在没有一个相应的联邦中央政府的基础上创建的新型中央银行。它没有一个与之对应的政府赋予它独断的货币发行垄断权，而是通过参与国政府以协议的形式让渡的。

欧洲中央银行的管理委员会是最高权力机构，负责制定货币政策和欧元体系的其他规则；执行理事会是最高行政机构，负责执行货币政策和其他管理委员会赋予的管理和监管任务。该两个委员会都由欧洲中央银行行长担任主席。欧洲中央银行行长具有非常大的货币政策独立决定权。欧洲中央银行的货币政策首要目标是维持价格稳定，只有在与这一目标不相违背的情况下，欧洲中央银行才能支持欧盟的经济政策。欧洲中央银行在运行过程中不受欧盟成员国政府其他政策目标的影响和扰乱。因此自欧洲中央银行成立以来，欧元区的通胀水平一直被控制在较低的水平。

> **【想一想】**
> 我国的中央银行制度属于哪一种？它有哪些分支机构？

任务二　中央银行的性质和职能

一、中央银行的性质

中央银行的性质是指中央银行自身的特有属性，这是由其在国民经济中的地位决定的，并随着中央银行制度的发展而不断变化。目前，中央银行是一种特殊的金融机构，它在一国的金融体系中居于核心地位，负责制定和执行货币金融政策，对金融业实施监督和管理，控制货币流通与信用活动，是具有银行特征的国家机关。中央银行的性质特征主要表现在中央银行与其他金融机构的区别以及与其他政府机关的区别上。

（一）中央银行是特殊的金融机构

中央银行首先是银行，也具有银行固有的办理"存、放、汇"业务的基本特征。但它不是一般的银行，而是一种特殊的金融机构，具有自身的特殊性。其主要表现如下：

(1) 业务对象特殊。中央银行的业务对象仅限于政府和金融机构，不是一般的工商客户和居民个人。这就决定了中央银行不经营一般商业银行和其他金融机构的业务，不与它们竞争业务，不会成为商业银行和其他金融机构的竞争对象。

(2) 经营目的特殊。中央银行是国家政府机关，所需要的各项经费均由国家财政拨付。同时，其所从事的各项金融业务活动，均是从国民经济的宏观需要出发、从保持货币币值稳定的需要出发而开展的，不是为了追逐利润。因此，中央银行的业务活动不以营利为目的。

(3) 中央银行拥有一系列特有的业务权力。中央银行具有国家授予的一系列业务经营活动的特权，如垄断货币发行、管理货币流通、集中存款准备金、维护支付清算系统的正常运行、代理国库、管理国家黄金、外汇储备等。这是一般金融机构所不具有的。就目前而言，中央银行主要管理国内金融活动，在国际间主要是加强双边或多边合作，不在国外设立分支机构。

（二）中央银行是特殊的国家机关

中央银行通常被称为"货币当局"或"金融当局"，是全国金融业的最高管理机构，也是政府在金融领域的代理人。中央银行负责制定和执行货币金融政策，监管全国金融机构和金融市场，是保障金融稳健运行、调控宏观经济的国家行政机构。中央银行是特殊的国家机关，也是具有银行特征的国家机关，不同于一般的国家行政管理机构。其特殊性体现如下：

（1）中央银行通过特定金融业务履行职责。中央银行对金融和经济的管理调控基本上采用经济手段，这与主要靠行政手段进行管理的国家机关有明显的不同。中央银行是社会信用机构的枢纽。它自身是一个信用机构，由此获得了创造供给货币的特殊权利，同时它又是信用活动、货币供给的"源头"。商业银行和其他金融机构只有在取得中央银行授予的信用后，才有条件授予客户的信用。在货币供给中，中央银行保证供给的货币在质上统一标准，在量上调节控制，由此中央银行不是凭借政治权力而是依靠业务经营活动，主要运用经济手段执行宏观管理职能。这是其他政府机关在实施宏观管理方面所不具有的特殊性。

（2）中央银行分层次独立地调控宏观经济。中央银行通过货币政策工具来调节金融机构的行为和金融市场的运作，然后再通过金融机构和金融市场影响到各经济部门，市场回旋空间较大，作用较平缓。中央银行业务有较强的技术性和专业性，供给货币有一个特殊的传导过程，这也是其他政府机关业务活动所不能比拟的。按照各国中央银行法的有关规定，中央银行可以根据一个国家的客观经济发展状况与需要独立地制定和执行货币政策，政府不得干预。

二、中央银行的职能

中央银行的职能是由它的性质和业务活动的特征来决定的，是中央银行本身所具有的功能。正因为中央银行是一个特殊的金融机构，是国家调节宏观经济的工具，是管理金融的国家机关，所以，中央银行具有"发行的银行""银行的银行""政府的银行"的职能，这是对中央银行基本职能的典型概括。

（一）中央银行是"发行的银行"

在现代金融体系中，中央银行首先是发行的银行，它的基本职能是垄断货币发行权，是全国唯一的货币发行机构。世界各国建立中央银行以后，货币的发行权都集中于中央银行，发行货币就成为中央银行的特权。

在金本位货币制度下，货币的发行权主要是指银行券的发行权。要保证银行券的信誉和货币金融的稳定，银行券必须能够随时兑换为金币，因此中央银行必须以黄金储备作为支撑银行券发行与流通的信用基础，黄金储备数量成为银行券发行数量的制约因素。银行券的发行量与黄金储备量之间的规定比例成为银行券发行保证制度的最主要内容。在信用货币制度下，中央银行成为垄断货币发行的机构，中央银行按照经济发展的客观需要和货币流通及管理的要求发行货币。中央银行垄断货币发行是中央银行发挥其职能作用的基础。独占货币发行权是中央银行实施金融宏观调控的必要条件。

（二）中央银行是"银行的银行"

中央银行把商业银行等金融机构作为自己的客户，为其办理"存、放、汇"等货币信用业务，发挥"银行的银行"的作用。中央银行在为金融机构提供服务的同时，对商业银行和其他金融机构的活动施加影响，以达到调控宏观经济的目的。其主要表现在以下几个方面：

(1) 集中存款准备金。各家商业银行及其他金融机构吸收的存款，不能全部贷放出去，要留一部分作为存款准备金，以备客户随时支取。各国按法律规定，商业银行和其他金融机构都要按法定存款准备金比率向中央银行交纳存款准备金。缴存准备金有助于保障存款人的资金安全以及银行等金融机构本身的安全；有利于中央银行调节货币信用，控制货币供应量；此外，还为商业银行之间进行非现金清算创造了条件。集中统一保管商业银行存款准备金制度，是现代中央银行制度的一项极其重要的内容。

(2) 充当最后贷款人。当商业银行资金周转不灵时，可以向中央银行融通资金，中央银行成为全国银行业的最后贷款人。中央银行主要通过两种途径为商业银行充当最后贷款人：一是票据再贴现，即商业银行将企业向自己贴现的未到期票据(如国库券、短期商业票据等)再向中央银行贴现以获取资金；二是票据再抵押，即商业银行将持有的票据抵押给中央银行以获取贷款。在历史上英格兰银行最早开始再贴现贷款，最初只对商业票据进行再贴现。第一次世界大战以后，各国政府债务增加，政府发行的债券也逐渐成为再贴现的对象。随着商业银行资产构成的多样化和有价证券市场的快速发展，商业银行把高质量的有价证券和票据作为抵押向中央银行申请贷款也成为中央银行履行最后贷款人职能的重要形式。

中央银行履行最后贷款人职能的主要目的：首先，当个别金融机构发生资金周转困难时，提供贷款，防止挤兑以及信用危机。其次，增加金融机构短期头寸的调剂渠道。随着金融市场的发展、利率的多变和负债业务的可变，金融机构经营环境的不确定性增加，虽然同业拆借市场等货币市场的发展为商业银行等金融机构调剂短期头寸提供了方便，但并不总是能满足金融机构的需要，会造成拆借市场利率飙升，由此可能进一步引起金融市场跌宕起伏，并不利于金融的稳定。因此，中央银行也需要向金融机构提供调剂短期头寸的渠道。最后，调节银行信用和货币供应。这一目的实际上已经脱离最后贷款人的本意，并没有救助银行的含义，纯粹是为了通过中央银行贷款向社会提供基础货币，再通过商业银行的存款货币创造调节货币供应。

(3) 组织全国性的清算。各家金融机构都在中央银行设立存款账户，它们之间票据交换的差额清算，可通过这一账户在全国范围内办理划拨清算，从而加快资金流转速度，节约了货币流通成本。

(三) 中央银行是"政府的银行"

中央银行是政府的银行，是指中央银行与政府关系密切，根据国家法律授权，制定和实施货币金融政策，在法律许可的范围内向政府提供服务，是政府管理国家金融的专门机构。其具体体现在以下几个方面：

(1) 代理国库。国家财政收支一般不另设机构经办具体业务，而是交由中央银行代理，通过政府在中央银行开立的各种账户进行。

按国家预算要求代收国库库款。所有的预算收入都通过中央银行集中收缴并存入中央银行的账户，使中央银行成为掌管国库资金的中心，并按财政支付命令拨付财政支出。中央银行根据财政部门签发的支票为其办理付款或转账，成为国库的出纳，并向财政部门反映预算收支的执行情况。

（2）代理政府债券发行。中央银行利用其掌握的业务手段，代理政府债券的发行，包括预测发行规模、规定价格幅度、制定竞投标规则等。

（3）为政府融通资金。中央银行具有为政府融通资金以解决政府临时资金需要的义务。中央银行对政府融资的方式主要有两种：一是为弥补财政收支暂时不平衡或财政长期赤字，直接向政府提供贷款；二是中央银行直接在一级市场上购买政府债券。

（4）为国家持有和经营管理国际储备。中央银行持有和经营管理国际储备，通过增加或减少储备资产，使货币发行与国际收支相适应，保证国际收支平衡、物价和汇率稳定。同时，合理运用储备资产，如回笼货币、干预汇市等，达到内外均衡。

（5）代表政府参加国际金融活动。中央银行凭借其业务性和专业性，往往作为政府代表参加国际金融组织和金融会议，与外国中央银行就金融贸易进行谈判和协调，以及管理政府之间的金融往来和债权、债务关系。

（6）金融监管。对金融业的监管不仅需要很高的技术和很好的操作手段，还需要在业务上与银行有着密切的联系，以便制定的各项政策和规定能够通过业务活动得到贯彻实施。因此，只能由中央银行来承担监管职能，制定和执行有关金融的法规及银行业务的基本规则，监督和管理金融机构的业务活动。

> 【想一想】
> 登录中国人民银行官网，查阅中国人民银行的职能有哪些？

【深度阅读】

各国中央银行独立性介绍

美国的中央银行为美国联邦储备系统，简称美联储。美国联邦储备系统受《联邦储备银行法》的制约，由国会授权进行独立行动，直接向国会报告工作，对国会负责，而不受政府的直接控制。由于美国联邦储备系统不是一个纯粹的政府行政机构，也不受政府的直接管辖，因而其在自己的业务范围内享有较大的自主权。美国联邦储备委员会是美国央行的最高决策机构，由 7 人组成，对有关货币上的政策作出决定，直接向国会负责，无需总统的批准。未经国会批准，总统无权对美联储发布任何命令。因此，发挥中央银行作用的美国联邦储备系统，其独立性较强。

欧洲中央银行根据 1991 年《马斯特里赫特条约》的规定于 1998 年 7 月 1 日正式成立。作为决策机构的欧洲中央银行和作为执行机构的欧元区各国中央银行组成两个层次的欧洲中央银行体系。欧洲中央银行体系在组织结构上类似于美国联邦储备系统，欧盟成员国中央银行类似美联储中的 12 家联邦储备银行。两者都属二元式的中央银行体制，地方级机构和中央机构两级分别行使权力，两级中央银行具有相对的独立性。欧洲央行独立于欧盟机构和各国政府。由以上分析来看，欧美中央银行与政府相对独立，且独立性较强，在相当程度上具有自行制定和执行货币政策的权力。

我国的央行属于相对独立型，央行和财政部是共同直属于国务院的部门单位，央行行长根据总理的提名，由全国人民代表大会决定，副行长由国务院总理任免，总体上隶属于国务院。《中华人民共和国中国人民银行法》第五条规定：中国人民银行就年度货币供应量、利率、汇率和国务院规定的其他重要事项作出的决定，报国务院批准后执行。中国人民银行就前款规定以外的其他有关货币政策事项作出决定后，即予执行，并报国务院备案。

任务三　中央银行的主要业务

中央银行作为一个特殊的金融机构，金融业务活动的原则和范围也有其特殊性。根据中央银行资产负债表所反映的资金运动关系，中央银行的业务也可大致分为负债业务、资产业务和中间业务。

一、中央银行业务活动原则

中央银行的业务活动具有特殊的原则。具体来说，中央银行业务活动原则包括非营利性、流动性和安全性、独立性、公开性等。

(1) 非营利性。中央银行的一切业务活动不以营利为目的，而是以稳定宏观经济、金融及币值为己任。

(2) 流动性和安全性。中央银行必须注意保持资产的流动性和安全性。中央银行对金融的调节主要是通过货币政策工具来实现的，中央银行使用货币政策工具都是通过中央银行资产的变动引起社会供应量的变动，从而达到期望的政策效果。如果中央银行资产的变现能力差，就不能使货币政策工具顺利发挥作用或达不到预期的政策效果。

(3) 独立性。中央银行从事业务活动时需要保持一定的独立性、不受行政部门和其他部门的干预。中央银行只有处于超然的地位，才能使货币政策不受政府财政收支状况的干扰，才能避免通货膨胀，最大限度地维护经济稳定。

(4) 公开性。中央银行应定期向社会公布货币当局的业务和财务状况，公开发布有关金融统计资料、货币政策报告等。中央银行业务活动的公开性有利于保持中央银行的信誉和权威，并可以通过增强业务活动的透明度，促进各方对中央银行政策意图的了解，从而增强货币政策的告示效应。

二、中央银行的资产负债表

中央银行的资产负债表是其资产负债业务的综合会计记录。中央银行资产负债业务的种类、规模和结构都综合地反映在一定时期的资产负债表上。现代各国中央银行的任务和职责基本相同，其业务活动大同小异，资产负债表的内容也基本相近。我国中央银行从1994年起，根据国际货币基金组织规定的统一格式编制资产负债表并定期向社会公布。

表 5-3-1 是根据目前国际货币基金组织编制的《货币与金融统计手册》中货币当局资产负债表的最主要项目简化的货币当局资产负债表。

表 5-3-1　简化的货币当局资产负债表

资　产	负　债
国外资产	储备货币、定期储备和外币存款
对中央政府的债权	发行债券
对各级地方政府的债权	进口抵押和限制存款
对存款货币银行的债权	对外负债
对非货币金融机构的债权	中央政府存款
对非金融政府企业的债权	对等基金
对特定机构的债权	政府贷款基金
对私人部门的债权	资本项目、其他项目

表 5-3-2 是中国人民银行 2019 年 12 月资产负债表。

表 5-3-2 中国人民银行 2019 年 12 月资产负债表

单位：亿元人民币(Unit：100 million yuan)

项　目 (Item)	金额
国外资产 (Foreign Assets)	218 638.73
外汇 (Foreign Exchange)	212 317.26
货币黄金 (Monetary Gold)	2855.63
其他国外资产 (Other Foreign Assets)	3465.84
对政府债权 (Claims on Government)	15 250.24
其中：中央政府 (Of which: Central Government)	15 250.24
对其他存款性公司债权(Claims on Other Depository Corporations)	117 748.86
对其他金融性公司债权(Claims on Other Financial Corporations)	4623.39
对非金融性部门债权(Claims on Non-Financial Sector)	
其他资产(Other Assets)	14 869.26
总资产(Total Assets)	371 130.48
储备货币(Reserve Money)	324 174.95
货币发行(Currency Issue)	82 859.05
金融性公司存款(Deposits of Financial Corporations)	226 023.86
其他存款性公司存款(Deposits of Other Depository Corporations)	226 023.86
其他金融性公司存款(Deposits of Other Financial Corporations)	
非金融性机构存款(Deposits of Non-Financial Sector)	15 292.04
不计入储备货币的金融性公司存款(Deposits of financial corporations excluded from Reserve M)	4574.40
发行债券(Bond Issue)	1020.00

项　　目 (Item)	金额
国外资产 (Foreign Assets)	218 638.73
国外负债(Foreign Liabilities)	841.77
政府存款(Deposits of Government)	32 415.13
自有资金(Own Capital)	219.75
其他负债(Other Liabilities)	7884.48
总负债(Total Liabilities)	371 130.48

三、中央银行的负债业务

中央银行的负债是指社会各集团、各部门对中央银行的债权。中央银行的负债业务主要包括货币发行业务、存款业务等。

（一）货币发行业务

发行货币既是中央银行的基本职能，也是中央银行主要的资金来源。一般而言，中央银行发行的货币主要是通过再贴现、贷款、购买证券、收购金银外汇等投入市场，从而形成流通中的货币。这些现金货币投入市场后，都是中央银行对社会公众的负债，货币发行成为中央银行一项重要的负债业务。

中央银行虽然垄断了货币发行权，但货币发行也必须符合国民经济发展的客观需要。为此，各国都采用了相应的方法对货币的发行加以控制，例如比例发行准备制度、最高发行额限制制度、外汇准备制度、有价证券保证制度等。我国人民币的发行并无发行保证的规定，其事实上的保证是国家信用和中央银行的信用。

（二）存款业务

存款业务是中央银行的主要负债业务之一，商业银行是负债决定资产，中央银行则是资产决定负债。这是由于中央银行垄断了货币发行权，永远不存在资金短缺的问题。所以，中央银行存款业务的目的不是为了解决营运资金的来源，而是为了利于调控信贷规模与货币供应量，利于维护金融业的安全和稳定，以及利于国内的资金清算。

中央银行的存款主要来自两个方面：一是政府和公共部门，二是金融机构。

1. 政府和公共部门存款

政府和公共部门在中央银行的存款包括财政金库存款以及政府和公共部门经费存款。由于中央银行代理国家金库和财政收支，所以国库的资金以及财政资金在收支过程中形成的存款属于中央银行的存款。

2. 金融机构存款

金融机构在中央银行的存款包括法定存款准备金和超额存款准备金。

法定存款准备金是由法定存款准备金率及商业银行存款总额来决定的，这部分准备金必须存在中央银行的准备金账户上。最初，中央银行集中存款准备金只是为了保证银行业的清偿力。后来，中央银行开始利用法定存款准备金率的调整来调节商业银行的放款能力。

超额存款准备金是商业银行存在中央银行准备金账户上的、超过法定存款准备金的那部分存款，这部分数额是由商业银行自愿存在中央银行账户的，主要是为了满足资金清算或同业资金往来的需要。

（三）资本业务

中央银行资本业务是中央银行筹集、维持和补充自有资本的业务。资本业务是中央银行各项业务运行的一个保障，世界上绝大多数中央银行的资本金主要由中央政府出资，也有一些中央银行还拥有地方政府、国有机构和私人银行等其他出资者。

（四）其他负债业务

除货币发行和吸收存款业务外，中央银行还有一些其他的业务构成资金来源，包括发行债券和对外负债等。发行债券是中央银行的一项主动负债，主要是为了调节金融机构多余的流动性而向金融机构发行的债务凭证。中央银行的对外负债主要包括从国外银行借款、对外国中央银行的负债、国际金融机构的贷款、在国外发行的央行债券等，其目的在于平衡国际收支、维持本币汇率的既定水平、应付货币危机或金融危机等。

四、中央银行的资产业务

中央银行的资产业务是指其在一定时点上拥有的债权，主要包括贷款业务、再贴现业务、证券买卖业务以及黄金、外汇等储备资产业务等。中央银行的资产业务是基础货币投放的重要渠道，是中央银行实施职能的具体表现。其中，贷款和再贴现业务是中央银行最古老的资产业务，而证券买卖业务是中央银行的基本资产业务。

（一）贷款业务

贷款业务是中央银行的最主要资产业务之一，是中央银行运用资金的重要方式之一。中央银行的贷款业务主要有对商业银行等金融机构的贷款、对政府的贷款和对非金融部门及国外的贷款等。

对商业银行的贷款也称为再贷款，是中央银行为了解决商业银行在信贷业务中发生的临时性资金周转困难而发放的贷款，是中央银行作为"银行的银行"职责的具体表现。通常，为了宏观金融控制与管理的需要，各国都对商业银行的贷款作了具体的规定，如规定商业银行向中央银行的最高借款限额等。我国《中华人民共和国中国人民银行法》规定，中国人民银行可以对商业银行提供贷款，贷款的期限不得超过一年。

中央银行对政府的贷款是政府弥补资金亏空的应急措施之一，但如果对这种贷款不加限制，则会从总量上削弱中央银行宏观金融控制的有效性。因此，各国中央银行法对此都有明确的规定。在美国，财政筹款只能通过公开市场进行，即用发行公债的办法解决。如果财政筹款确实遇到困难，也只能向联邦储备银行作短期借款，并且要以财政部发行的特别国库券作为担保。在我国，中国人民银行不得对政府财政透支，不得直接认购、包销国债和其他政府债券，不得向地方政府和各级政府部门提供贷款。

（二）再贴现业务

再贴现业务是中央银行买进商业银行所持有的未到期的票据，从而向商业银行提供资金融通的行为。中央银行对商业银行再贴现的数量限制类似于它对商业银行提供的一般贷款，通常要在贴现窗口给予必要的约束。再贴现是中央银行向商业银行提供资金融通的一种方式。再贴现作为西方中央银行传统的三大货币政策工具(即存款准备金政策、再贴现政策和公开市场业务)之一，被不少国家广泛运用。特别是第二次世界大战之后，再贴现在日本、德国、韩国等国的经济重建中被成功运用。

（三）证券买卖业务

证券买卖业务是中央银行的主要资产业务。为了使有价证券买卖得以顺利进行，中央银行通常较多地持有政府证券(主要是国库券)，必要时也可持有少量的其他证券。中央银行证券买卖业务是指中央银行作为市场参与者的一员，在公开市场进行证券的买卖。中央银行用自己发行的货币买入证券实际上是通过市场向社会投放货币；反之，卖出证券等于将流通中的货币收回。目前，中国人民银行证券业务数量占资产的比例还很小，但已出现逐年增长的趋势。

（四）黄金、外汇等储备资产业务

中央银行所持有的黄金、外汇及特别提款权等是国际上进行清算的最后支付手段，各国都把它们作为储备资产，由中央银行经营管理，是中央银行的一项重要资产。中央银行买卖储备资产的目的在于维护国际收支的清偿力，促进国际收支平衡，稳定汇价及国内货币流通。中央银行买卖储备资产时应注意，根据本国的国际收支和经济政策保持合理的黄金、外汇储备的数量，从而合理确定黄金、外汇储备的构成。

除上述四项主要资产业务外，中央银行还有其他一些资产业务，如在国际金融机构的资产、固定资产、应收未收款项、特种贷款等。

五、中央银行的清算业务

中央银行的清算业务是指中央银行集中票据交换及办理全国资金清算的业务活动。中央银行的清算业务实现了银行之间债权、债务的非现金结算，免除了现款支付的麻烦，方便了异地间的资金转移。中央银行的清算业务包括集中办理票据交换、集中清算票据交换差额和办理异地资金转移。

（一）集中办理票据交换

票据交换是指同一城市中各银行间收付的票据所进行的当日交换，通常在票据交换所进行。票据交换所是同城各银行之间清算其各自应收、应付款项的集中场所。各银行持有本行应收、应付票据在每日规定的时间内，在交换所将当日收进的其他银行的票据与其他银行收进的该行的票据进行交换，形成的差额最终通过中央银行来轧差转账。票据交换所工作原理如表 5-3-3 所示。

表 5-3-3　票据交换所工作原理

应收行	应付行					
	A	B	C	D	应收合计	应付差额
A	0	20	10	40	70	—
B	30	0	50	20	100	20
C	20	80	0	10	110	—
D	10	20	40	0	70	—
应付合计	60	120	100	70	350	—
应收差额	10	—	10	—	20	

从表 5-3-3 可以看出，假设同一城市有一个由 A、B、C、D 共 4 家银行组成的票据交换系统。其中，A 银行应向 B、C、D 银行分别收款 20、10、40 个单位，共计 70 个单位的款项；同时 A 银行应向 B、C、D 银行分别付款 30、20、10 个单位，共计 60 个单位的款项。两者轧差，A 银行最后的应收款项只有 10 个单位。同理，B 银行应收合计 100 个单位的款项，应付合计 120 个单位的款项，两者进行轧差后，B 银行应付 20 个单位的款项。C 银行应收 10 个单位的款项，D 银行应收、应付平衡。所以，只要把 A 和 C 银行应收 20 个单位的款项和 B 银行应付 20 个单位的款项结清后，应收和应付各 350 个单位的款项就可全部结清。因此，票据交换既节约了人力、物力，又节约了资金。

（二）集中清算票据交换差额

各清算银行通常都在中央银行开立往来存款户，此账户独立于法定存款准备金账户，票据交换后的差额由该账户的资金来结清。票据交换所将应收行和应付行的明细表提交给中央银行后，会计人员便开始进行账务处理。当某家银行为应收行时，则增加其往来账户的资金；反之，则减少其往来账户的资金。该账户上的金额被视为商业银行的超额存款准备金。当应付账户上的资金不足时，中央银行便作退票处理，并按有关规章予以处罚。

（三）办理异地资金转移

同城或以该城为中心的一个地区的债权、债务可通过票据交换进行清算。但各城市、各地区之间的资金往来就需要中央银行建立全国的清算网络，统一办理异地资金转移。中央银行通过在全国范围内办理资金清算、转移，在为各地、各银行提供服务的同时，也对全国的经济、金融情况和商业银行的情况加强了解，有利于更好地实施监督管理。

习题与实训

一、单项选择题

1. 我国目前实行的中央银行体制属于(　　)。

A. 单一中央银行制　　　　　　　　B. 复合中央银行制

C. 跨国中央银行制 D. 准中央银行制

2. 世界上最早的中央银行是( )。

A. 美联储 B. 瑞典银行

C. 英格兰银行 D. 威尼斯银行

3. 下列业务中属于中央银行资产业务的是( )。

A. 发行央行债券 B. 发行货币

C. 证券买卖 D. 吸收存款

4. 中央银行最重要的负债业务是( )。

A. 资本业务 B. 政府存款

C. 金融机构存款 D. 货币发行

5. 中央银行若提高再贴现率，将( )。

A. 迫使商业银行降低贷款利率 B. 迫使商业银行提高贷款利率

C. 使企业得到成本更低的贷款 D. 增加贷款发放

6. 属于中央银行减少货币供给量行为的是( )。

A. 提高贴现率 B. 降低法定存款准备金率

C. 买入国债 D. 降低银行在央行的存款利率

二、多项选择题

1. 中央银行的职能有( )。

A. 发行的银行 B. 投资银行

C. 国家的银行 D. 银行的银行

2. 中央银行要实现的特定的社会经济目标有( )。

A. 防止通货膨胀 B. 防止金融危机

C. 促进经济发展 D. 保障充分就业

3. 中央银行的三大政策工具是( )。

A. 信用配额 B. 再贴现

C. 公开市场业务 D. 法定准备金率

4. 世界上大多数国家的中央银行制度属于( )。

A. 复合式中央银行制度 B. 单一型中央银行制度

C. 准中央银行制度 D. 跨国中央银行制度

5. 中央银行的活动特点是( )。

A. 不以盈利为目的 B. 不经营普通银行业务

C. 制定货币政策 D. 享有国家赋予的特权

6. 中央银行作为"银行的银行"体现在( )。

A. 集中存款准备金 B. 代理国库

C. 最终贷款人 D. 组织全国的清算

三、简答题

1. 简述中央银行产生的客观经济背景。

2. 简述中央银行的职能和性质。

3. 简述中央银行负债业务。

4. 简述中央银行资产业务和负债业务的联系。

四、实训题

实训名称：了解中国人民银行独立性与职能的发挥。

实训目标：通过对我国中央银行在经济生活中的地位变化的分析，归纳出我国中央银行独立性的特点、内容和意义。

实训任务：

1. 查阅目前《中国人民银行法》，以此分析中国人民银行目前在我国的地位。

2. 查阅近五年来的相关资料，以此分析中国人民银行独立性的变化趋势。

3. 试对我国中央银行目前的独立性的现状进行评论。

4. 查阅相关书籍及网站，根据以上内容，完成一篇 1000 字的分析报告。

实训开展形式：

1. 班级事先分组，并准备相关的资料。

2. 以小组形式查阅《中国人民银行法》、《中国金融年鉴》，获取中央银行的相关数据，了解中国人民银行独立性的变化。

项目六　非银行类金融机构

【知识目标】

    (1) 掌握非银行类金融机构的类型。

    (2) 掌握非银行类金融机构的功能。

    (3) 掌握非银行类金融机构的业务类型。

【能力目标】

    (1) 能够判断非银行类金融机构的类型。

    (2) 能够了解我国非银行类金融机构的构成。

    (3) 能够说明非银行类金融机构的主要业务。

    (4) 能够了解各类非银行类金融机构的发展趋势。

【案例导入】

证券公司年度经营数据

    中国证券业协会对证券公司 2019 年度经营数据进行了统计,统计结果表明:133 家证券公司 2019 年度实现营业收入 3 604.83 亿元,各主营业务收入分别为代理买卖证券业务净收入(含席位租赁)787.63 亿元、证券承销与保荐业务净收入 377.44 亿元、财务顾问业务净收入 105.21 亿元、投资咨询业务净收入 37.84 亿元、资产管理业务净收入 275.16 亿元、证券投资收益(含公允价值变动)1 221.60 亿元、利息净收入 463.66 亿元;2019 年度实现净利润 1 230.95 亿元,120 家公司实现盈利。据统计,截至 2019 年 12 月 31 日,133 家证券公司总资产为 7.26 万亿元,净资产为 2.02 万亿元,净资本为 1.62 万亿元,客户交易结算资金余额(含信用交易资金)为 1.30 万亿元,受托管理资金本金总额为 12.29 万亿元。

    【思考】

    1. 证券公司的主要业务是什么?证券公司和银行有什么区别?

    2. 非银行类金融机构有哪些?

    3. 非银行类金融机构的作用是什么?

任务一　证 券 公 司

一、证券公司的概念

    我国的证券公司是指依照《公司法》和《证券法》规定设立的经营证券业务的有限责

任公司或者股份有限责任公司。世界各国对证券公司的划分和称谓不尽相同,美国的通俗称谓是投资银行,英国则称为商人银行;德国实行商业银行业与证券行业混业经营,即商业银行可以设立公司从事证券业务经营;日本与我国相同,将专门经营证券业务的金融机构称为证券公司。

证券公司是证券市场重要的中介机构,在证券市场的运作中发挥着重要作用。一方面,证券公司是证券市场投资、融资服务的提供者,为证券发行人和投资者提供专业化的中介服务,如证券发行、上市保荐、承销、代理证券买卖等;另一方面,证券公司也是证券市场重要的机构投资者。此外,证券公司还通过资产管理等方式,为投资者提供证券及其他金融产品的投资管理服务等。我国主要证券公司的标识如图 6-1-1 所示。

图 6-1-1　我国主要证券公司的标识

二、证券公司的设立

我国设立证券公司,必须经国务院证券监督管理机构审查批准。未经国务院证券监督管理机构批准,任何单位和个人不得经营证券业务。

（一）设立条件

根据《证券法》的要求,设立证券公司应当具备下列条件:
(1) 有符合法律、行政法规规定的公司章程。
(2) 主要股东具有持续盈利能力,信誉良好,最近三年无重大违法、违规记录,净资产不低于人民币两亿元。
(3) 有符合本法规定的注册资本。
(4) 董事、监事、高级管理人员具备任职资格,从业人员具有证券从业资格。
(5) 有完善的风险管理与内部控制制度。
(6) 有合格的经营场所和业务设施。
(7) 法律、行政法规规定的和经国务院批准的国务院证券监督管理机构规定的其他条件。

（二）注册资本要求

《证券法》将证券公司的注册资本最低限额与证券公司从事的业务种类直接挂钩，具体规定如下：

(1) 经营证券经纪、证券投资咨询、与证券交易及证券投资活动有关的财务顾问三项业务的证券公司，注册资本最低限额为人民币 5000 万元。

(2) 经营证券承销与保荐、证券融资融券、证券自营、证券做市交易、其他证券业务中一项业务的证券公司，注册资本最低限额为人民币 1 亿元。

(3) 经营证券承销与保荐、证券融资融券、证券自营、证券做市交易、其他证券业务中两项以上的证券公司，注册资本最低限额为人民币 5 亿元。

证券公司从事证券融资融券业务，应当采取措施，严格防范和控制风险，不得违反规定向客户出借资金或者证券。证券公司的注册资本应当是实缴资本。

三、证券公司的主要业务

1. 证券经纪业务

证券经纪业务又称为代理买卖证券业务，是指证券公司接受客户委托代客户买卖有价证券的业务。在证券经纪业务中，证券公司只收取一定比例的佣金作为业务收入。我国公开发行并上市的股票、公司债及权证等证券，在交易所以公开的集中交易方式进行。因此，我国证券公司从事的经纪业务以通过证券交易所代理买卖证券业务为主。

在证券经纪业务中，经纪委托关系的建立表现为开户和委托两个环节。按照相关法规的规定，投资者应当首先在中央登记结算公司或者其代理点开立证券账户；其次，投资者与证券公司签署《风险揭示书》、《客户须知》，签订《证券交易委托代理协议》，开立客户交易结算资金第三方存管协议中的资金台账(客户的证券资金账号)等。

2. 证券投资咨询业务

证券投资咨询业务是指证券公司提供的与证券投资有关的咨询与信息服务，证券公司的咨询业务对象包括公众、本公司个人客户、本公司机构客户等。就针对公众和本公司个人客户的证券投资咨询业务而言，主要内容是对证券市场或单个证券走势的分析与预测、对投资证券的可行性进行评判、提供证券决策(操作)建议、传授投资技巧、倡导理性投资等。

中国证监会颁布的《证券公司监督管理条例》规定：证券公司向客户提供投资建议，不得对证券价格的涨跌或者市场走势作出确定性的判断；证券公司及其从业人员不得利用向客户提供投资建议而谋取不正当利益。

3. 财务顾问业务

财务顾问业务是指与证券交易、证券投资咨询活动相关的咨询、建议、策划等业务，主要包括：为企业申请发行证券和上市提供相关咨询业务；为上市公司重大投资、收购兼并等提供咨询业务；为法人、自然人及其他组织收购上市公司及相关的资产重组、债务重组等提供咨询业务；为上市公司完善法人治理结构、设计管理层股票期权计划、职工持股计划、再融资、资产与债务重组等提供咨询服务。

4. 证券承销业务

证券承销业务是指证券公司根据与证券发行人签订的承销协议，代理证券发行人发行证券的行为。证券公司通过证券承销活动取得手续费或佣金收入，这是证券公司最基础的业务活动。

证券承销业务可以采取代销或者包销方式。证券代销是指证券发行公司代发行人发售证券，在承销期结束时将未售出的证券全部退还给发行人的承销方式。证券包销是指证券公司将发行人的证券按照协议全部购入或者在承销结束时将售后剩余证券全部自行购入的承销方式，前者为全额包销，后者为余额包销。

证券公司在承销证券时，应当对招股说明书、公司债券募集办法等的真实性、准确性、完整性进行检查，发现有虚假、误导性陈述或重大遗漏的必须立即停止承销活动，及时采取纠正措施。

5. 融资融券业务

融资融券业务是指证券公司向客户出借资金供其买入证券或者出借证券供其卖出的行为。融资融券交易分为融资交易和融券交易两类，客户向证券公司借资金买证券为融资交易，客户向证券公司借证券卖出为融券交易。

根据《证券公司融资融券业务管理办法》的规定，证券公司申请融资融券业务资格，应当具备下列条件：具有证券经纪业务资格；公司治理健全，内部控制有效，能有效识别、控制和防范业务经营风险和内部管理风险；公司最近两年内不存在因涉嫌违法、违规正被中国证监会立案调查或者正处于整改期间的情形；财务状况良好，最近两年各项风险控制指标持续符合规定等。

6. 证券自营业务

证券自营业务是指证券公司以自己的名义，以自有资金或者依法筹集的资金，为本公司买卖证监会认可的证券以获取盈利的行为。证券自营活动有利于活跃证券市场，维护交易的连续性。但是，由于证券公司在交易成本、资金实力、获取信息以及交易的便利条件等方面都比投资大众占有优势，因此在自营活动中要防范操纵市场和内幕交易等不正当行为；加之证券交易的高收益性和高风险性特征，许多国家都对证券经营机构的自营业务制定了法律、法规，进行严格管理。

四、我国的证券公司

1987年，我国第一家专业性证券公司——深圳特区证券公司成立，以后各省市陆续成立了许多证券公司。这些证券公司初设时或是由某一家金融机构全资设立的独资公司，或是由若干金融机构、非金融机构以入股形式组建的股份制公司。随着经济体制、金融体制改革的深化和全国性统一证券市场的确立，1998年年底，我国《证券法》出台。依据《证券法》的规定，国务院证券监督管理机构依法对全国证券市场实行集中统一的监督管理。同时，证券公司实行分类管理，即分为经纪类和综合类证券公司。2006年1月1日修订的《证券法》实施，进一步完善了证券公司设立制度，对股东特别是大股东的资格作出了规定；建立了以净资产为核心的监管指标体系；确立了证券公司高级管理人员任职资格管理制度；增加了对证券公司及其股东、董事、高级管理人员的监管措施，明确了法律责任；对证券实行按业务分类监管，不再将证券公司分为经纪类和综合类。

2020年3月1日，修订的《证券法》正式实施，开始全面推行证券发行注册制度。同时，新《证券法》对证券公司和投资者分别作出了规范要求：对于证券公司而言，要做到了解客户、揭示风险，并且明确卖者有责；对于投资者而言，应当配合证券公司，按照证券公司的要求提供个人真实信息。此外，新《证券法》还对普通投资者和专业投资者作出了区分，目的是为风险承受能力相对较低、投资专业知识和专业能力相对不足的普通投资者提供更加充分的保护。同时，设置了"举证责任倒置"机制，当普通投资者与证券公司发生纠纷后，证券公司应当证明其行为符合法律、行政法规以及国务院证券监督管理机构的规定，不存在误导、欺诈等情形。如果证券公司不能证明的，则应当承担相应的赔偿责任。

【深度阅读】

证券公司2019年度排名

中国证券业协会根据各证券公司经审计的数据，对证券公司资产规模、各项业务收入等38项指标进行了统计排名，发布了2019年证券公司经营业绩指标排名情况。证券公司2019年度排名如表6-1-1～表6-1-4所示。

表6-1-1 证券公司2019年度总资产排名   单位：万元

序 号	证券公司	总 资 产
1	中信证券	62 151.508
2	国泰君安	43 275.116
3	华泰证券	43 253.552
4	招商证券	35 009.303
5	广发证券	34 968.972
6	海通证券	34 696.908
7	申万宏源	32 225.772
8	银河证券	27 791.654
9	中信建设	26 665.632
10	中金公司	23 690.457
11	东方证券	22 418.323
12	国信证券	20 932.163
13	光大证券	16 235.304
14	平安证券	13 287.998
15	兴业证券	13 156.755

表 6-1-2　证券公司 2019 年度净资产排名　　　单位：万元

序　号	证券公司	净 资 产
1	中信证券	13 895.921
2	国泰君安	13 502.370
3	华泰证券	11 691.962
4	招商证券	11 533.669
5	广发证券	8529.373
6	海通证券	8137.181
7	申万宏源	7349.241
8	银河证券	6914.165
9	中信建设	5490.126
10	中金公司	5486.674
11	东方证券	5278.014
12	国信证券	5001.678
13	光大证券	4183.912
14	平安证券	3802.325
15	兴业证券	3350.295

表 6-1-3　证券公司 2019 年度营业收入排名　　　单位：万元

序　号	证券公司	总 资 产
1	中信证券	2686.687
2	国泰君安	2115.410
3	华泰证券	1772.707
4	招商证券	1587.672
5	广发证券	1517.989
6	海通证券	1470.160
7	申万宏源	1355.411
8	银河证券	1274.026
9	中信建设	1223.471
10	中金公司	1212.829
11	东方证券	1089.570
12	国信证券	924.226
13	光大证券	825.990
14	平安证券	759.099
15	兴业证券	721.148

表 6-1-4　证券公司 2019 年度净利润排名　　　单位：万元

序　号	证券公司	总资产
1	中信证券	1222.861
2	国泰君安	952.325
3	华泰证券	900.164
4	招商证券	863.704
5	广发证券	753.892
6	海通证券	728.238
7	申万宏源	559.425
8	银河证券	550.169
9	中信建设	522.843
10	中金公司	491.019
11	东方证券	423.872
12	国信证券	246.793
13	光大证券	243.508
14	平安证券	240.229
15	兴业证券	224.946

任务二　保　险　公　司

一、保险公司的概念及功能

（一）保险公司的概念

保险是以社会互助的形式，对因各种自然灾害和意外事故造成的损失进行补偿的一种方式。保险公司是指依法成立的、专门经营各种保险业务的金融机构。

保险公司根据风险分散原理，将社会经济生活中的个别风险通过保险机制分散于多个经济主体，以保证社会经济生活的稳定。保险具有分散风险和组织经济补偿两个基本功能。在现代社会中，保险还具有融通资金的功能。因此，保险公司是一种最重要的非银行金融机构。

保险业的发源地在英国，1668 年英国就有了海上保险业务。1871 年，"劳埃德保险社"(简称劳合社)成立，保险公司才开始登上历史舞台。美国是世界上保险业最发达的国家之一，它拥有世界上最大的人寿保险公司。

（二）保险公司的功能

保险公司在经济运行中的功能如下：

(1) 聚集风险，分散风险。保险公司将众多投保人的风险集中起来，然后运用特有的风险管理技术将其分散和转移，并在约定范围对出险的投保人进行一定经济补偿，这样可以降低投保人在经济运行中所承担的风险和损失。

(2) 资源配置。保险公司的资金运作与金融市场的融资保持着密切联系。保险资金在一般情况下比较稳定，所以保险公司在进行多样化投资的过程中，可以为机构投资者提供大量资金，并能够促进储蓄资金向生产性资金的有效转化，对资本市场融资及其社会资源的优化配置发挥着重要影响。

(3) 提供经济保障。保险公司对投保人在意外事故中遭受的经济损失和人身伤害，按照保险合同的规定给予一定的经济补偿或给付，将少数人的损失分散给众多的被保险人共同承担。保险公司为企业、居民家庭和个人提供预期的生产和生活保障，解决企业或者居民家庭后顾之忧，从而促进国民经济平稳有序发展。

【深度阅读】

我国设立保险公司的条件

在我国设立保险公司应当经国务院保险监督管理机构批准。国务院保险监督管理机构审查保险公司的设立申请时，应当考虑保险业的发展和公平竞争的需要。

设立保险公司应当具备下列条件：

① 主要股东具有持续盈利能力，信誉良好，最近三年内无重大违法、违规记录，净资产不低于人民币两亿元；

② 有符合本法和《中华人民共和国公司法》规定的章程；

③ 有符合本法规定的注册资本；

④ 有具备任职专业知识和业务工作经验的董事、监事和高级管理人员；

⑤ 有健全的组织机构和管理制度；

⑥ 有符合要求的营业场所和与经营业务有关的其他设施；

⑦ 法律、行政法规和国务院保险监督管理机构规定的其他条件。

设立保险公司，其注册资本的最低限额为人民币两亿元。国务院保险监督管理机构根据保险公司的业务范围、经营规模，可以调整其注册资本的最低限额。保险公司的注册资本必须为实缴货币资本。

二、保险公司的组织形式及其分类

(一) 保险公司的组织形式

保险公司的组织形式因各国的社会制度、经济制度、经济状况不同而有所区别，主要有以下几种。

1. 国有(营)保险公司

国有(营)保险公司是由国家投资经营的保险公司，它既是保险业的经营机构，又是国家保险事业的管理机构。它往往负责办理国家强制保险或某种特殊保险，以达到社会经济保障的目的。

2. 股份制保险公司

股份制保险公司是多数国家保险经营机构的主要组织形式，具体可分为两种：一是私人股份制保险公司，这是主要形式，在美国90%以上的人寿保险公司是以股份制公司形式组织起来的；二是公私合股保险公司，即由国家和私人共同投资经营。

3. 合作保险公司

合作保险公司也称互济公司，是指保险需要者采取互助合作形式，以满足全体成员对保险保障的需求。这类公司按其经营方式，可分为摊收保费制和永久保险制等类型。

4. 自保险公司

自保险公司指某些大企业集团，为节省保费、减少或免除税负而设立的旨在为本系统内部提供保险服务的保险公司。

5. 个人保险公司

个人保险公司即以个人名义承保业务的保险公司。现在除英国等极少数国家、地区外，各国均已禁止个人经营保险业务，保险经营者必须是法人组织。

(二) 保险公司的分类

我国《保险法》规定的保险业务范围有两类，即人身保险和财产保险。人身保险是以人的生命和身体为保险标的，并以其年老、伤残、疾病、死亡等人身风险为保险事故的一种保险。当被保险人遭遇保险事故时，由保险人根据保险合同给付一定的保险金。人身保险包括人寿保险、健康保险和意外伤害保险等保险业务。财产保险是以财产及与财产相关的利益为保险标的，以自然灾害及意外事故为保险事故的保险。它是保险人对被保险人的财产及其有关利益因发生保险责任范围内的灾害事故所遭受的经济损失给予补偿的保险。财产保险包括财产损失保险、责任保险、信用保险、保证保险等保险业务。

保险人不得兼营人身保险业务和财产保险业务。但是，经营财产保险业务的保险公司经国务院保险监督管理机构批准，可以经营短期健康保险业务和意外伤害保险业务。保险公司应当在国务院保险监督管理机构依法批准的业务范围内从事保险经营活动。相应的保险公司一般分为两类：人寿保险公司和财产保险公司。

1. 人寿保险公司

人寿保险公司是为投保人因意外事故或伤亡造成的经济损失提供经济保险的金融机构。人身保险的保险标的是人的生命和身体，其价值是无法用货币来衡量的。在实务中，人身保险的保险金额是由保险合同双方当事人协商后确定的。它的确定要受到两个方面的约束：一方面是被保险人对人身保险需要的程度，另一方面是投保人缴纳保险费的能力。2020年7月人身保险公司经营情况表如表6-2-1所示。

人身保险合同大多是长期性合同，特别是人寿保险合同，其保险期限短则几年，长则为人的一生。而且，保险的缴费期和保险金领取期也可以长达几十年，因此人寿保险公司兼有储蓄银行的性质。由于人寿保险的保险金支付具有可预期性，一般只有当规定的事件发生或到了约定的日期才支付保险金，因此，寿险公司的可运用资金比较稳定，可用于长期投资，如公司债券、抵押贷款和政府长期债券等流动性较低而盈利性较高的资产。

2. 财产保险公司

财产保险公司是对法人单位和家庭住户提供财产意外损失保险的金融机构。世界上最著名的财产和灾难保险公司是英国的劳合社。财产保险公司的主要资金来源是保费收入。由于财产意外险的发生有较大的偶然性，其费率也难以计算，因此理赔支付难以预期。财产保险公司的一部分资金投资于有较高流动性和安全性且又有相对较高收益的国库券、商业票据和银行大额存单等。2020 年 7 月财产保险公司经营情况表如表 6-2-2 所示。

总之，根据我国《保险法》的规定，保险公司的资金运用必须稳健，遵循安全性原则。保险公司的资金运用限于下列形式：银行存款；买卖债券、股票、证券投资基金份额等有价证券；投资不动产；国务院规定的其他资金运用形式。

表 6-2-1　2020 年 7 月人身保险公司经营情况表

单位：亿元、万件

项　　目	本年累计/截至当前
原保险保费收入	21 762
其中：寿险	16 882
意外险	392
健康险	4488
保户投资款新增交费	4852
投连险独立账户新增交费	209
原保险赔付支出	3424
保险金额	8 097 058
其中：寿险	216 200
意外险	2 731 447
健康险	5 149 411
保单件数	53 494
其中：寿险	4792
其中：普通寿险	3485
意外险	29 403
健康险	19 299
资产总额	186 768

表 6-2-2　2020 年 7 月财产保险公司经营情况表

单位：亿元、万件

项　目	本年累计/截至当前
原保险保费收入	8301
其中：企业财产保险	347
家庭财产保险	59
机动车辆保险	4763
工程保险	92
责任保险	547
保证保险	440
农业保险	612
健康险	814
意外险	296
原保险赔付支出	4055
保险金额	40 422 500
其中：机动车辆保险	1 578 873
责任险	12 392 969
农业保险	28 612
健康险	7 343 905
意外险	15 370 289
保单件数	2 752 782
其中：机动车辆保险	29 619
责任险	582 947
货运险	235 171
保证保险	285 704
健康险	815 468
意外险	373 545
资产总额	24 026

三、我国的保险公司

1988 年以前，我国的保险业由中国人民保险公司独家经营。1995 年颁布实施《中华人民共和国保险法》(简称《保险法》)，是新中国成立后的第一部保险法。该法对保险公司的组织形式、设立及变更的条件和程序、机构的扩展与变更等作了具体的规定。1996 年，中国人民银行又先后颁布实施了《保险代理人管理暂行规定》和《保险管理暂行规定》等多项规章制度。1996 年，中国人民保险公司改建为中国人民保险集团，简称中保集团。1998 年 11 月，中国保险监督管理委员会成立。同年，中保集团宣布撤销旗下原有的三家全资子公司独立为中国人民保险公司、中国人寿保险公司、中国再保险公司。随着我国保险业的发展，保险市场的主体逐渐增加，中国太平洋保险公司、中国平安保险公司、华泰财产保险有限公司、新华人寿保险有限公司、泰康人寿保险有限公司及一些外资保险公司不断加入进来。

2002 年 10 月 28 日，第九届全国人大常委会第三十次会议表决通过了《全国人民代表大会常务委员会关于修改〈中华人民共和国保险法〉的决定》，该决定于 2003 年 1 月 1 日起施行。本次修改《保险法》的指导思想有利于履行我国加入 WTO 的承诺，加强保险监管、支持保险业的改革和发展。

2009 年 2 月 28 日，第十一届全国人大常委会第七次会议通过了《中华人民共和国保险法》修订草案。修订后的《保险法》自 2009 年 10 月 1 日起施行。这次对《保险法》的系统性修订，不仅是我国保险法制建设的一个重大事件，也是完善社会主义市场经济法律体系的一个重要举措，对全面提升保险业法治水平、促进保险业又好又快的发展产生了积极而深远的影响。此后，《保险法》又分别于 2014 年 8 月 31 日和 2015 年 4 月 24 日作了修订。修订后的《保险法》吸收了近年来我国在保险业改革发展中积累起来的宝贵经验，针对保险业发展站在新起点、进入新阶段的实际情况，对行业发展和保险监管作出了许多新规定，进一步完善了商业保险的基本行为规范和国家保险监管制度的主体框架，对促进保险事业健康发展具有重要意义。

截至 2018 年年底，保险业总资产达 18.33 万亿元，同比增长 9.45%。其中，财产险公司总资产为 2.35 万亿元，同比下降 5.92%；人身险公司总资产为 14.61 万亿元，同比增长 10.55%；再保险公司总资产为 3649.79 亿元，同比增长 15.87%；资产管理公司总资产为 557.34 亿元，同比增长 13.41%。2018 年之前，5 大财产险公司保费市场份额为 73.53%，市场集中度上升，中小保险公司盈利能力较弱。2020 年《财富》中国 500 强最赚钱的 40 家公司中，有 4 家保险公司入围，分别是：中国平安(第 6 名)，利润为 1494 亿；中国人寿(第 15 名)，利润为 583 亿；中国太保(第 29 名)，利润为 277 亿；中国人保(第 35 名)，利润为 224 亿。2020 年，我国部分保险机构法人名单如表 6-2-3 所示。我国主要保险公司的标识如图 6-2-1 所示。

表 6-2-3　我国部分保险机构法人名单(截至 2020 年 6 月 30 日)

序号	中文全称	英文全称	机构编码	机构类型
1	中国出口信用保险公司	China Export&Credit Insurance Corporation	000011	出口信用保险公司
2	中国人民保险集团股份有限公司	The People's Insurance Company(Group) of China Limited	000001	保险集团(控股)公司
3	中国人寿保险(集团)公司	China Life Insurance(Group) Company	000004	保险集团(控股)公司

续表

序号	中文全称	英文全称	机构编码	机构类型
4	中国再保险(集团)股份有限公司	China Re Insurance(Group) Corporation	R10011VBJ	保险集团(控股)公司
5	中国太平保险集团有限责任公司	China Taiping Insurance Group Ltd.	000065	保险集团(控股)公司
6	中国太平洋保险(集团)股份有限公司	China Pacific Insurance(Group) Co. Ltd.	0000013	保险集团(控股)公司
7	中华联合保险集团股份有限公司	China United Insurance Group Co. Ltd.	000107	保险集团(控股)公司
8	中国平安保险(集团)股份有限公司	Ping An Insurance(Group) Company of China, Ltd.	000016	保险集团(控股)公司
9	阳光保险集团股份有限公司	Sunshine Insurance(Group) Company Limited	000123	保险集团(控股)公司
10	华泰保险集团股份有限公司	Huatai Insurance Group Co. Ltd.	000021	保险集团(控股)公司
11	泰康保险集团股份有限公司	Taikang Insurance Group Inc.	000020	保险集团(控股)公司
12	安邦保险集团股份有限公司	Anbang Insurance Group Co. Ltd.	000069	保险集团(控股)公司

图 6-2-1　我国主要保险公司的标识

【深度阅读】

中国人民财产保险股份有限公司

中国人民财产保险股份有限公司(PICC P&C,以下简称人保财险或公司)的前身是1949

年 10 月 20 日成立的中国人民保险公司，总部设在北京，是中国人民保险集团股份有限公司(PICC Group，美国《财富》世界 500 强第 121 位)的核心成员和标志性主业。人保财险是国内历史悠久、业务规模大、综合实力强的大型国有财产保险公司，保费规模居全球财险市场前列。公司于 2003 年 11 月 6 日在香港联交所主板上市(股票代码 2328)。2019 年，公司向高质量发展转型迈出坚实步伐，总保费收入突破 4330 亿元，总资产突破 5960 亿元。公司连续三年获得保险公司服务评价"AA"评级，穆迪投资者服务公司再次授予公司保险财务实力评级 A1(评级展望：稳定)，是国内保险公司获得的最高评级等级。

人保财险主要业务：机动车辆保险、企业财产保险、货物运输保险、责任保险、意外伤害保险、短期健康保险、农业保险、信用保证保险、家庭财产保险、船舶保险等人民币及外币保险业务；与上述业务相关的再保险业务；国家法律、法规允许的投资和资金运用业务。

中国人寿保险(集团)公司

中国人寿保险(集团)公司属国家大型金融保险企业。2019 年，集团公司合并营业收入 9067 亿元，合并保费收入 6977 亿元，合并总资产超 4.5 万亿元。中国人寿保险(集团)公司已连续 18 年入选《财富》世界 500 强企业，排名由 2003 年的 290 位跃升为 2020 年的 45位；连续 13 年入选世界品牌 500 强，2019 年品牌价值达人民币 3539.87 亿元。

中国人寿保险(集团)公司的前身是诞生于 1949 年的原中国人民保险公司，1996 年分设为中保人寿保险有限公司，1999 年更名为中国人寿保险公司。2003 年，经国务院和中国保险监督管理委员会批准，原中国人寿保险公司进行重组改制，变更为中国人寿保险(集团)公司，并独家发起设立中国人寿保险股份有限公司。目前，集团公司下设中国人寿保险股份有限公司、中国人寿资产管理有限公司、中国人寿财产保险股份有限公司、中国人寿养老保险股份有限公司、中国人寿电子商务有限公司、中国人寿保险(海外)股份有限公司、国寿投资控股有限公司、国寿健康产业投资有限公司以及保险职业学院等多家公司和机构。2016 年，中国人寿保险(集团)公司入主广发银行，开启保险、投资、银行三大板块协同发展新格局。

任务三　其他非银行类金融机构

一、基金管理公司

(一) 基金管理公司概述

基金管理公司是一种以追求投资收益为目标，以利益共享、风险共担为原则，由发起人以发行基金单位方式将众多投资者的资金汇集起来，再以组合投资方式将资金投资于各种金融资产的金融机构。

在我国，根据《证券投资基金法》的规定，基金管理人由依法设立的公司或者合伙企业担任，公开募集基金的基金管理人只能由依法设立的基金管理公司或者经国务院证券监督管理机构按照规定核准的其他机构担任。我国主要基金公司的标识如图6-3-1 所示。

图 6-3-1　我国主要基金公司的标识

（二）设立条件

设立管理公开募集基金的基金管理公司，应当具备下列条件：

(1) 有符合本法和《中华人民共和国公司法》规定的章程。

(2) 注册资本不低于一亿元人民币，且必须为实缴货币资本。

(3) 主要股东应当具有经营金融业务或者管理金融机构的良好业绩、良好的财务状况和社会信誉，资产规模达到国务院规定的标准，最近三年没有违法记录。

(4) 取得基金从业资格的人员达到法定人数。

(5) 董事、监事、高级管理人员具备相应的任职条件。

(6) 有符合要求的营业场所、安全防范设施和与基金管理业务有关的其他设施。

(7) 有良好的内部治理结构、完善的内部稽核监控制度和风险控制制度。

(8) 法律、行政法规规定的和经国务院批准的国务院证券监督管理机构规定的其他条件。

（三）主要业务

基金管理公司的主要业务有发起设立基金、募集与销售基金、基金资产的投资管理、基金运营管理、投资咨询服务、受托资产管理等。

(1) 发起设立基金。发起设立基金是指基金管理公司为公开募集基金批准成立前所做的一切准备工作，包括基金品种的设计、签署基金成立的有关法律文件、提交申请注册基金的主要文件及申请注册的审查。

(2) 募集与销售基金。依照我国《证券投资基金法》的规定，依法公开募集基金是基金管理公司的一项法定权利，其他任何机构不得从事基金的公开募集活动。能否将公开募集成功地推向市场并不断扩大基金资产规模，对基金管理公司的经营有着重要意义。

(3) 基金资产的投资管理。基金管理公司根据专业的投资知识与投资经验运作基金资产。基金管理公司最主要的职责就是运用基金资产进行有价证券的投资。基金资产的投资管理业务是基金管理公司最基本、最核心的一项业务。

(4) 基金运营管理。基金运营是基金资产的投资管理以及募集与销售基金的后台保障。基金运营管理业务通常包括基金份额的注册登记、基金资产的估值、基金资产的会计核算、基金的信息披露等。基金运营管理业务对整个业务的发展起着重要的支持作用。

(5) 投资咨询服务。基金管理公司可以利用自身的资源优势，向基金投资者或其他投资者提供投资咨询服务，具体可从事的投资咨询服务范围在不同国家有不同的规定。

(6) 受托资产管理。基金管理公司除了可从事上述与公开募集基金运作有关的基金业务外，还可开展受托管理其他资产的业务。

(四) 我国的基金管理公司

我国基金行业在 1991—1997 年处于早期探索阶段。1991 年成立的第一只专项物业投资基金——珠基金 (原名"一号珠信物托")，是中国最早的投资基金。到 1997 年之前，全国各地共设立了 75 只基金，但整个行业在 1995 年之后实质上已处于停滞状态。1997 年《证券投资基金管理暂行办法》出台以后，监管机构对老基金进行了清理规范，南方基金公司和国泰基金公司等基金公司成立，发行了开元基金和金泰基金等封闭式基金。2000 年《开放式证券投资基金试点办法》颁布，首只开放式基金——华安创新基金设立，以开放式基金为主的基金市场规模迅速壮大，基金管理的监管法规体系得到了不断完善。相应地，基金可投资范围从股票市场扩展到债券市场和货币市场，基金品种也从股票型基金发展到债券基金、混合基金、货币市场基金和保本基金等。此后，开放式基金得到迅速发展，逐步取代封闭式基金成为我国基金市场发展的方向。目前，在中国资本市场快速发展的带动下，基金的规模扩张出现了爆发式增长。截至 2020 年 8 月，基金市场概况如表 6-3-1 所示，基金管理机构非货币公募基金月均规模前 20 名如表 6-3-2 所示。

表 6-3-1　基金市场概况　　　　　　　　截止日期：2020-09-02

	全部	股票型	混合型	债券型	指数型	CDII	保本型	货币型
基金管理规模/亿元	178 867.64	14 355.95	35 325.27	51 417.41	14 179.90	1114.48		74 726.88
基金数量/只	10 826	1698	4273	2573	1484	306		679

表 6-3-2　基金管理机构非货币公募基金月均规模前 20 名

(2020 年二季度)

排名	公司名称	非货币公募基金月均规模/亿元
1	易方达基金管理有限公司	5159.44
2	华夏基金管理有限公司	4009.66
3	广发基金管理有限公司	3944.90
4	博时基金管理有限公司	3832.73
5	南方基金管理股份有限公司	3443.28
6	汇添富基金管理股份有限公司	3364.88

排名	公　司　名　称	非货币公募基金月均规模/亿元
7	富国基金管理有限公司	2910.43
8	中银基金管理有限公司	2765.40
9	嘉实基金管理有限公司	2655.36
10	招商基金管理有限公司	2581.98
11	工银瑞信基金管理有限公司	2412.46
12	鹏华基金管理有限公司	2234.61
13	平安基金管理有限公司	2097.30
14	华安基金管理有限公司	2077.24
15	交银施罗德基金管理有限公司	1870.68
16	中欧基金管理有限公司	1751.33
17	兴证全球基金管理有限公司	1694.60
18	银华基金管理股份有限公司	1691.50
19	国泰基金管理有限公司	1643.05
20	农银汇理基金管理有限公司	1515.62

二、信托投资公司

(一)信托和信托投资公司

信托是指财产的所有者(自然人或法人)为本人或他人的利益将其财产交与受托人，委托受托人根据一定的目的对财产作妥善的管理和有利的经营的一种经济行为。在西方国家，信托制度是一项重要的财产管理制度。

信托投资公司即信托公司，是从事信托业务、充当受托人的法人机构，在信托业务中充当受托人的法人金融机构。其职能是财产实务管理，即接收客户委托，代客户管理、经营、处置财产。

历史上最早办理信托业务的经营机构产生于美国。西方国家中，美、英、日、加拿大等国信托业比较发达，在英美国家，除专营信托公司外，各商业银行的信托部也经营着大量的信托业务。

(二)业务范围

信托投资公司的业务活动范围相当广泛，几乎涉足所有金融领域的业务。就信托业务而言，主要包括两大类：一类是货币信托，另一类是非货币信托。除信托业务以外，一些国家的信托公司还兼营银行业务，大多数国家的信托公司兼营信托之外的服务性业务及其他业务。

目前，我国的信托公司可以申请经营下列部分或者全部本外币业务：资金信托；动产信托；不动产信托；有价证券信托；其他财产或财产权信托；作为投资基金或者基金管理公司的发起人从事投资基金业务；经营企业资产的重组、购并及项目融资、公司理财、财务顾问等业务；受托经营国务院有关部门批准的证券承销业务；办理咨询、资信调查等业务；代保管及保管箱业务；法律、法规规定或中国银行业监督管理委员会批准的其他业务。

(三) 中国的信托投资公司

中国最早的信托投资公司是 1921 年在上海成立的上海通商信托公司。1951 年 6 月，天津公私合营的信托投资公司设立。1955 年 3 月，广东省华侨信托投资公司在广州设立。此外，北京、武汉、昆明等地也先后成立了信托投资机构。50 年代中期以后，与高度集中的计划经济体制相适应，各地信托投资机构纷纷解体，业务基本停办。这种情况一直持续到 80 年代初。1979 年 10 月，中国国际信托投资公司在北京成立，其任务是引导、吸收和运用外国的资金，引进先进技术和先进设备。2001 年，《中华人民共和国信托法》颁布，中国的信托业开始依法运行和发展。2007 年，中国银监会发布了《信托公司管理办法》，中国信托机构开始了新的发展，以法律形式明确了信托业的地位，强调了信托公司的主要业务，并进一步确立了信托业与银行业、证券业和保险业的分业经营框架。截至 2019 年年底，全国 68 家信托公司受托资产规模为 21.6 万亿元。信托业务由于具有经营范围的广泛性、产品种类的多样性、经营手段的灵活性和服务功能的独特性，因此信托机构可以全方位满足各类市场需求，具有较明显的综合优势。信托公司在中国将有较广阔的发展空间。

中国信托投资机构体系由两类机构组成：一类是银行系统的信托投资公司，包括中国工商银行、中国农业银行、中国银行及中国建设银行等系统的信托投资公司；另一类是政府部门主办的信托投资公司，具体包括中央政府主办的信托投资公司(如中国国际信托投资公司、中国对外经济贸易信托投资公司)以及地方政府主办的信托投资公司(如广州国际信托投资公司、四川长江国际信托投资公司)等。

【深度阅读】

购买信托注意事项

信托是一种特殊的财产管理制度和法律行为，同时又是一种金融制度。信托与银行、保险、证券一起构成了现代金融体系。为了降低投资风险，同时也为了让资产得到一个更为合理的配置，信托产品一直以来都是资本市场的"宠儿"，近年来更是成为很多高净值人群的投资对象。

首先，你要确认自己是合格的信托投资者。只有合格投资者才可购买信托产品。资管新规规定，合格投资者是指具备相应风险识别能力和风险承担能力。信托合格投资者应当符合如下标准：

具有 2 年以上投资经历，且满足以下条件之一：家庭金融净资产不低于 300 万元，家庭金融资产不低于 500 万元，或者近 3 年本人年均收入不低于 40 万元；最近 1 年末净资产不低于 1000 万元的法人单位；金融管理部门视为合格投资者的其他情形。

其次，要看选定什么产品。投资者应当选购经中国银保监会批准设立、合法从事信托业务的信托公司的产品，且应当先在信托登记系统或信托公司官网核实产品的真实性。

除此之外，投资者需要了解信托产品的投资期限、投资方向、预期收益率、认购门槛、增信方式等，并结合自身的风险承受能力和经济能力选择更适合自己的信托产品。

三、金融租赁公司

(一) 金融租赁公司概述

金融租赁公司是指专门经营融资租赁业务的金融机构。它是租赁设备的物主，通过提供租赁设备而定期向承租人收取租金。将自己的物件借给他人收取费用称为租，借他人的物件而支付费用称为赁。租赁是所有权和使用权之间的一种借贷关系。金融租赁公司开展业务的过程是：租赁公司根据企业的要求，筹措资金，提供以"融物"代替"融资"的设备租赁；在租期内，作为承租人的企业只有使用租赁物件的权利，没有所有权，并要按租赁合同规定，定期向租赁公司交付租金；租期届满时，承租人向租赁公司象征性地交付租赁物件残值价格，双方即可办理租赁物件的产权转移手续。金融租赁公司开展业务是融资、融物为一体的信用活动，租赁公司成为金融机构体系中的特殊组成部分。

现代租赁机构起源于美国。1952 年 5 月，第一家专业租赁公司——美国金融贴现公司在旧金山设立，这就是现在的美国国际租赁金融公司。不久后，美国又有许多租赁公司相继设立。作为金融机构的租赁公司，其组织形式主要有两种类型：一种是银行或与银行有关的金融机构所属的租赁公司；另一种是独立经营的租赁公司。租赁公司的业务范围相当广泛，几乎涉及从单机设备到成套工程设备、从生产资料到工业产权、从工商业设施到办公设备各个领域。而许多公司不仅经营国内租赁业务，还大量经营国际租赁业务。

(二) 设立条件与业务范围

申请设立金融租赁公司，应当具备以下条件：

(1) 有符合《中华人民共和国公司法》和银监会规定的公司章程。

(2) 有符合规定条件的发起人。

(3) 注册资本为一次性实缴货币资本，最低限额为 1 亿元人民币或等值的可自由兑换货币。

(4) 有符合任职资格条件的董事、高级管理人员，并且从业人员中具有金融或融资租赁工作经历 3 年以上的人员应当不低于总人数的 50%。

(5) 建立了有效的公司治理、内部控制和风险管理体系。

(6) 建立了与业务经营和监管要求相适应的信息科技架构，具有支撑业务经营的必要、安全且合规的信息系统，具备保障业务持续运营的技术与措施。

(7) 有与业务经营相适应的营业场所、安全防范措施和其他设施。

金融租赁公司的发起人包括在中国境内外注册的具有独立法人资格的商业银行，在中国境内注册的且主营业务为制造适合融资租赁交易产品的大型企业,在中国境外注册的融资租赁公司以及银监会认可的其他发起人。

我国经银监会批准,金融租赁公司可以经营下列部分或全部本外币业务:融资租赁业务;转让和受让融资租赁资产;固定收益类证券投资业务;接受承租人的租赁保证金;吸收非银行股东 3 个月(含)以上定期存款;同业拆借;向金融机构借款;境外借款;租赁物变卖及处理业务;经济咨询。

(三) 中国的金融租赁公司

我国的融资租赁机构是在 20 世纪 80 年代开始建立并发展起来的。1987 年 7 月,中国国际信托投资公司与内资机构合作成立了我国第一家融资租赁公司——中国租赁有限公司。2019 年,我国共有 73 家金融租赁公司,它们的注册资本合计接近 2500 亿元,其中以银行系注册资本规模最大,特别是国有大行和国开行。其中超过 100 亿元的金融租赁公司有 3 家,分别为工银金融租赁(180 亿元)、交银金融租赁(140 亿元)、国银金融租赁(126.42 亿元);注册资本在 50~100 亿元之间的金融租赁公司有 13 家。73 家金融租赁公司的总资产规模达到 3 万亿元,但分化程度比较明显,全国性银行优势明显。其中有 8 家金融租赁公司的总资产规模超过 1000 亿元,3 家金融租赁公司的总资产规模超过 2000 亿元(分别为工银金融租赁、交银金融租赁和国银金融租赁,其标识如图 6-3-2 所示)。

图 6-3-2　金融租赁公司的标识

【深度阅读】

工银金融租赁有限公司

工银金融租赁有限公司由中国工商银行全资设立,注册资本为 50 亿元人民币,注册地在天津滨海新区。工银金融租赁有限公司是国务院确定试点并首家获中国银监会批准开业的由商业银行设立的金融租赁公司,也是国家确定滨海新区发展战略后落户新区的最大法人金融机构之一。

工银金融租赁公司定位为大型、专业化的飞机、船舶和设备租赁公司，秉承工行在机、船、设备租赁融资方面的专业基础和优良的企业文化，建立了完备的公司治理结构和内部管理体制。工银金融租赁公司依托工行的客户、网络优势和市场美誉度，在市场营销能力、风险控制基础、人力资源水平方面都具有领先同业的优势，具有强大的发展潜力。

习题与实训

一、单项选择题

1. 下面属于非银行类金融机构的有(　　)。

A. 中国银行　　　　　　　　　　　　B. 中国农业银行

C. 北京银行　　　　　　　　　　　　D. 招商证券

2. 关于政策性银行说法正确的有(　　)。

A. 政策性金融机构一般由企业发起、出资创立、参股、保证或扶植

B. 以利润最大化为其经营目标

C. 专门为贯彻或配合政府特定社会经济政策或意图，在法律限定的业务领域内，直接或间接地从事某种特殊政策性融资活动

D. 专门为贯彻或配合商业机构政策或意图

3. 为投保人因疾病或伤亡造成的经济损失提供经济保险的金融机构是(　　)。

A. 商业银行　　　　　　　　　　　　B. 人寿保险公司

C. 财产保险公司　　　　　　　　　　D. 信托投资公司

4. 有关我国证券交易所说法不正确的有(　　)。

A. 两家证券交易所，即深圳证券交易所和上海证券交易所

B. 以营利为目的

C. 为证券的集中和有组织的交易提供场所和设施，并履行相关职责

D. 实行自律性管理的会员制事业法人

二、多项选择题

1. 非银行类金融机构与传统上商业银行的区别在于(　　)。

A. 商业银行传统的业务是吸收存款、发放贷款、提供支付结算

B. 非银行金融机构一般而言不能吸收活期存款

C. 商业银行有信用创造功能

D. 非银行类金融机构有信用创造功能

2. 1994 年，我国组建了三家政策性银行，分别是(　　)。

A. 国家开发银行　　　　B. 中国进出口银行　　　　C. 中国农业发展银行

D. 中国农业银行　　　　E. 中国银行

3. 我国非银行类金融机构包括(　　)。

A. 保险公司　　　　　　B. 信托公司　　　　　　　C. 工银租赁公司

D. 华夏证券公司　　　　E. 中国银保监会

4. 证券公司的主要业务有( )。

A. 为公司股票、债券的发行提供咨询，并代理发行或包销

B. 向公司融资，包括直接投资公司股票、债券和向公司提供长期信贷

C. 融资融券业务

D. 从事证券的自营买卖

E. 发放贷款

三、简答题

1. 证券公司的主要业务有哪些？

2. 人寿保险公司与财产保险公司的特点有哪些不同？

3. 简述我国金融租赁公司的设立条件。

4. 简述基金管理人的职责。

四、实训题

· 实训 1

实训名称：识别我国非银行类金融机构。

实训目标：熟知证券公司的各项业务。

实训任务：

1. 登录中国证监会官网和中国证券业协会官网，查找目前我国证券公司的数量和规模。

2. 请选出三家证券公司，并列举出其主要业务及市场地位。

实训开展形式：

1. 在金融实训室上网查找相关资料。

2. 教师提供部分书目及网站供学生参考。

3. 学生分组、分工完成任务，每组不超过 5 人。

4. 集中时间组织各小组汇报、讨论，每组提出的观点一定要有材料和信息支撑。

· 实训 2

实训名称：识别我国非银行类金融机构。

实训目标：熟知保险公司的业务。

实训任务：

1. 登录中国银保监会官网，查找目前我国保险公司的数量和类型。

2. 请选出三家保险公司，并列举出其主要业务及市场地位。

实训开展形式：

1. 在金融实训室上网查找相关资料。

2. 教师提供部分书目及网站供学生参考。

3. 学生分组、分工完成任务，每组不超过 5 人。

4. 集中时间组织各小组汇报、讨论，每组提出的观点一定要有材料和信息支撑。

· 实训 3

实训名称：识别我国非银行类金融机构。

实训目标：熟知基金公司的业务和类型。

实训任务：

1. 登录中国基金业协会官网，查找目前我国基金管理公司的数量和业务类型。

2. 请选出三家基金公司，并列举出其主要业务及市场地位。

实训开展形式：

1. 在金融实训室上网查找相关资料。

2. 教师提供部分书目及网站供学生参考。

3. 学生分组、分工完成任务，每组不超过 5 人。

4. 集中时间组织各小组汇报、讨论，每组提出的观点一定要有材料和信息支撑。

项目七 金融市场

【知识目标】

(1) 掌握金融市场的概念、分类及功能。

(2) 了解我国金融市场的发展历史。

(3) 掌握货币市场和资本市场的特点和类型。

(4) 理解我国金融衍生品市场。

【能力目标】

(1) 能够认识我国金融市场的现状和未来的发展方向。

(2) 能够熟悉货币市场的构成及其运作方式。

(3) 能够熟悉资本市场的构成及其运作方式。

(4) 能够充分理解金融市场的功能。

【案例导入】

小 故 事

发明家伊内兹设计了一种能够清扫房屋、洗车、割草的低成本机器人,但是他没有资金将这个奇妙的发明投入生产。沃尔特是一位有很多储蓄的单身老人,那些储蓄是他和妻子多年来积攒下来的。如果我们能够让伊内兹和沃尔特合作,那么,沃尔特就可以向伊内兹提供资金,伊内兹的机器人就可以生产出来并投入市场。于是,我们的社会福利水平就会大大的改善,因为我们有了更加干净的住宅、更加光洁的汽车和更加漂亮的草坪。

金融市场(比如股票和债券市场)与金融中介(像银行、保险公司和养老基金这些机构)最基本的功能就是融通资金以满足伊内兹和沃尔特的需求,帮助资金从那些拥有储蓄的人(如沃尔特)手中转移到那些资金短缺的人(如伊内兹)手中。

【思考】

(1) 什么是金融市场?

(2) 金融市场与普通商品市场区别在哪里?

(3) 伊内兹和沃尔特在金融市场上分别扮演什么样的角色?

(4) 金融市场的构成要素有哪些?

任务一 金融市场概述

一、金融市场的概念与特征

(一) 金融市场的概念

金融市场是指资金融通的场所，是资金供给者和资金需求者双方通过信用工具进行交易从而融通资金的市场。在金融市场中，人们可以通过货币资金借贷、金融商品的交易等方式完成这一活动。

现代经济社会中，很多单位在经营活动中会出现资金的短缺情况，而同时社会上又存在一定数量的闲置资金，于是双方可以通过一定的方式进行资金的融通。资金的需求者可以获得所需资金，资金的供给者可以利用资金获得一定的收益，市场经济中的金融随即诞生。金融市场是金融存在的媒介，是金融活动的场所，有金融活动就会形成金融市场。金融活动以两种形式表现出来：一是货币资金借贷，它是金融活动双方通过签订合同实现的货币资金融通，其活动对象直接是货币资金；二是金融商品交易，它是金融活动双方通过对金融商品的买卖来实现资金融通，其活动对象是金融商品(如股票、债券、基金、黄金、外汇等)。在金融商品交易中，金融商品卖方通过出售其持有的金融商品而获得货币资金，实现融资；买方通过支付货币资金而购入金融商品，实现投资或获得利息收入。

金融市场有广义和狭义之分。广义的金融市场泛指一切进行资金交易的市场，包括以金融机构为中介的间接融资和资金供求者之间的直接融资；狭义的金融市场仅限于资金供求者之间的直接融资，交易双方通过办理各种标准化的票据和有价证券的交易来实现融资的目的。本书主要分析的是狭义的金融市场。

(二) 金融市场的特征

一般而言，现代金融市场有以下特征：

(1) 金融市场具有非物质化的特征。非物质化首先表现为证券的转手并不涉及发行企业相应资产的变动；其次，在"纸张"上，金融资产的交易也不一定发生实物的转手，它常常表现为结算和保管中心有关双方账户上的证券数量和现金储备额的变动。金融产品交易的非物质化使得金融交易可以完全凭空进行。这种非物质化加速了金融产品的流动性。

(2) 金融市场是信息市场。由于金融市场的核心内容——金融产品交易可以做到非物质化，那么信息方面就显得特别重要。金融市场事实上是一个信息市场，信息的发布、传递、收集、处理和运用成为金融市场上所有参与者都不能回避的竞争焦点。实际已经发生的事件的信息，还没有发生、甚至不知道会不会发生的事件的预期信息在金融市场中都非常重要。

(3) 金融市场是一个自由竞争市场。由于各种各样的金融产品在本质上是完全一致的，它们都代表着一定量的价值或财富，它们之间存在着相互替代性，因此在金融市场上对各种不同的金融产品的供给与需求在很大程度上是相通的，它们之间具有很强的竞争性。相对于一般商品市场，金融市场为供求竞争规律提供了更全面、更完整的条件。

二、金融市场的功能

金融市场可以发挥以下六个方面的功能：

(1) 资金融通功能。资金融通是金融市场最基本的功能，通过这个功能可以有效筹集与调剂资金。金融市场通过各种金融商品的买卖，为融资双方提供了多种可供选择的机会，以适应广大公众不同的投资与融资行为，从而使资金盈余者获取收益，使资金需求者得到资金。金融市场为融资双方实现各自的目标创造了条件，提供了媒介。首先，金融市场为资金供给者和需求者提供了交易的场所；其次，金融市场拥有许多金融商品，供给者和需求者可以找到合适的融资方式或渠道；再次，金融市场为资金融通提供了合理的价格或利率；最后，金融市场集中了交易信息，提供了高效的网络或交易机制，降低了融资成本。

(2) 资金积累功能。金融市场有利于闲散资金的集中与积累，有助于促使储蓄转化为投资，促进资本的形成。一方面，在金融市场上，大额的资金需求者可以通过面向社会以发行股票、债券、基金等方式筹措资金；另一方面，对于众多分散的小额资金盈余者而言，可以通过购买不同数量的股票、债券和基金等金融商品获得投资机会，实现投资收益。金融市场提供了风险、收益、期限等条件不同的金融商品，适应了不同个人及企事业单位的投资需求，满足了不同的投资收益和风险偏好，极大地促进了资金的积累和资本的形成。

(3) 价格发现功能。金融市场的价格发现功能是指通过市场上交易双方的大量、持续交易而形成不同金融商品的市场价格。一般而言，金融商品的价格随着时间的变化而连续变化，金融商品的票面金额有时不能代表它本身的价值，只有在金融市场中通过买卖双方的交易过程才能真正发现金融商品的内在价值，金融商品的价格都是该时点上金融商品供求双方共同达成的均衡价格。金融市场的交易制度越健全，交易者数量越多，金融交易就越活跃，定价功能才能真正发挥作用，良好的定价功能有助于资源配置功能的实现。

(4) 资源配置功能。资源配置功能是指金融市场合理引导资金流向，实现资源优化配置，提高资金的使用效率。金融市场上金融商品交易的实质是资金的流动。在市场信息渠道比较通畅的前提下，社会资金会朝着效益好、风险低的行业或企业流动，而资金的流动最终代表着社会经济资源的流动。社会资源是有限的，金融市场通过引导资金的合理流向，从而实现社会资源的优化配置。

(5) 分散风险功能。通过金融市场交易可以实现风险的转移和防避，实现投资风险的分散。金融市场作为一种有组织的市场，具有完善的法规和制度、良好的法律保障、规范的市场交易行为，可在一定程度上降低信用和交易风险；金融市场为金融商品供给了流动性，增强了金融商品的交易转让能力，有利于金融风险的及时转移；金融市场提供了众多的金融商品，投资者可以根据自己的风险承受力择优选择，或对金融商品进行组合投资，以降低和分散风险。

(6) 宏观调控功能。金融市场被称为国民经济的"晴雨表"，也被称为企业价值的"晴雨表"，是国民经济及企业的信号系统。金融市场也是金融活动集中的地方，是国家进行宏观调控必须选择的场所和渠道。在经济发展需要之时，国家可以利用同业拆借市场、回购市场、外汇市场等，对经济发展进行宏观调控。在国家对金融市场的调控中，实施者主要是中央银行，调控对象主要是货币供求关系或利率、汇率水平，调控目的是通过金融市场上利率、汇率的变化引起金融市场主体的行为变化，进而引起整个社会经济主体的行为变化，从而调节国民经济的运行。

三、金融市场的构成要素

在金融市场中，资金供求双方构成了金融市场的参与主体，参与主体之间借助于金融工具完成资金余缺的调剂。参与主体之间运用金融工具进行交易时，会形成一定的交易价格。不同的资金交易会在不同的场所进行，采取的组织形式也不相同。因此，金融市场的构成要素主要包括金融市场的主体、金融市场的客体、金融市场的交易组织形式、金融市场的交易价格等。

(一) 金融市场的主体

金融市场的主体是指在金融市场上从事资金融通活动的当事人(也称为金融市场交易主体)，主要是指资金的供给者、需求者及中介机构，包括政府机构、金融机构、企业和个人。

政府在金融市场上主要是资金需求者，在金融市场上主要是为了筹措资金。当政府为了弥补财政赤字或筹措建设资金，会在金融市场上通过发行政府债券方式实现筹资目的。

金融机构主要有中央银行、商业银行以及其他金融机构。中央银行既是金融市场上的资金供给者，又是金融市场上的资金需求者。中央银行在金融市场上既有买入又有卖出金融商品的行为，但是不管中央银行如何操作，其目的都不是为了自身的收益，而是为了稳定金融市场，调控整个国家的经济，实现经济发展的既定目标。商业银行及其他金融机构是金融市场的主导力量，在金融市场上，金融机构既是资金的供给者，同时又是资金的需求者，通过不同的金融商品交易行为完成融资和投资活动。有些金融机构充当着资金需求者与资金供应者的中介，为金融商品的交易提供服务。

企业是金融市场的资金需求者与供给者，通过金融市场具体金融商品的交易行为达到融资与投资的主要目的，同时也通过金融市场来规避风险。

个人在金融市场上主要扮演投资者的角色，是资金供给者。个人可以根据自身的风险承受能力，选择相对应的金融商品进行投资。

(二) 金融市场的客体

金融市场的客体又可称作金融市场的交易对象，即金融市场参与者进行交易的标的物——金融工具。如股票市场上交易的股票，债券市场上交易的债券，外汇市场上交易的各种外汇及外汇金融产品，黄金市场上交易的黄金，期货市场上交易的期货合约等，都是金融市场的客体。金融市场有众多的金融工具，金融工具种类和数量的多少及其交易的活跃度在一定程度上反映出金融市场的发展水平。

(三) 金融市场的交易组织形式

金融市场的交易组织形式即市场的具体运作方式。有了交易的双方和交易对象，只是有了形成市场的可能性，还需要一种形式把交易双方联结起来，共同确定交易价格，达到转让交易对象的目的。金融市场的组织方式有场内交易方式、场外交易方式和无形、分散交易方式三种。

(1) 场内交易方式。场内交易方式是指在特定的交易所内进行金融工具交易的组织方式。交易所有固定的场所，也有明确的交易制度，还有严格的交易管理或监管。场内交易方式经常采用公开竞价、交易系统撮合来完成交易过程，如证券交易所交易、期货交易所交易等。

(2) 场外交易方式。场外交易方式是指通过金融机构的柜台进行金融商品交易的组织方式，又称为柜台交易方式。场外交易有自己的场所，但场所一般不固定，通常在金融机构的自设柜台完成交易，不像交易所那样有严格的交易组织机制，场外交易的价格通过交易双方自由协商而定。

(3) 无形、分散交易方式。无形、分散交易方式的金融市场没有有形的场所，交易双方借助电子计算机网络或其他通信手段完成交易，市场交易价格由交易双方自由商定。

(四) 金融市场的交易价格

金融市场的交易价格通常表现为各种利率、汇率和金融工具的交易价格。利率通过市场把各种金融工具的价格比较公平地反映出来。由于金融市场的价格与交易者的实际收益或成本密切相关，因此备受交易者的关注。

在金融市场中，价格机制发挥着极为重要的作用。在一个有效的金融市场上，价格能够及时、准确、全面地体现金融资产的价值，引导资金自动流向高效率、高收益的部门，从而实现资源在整个经济体系中的优化配置。

金融市场的四个要素之间是相互联系、相互影响的。其中，金融市场的主体和金融市场的客体是构成金融市场最基本的要素，是金融市场形成的基础。金融市场的交易组织形式和金融市场的交易价格是金融市场自然产生或必然伴随的，是不可或缺的构成要素。完善的中介机构和价格机制对促进金融市场的繁荣和发展具有重要的意义。

四、金融市场的类型

1. 按交易期限不同划分

按交易期限不同来划分，金融市场可以分为货币市场和资本市场。

货币市场即短期资金市场，是以期限在 1 年以内的短期金融资产为交易对象的市场。货币市场主要有同业拆借市场、回购协议市场、国库券市场、票据市场、大额可转让定期存单市场等。

资本市场即长期资金市场，是以期限在 1 年以上的长期金融资产为交易对象的市场。

资本市场主要有股票市场、债券市场，中长期信贷市场，基金市场等。资本市场一般具有期限长、风险大、收益高的特点。

2. 按交易性质不同划分

按交易性质不同来划分，金融市场分为一级市场和二级市场。

一级市场又称为发行市场或初级市场，是指金融资产的发行者将金融工具转让给投资者并获得资金的交易市场，一般是无形市场。

二级市场又称为流通市场或次级市场，是指已发行的金融资产流通转让的市场。二级市场的交易可以在场内市场完成，也可以在场外市场完成。场内交易市场又称为证券交易所市场或集中交易市场，是指由证券交易所组织的集中交易市场。场外交易市场又称为柜台交易市场或店头交易市场，是指在证券交易所外进行证券买卖的市场。它主要由柜台交易市场、第三市场和第四市场组成。

一级市场是二级市场存在的基础，反过来二级市场又能促进一级市场的发展。一级市场和二级市场紧密相连，互相依存，相辅相成，共同构成一个完整的金融市场。

3. 按中介特征不同划分

按中介特征不同来划分，金融市场分为直接融资市场和间接融资市场(如图 7-1-1 所示)。

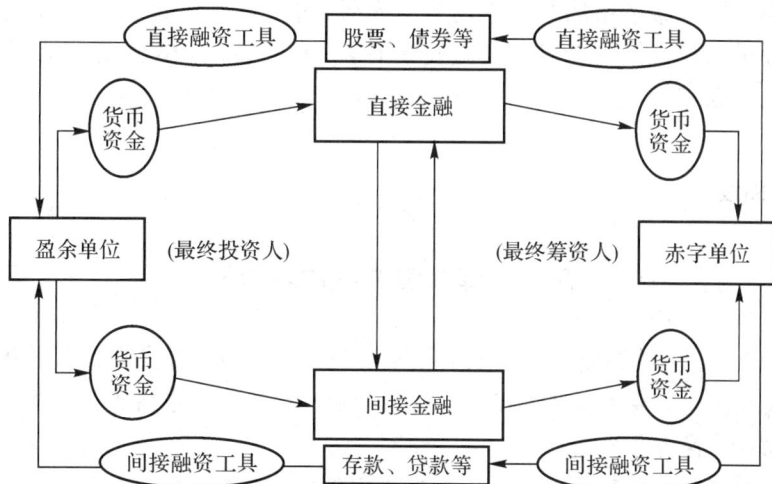

图 7-1-1　直接融资市场和间接融资市场

直接融资市场是指资金供给者与资金需求者通过一定的金融工具直接形成债权、债务关系的资金融通市场。在直接融资中，金融中介的作用是帮助资金供给者与资金需求者形成债权、债务关系，金融中介并不与资金供给者或者资金需求者之间形成债权、债务关系。

间接融资市场是指资金供给者与资金需求者通过金融中介间接实现资金融通的金融市场。在间接融资中，资金的供求双方不直接形成债权、债务关系，而是由金融中介分别与资金供求双方形成两个各自独立的债权、债务关系。对资金的供给者来说，中介机构是债务人；对资金的需求者来说，中介机构是债权人。

4. 按市场组织形态不同划分

按市场组织形态不同来划分，金融市场分为有形市场和无形市场。

有形市场又称为场内市场，是指在固定交易场所有严格交易规则的集中交易的市场，一般是指证券交易所、期货交易所、票据交换所等组织严密的特定交易场所。

无形市场又称为场外市场，是指无固定交易场所，在证券交易所外进行金融资产交易的总称。早期场外交易大多是在咖啡店或银行柜台进行，此类无形市场被称为店头市场或柜台市场。现在，其交易一般通过现代化的电信工具或计算机网络在各金融机构、证券商及投资者之间进行。无形市场是一个无形的网络，金融资产及资金可以在其中实现迅速转移。现在，大部分的金融资产交易均在无形市场中进行。

5. 按交割期限不同划分

按交割期限不同来划分，金融市场分为现货市场和期货市场。

现货市场是指融资活动成交后立即付款交割的市场。

期货市场是指投融资活动成交后按合约规定在指定日期付款交割的市场。

6. 按交易范围不同划分

按交易范围不同来划分，金融市场分为国内金融市场和国际金融市场。

国内金融市场是指市场交易范围限于一个国家的国内，它包括全国性金融市场和地方性金融市场。国际金融市场是指市场交易范围突破一个国家的界限，金融商品在不同国家进行交易的市场。国际金融市场主要集中于一些主要的国际金融中心，如纽约、伦敦、中国香港、新加坡等。

【深度阅读】

充分发挥我国资本市场功能

2019 年 12 月，中央经济工作会议对于推动我国经济高质量发展作出了全面部署。中央经济工作会议要求，要紧扣重要战略机遇新内涵，加快经济结构优化升级，提高科技创新能力，推动经济高质量发展。

一是发挥制度机制优势，形成支持科技创新企业的工作合力。为创新企业发行股权类融资工具并在境内上市创造更加灵活和兼容的政策环境，以更好发挥资本市场对创新驱动发展战略的支持作用。贯彻落实国家军民融合发展战略，支持国防军工企业借助资本市场，提高资产证券化率，积极开展资本运作。

二是发挥直接融资功能，多渠道支持科技创新企业。截至 2018 年 11 月底，战略新兴行业上市公司已达 1268 家，总市值为 11.9 万亿元。最近几年，着力保持新股发行常态化，并重点引导社会资金向具有自主创新能力的高科技企业集聚，高新技术企业在 IPO 中的占比明显提升。2018 年以来已有 65 家高新技术企业实现 IPO、占比 71%，融资 812 亿元、占比 63%。充分发挥私募股权投资基金促进创新驱动发展的基础性作用，目前私募基金投资于未上市未挂牌企业股权项目数量达 9.5 万个，为实体经济形成股权资本金 5.2 万亿元。

积极支持符合国家战略导向的高科技企业发行双创债、可交换债等工具，2018 年以来高新技术企业在交易所债券市场发行公司债募资 347 亿元。

任务二　货币市场

一、货币市场的概念与特征

（一）货币市场的概念

货币市场是短期资金市场，是指融资期限在 1 年以下的金融市场，是金融市场的重要组成部分。货币市场所容纳的金融工具具有期限短、流动性强和风险小的特点，在货币供应量层次划分上被置于现金货币和存款货币之后，称为"准货币"。货币市场产生和发展的初始动力是为了保持资金的流动性，它借助于各种短期资金融通工具将资金需求者和资金供应者联系起来，既满足了资金需求者的短期资金需要，又为资金盈余者的暂时闲置资金提供了获取盈利的机会。从微观角度分析，货币市场为银行、企业提供灵活的管理手段，使他们对资金的安全性、流动性、盈利性管理上更加方便灵活。从宏观角度分析，货币市场是整个金融体系流动性的重要渠道，为中央银行实施货币政策以调控宏观经济提供了场所，同时货币市场利率在整个利率体系中也占有重要地位。

（二）货币市场的特征

货币市场的特征包括：

(1) 期限短。货币市场期限最长为 1 年，最短为半天、1 天，以 3～6 个月最多。

(2) 流动性强。货币市场的流动性主要指金融工具的变现能力。货币市场交易时间短，变现的速度较快，变现容易实现，因此其流动性较强。

(3) 参与者以机构为主。货币市场的参与者有机构(包括商业银行、中央银行、非银行金融机构、政府、非金融性企业)、个人及货币市场的专业人员(包括经纪人、交易商和承销商)，但以机构为主。

(4) 交易金额大且交易频繁。由于货币市场的参与者以机构为主，交易对手彼此之间有一定的了解，因此交易金额大且交易频繁。

(5) 以无形市场为主。由于货币市场的参与者以机构为主，货币市场完全可以借助现代通信手段进行，因此它逐步形成了一个庞大的无形市场。

货币市场主要由同业拆借市场、回购协议市场、票据市场、大额可转让定期存单市场、短期政府债券市场、货币市场共同基金等构成。

二、同业拆借市场

（一）同业拆借市场的概念

同业拆借市场也称为同业拆放市场，是金融机构之间以信用方式进行短期货币资金借贷的市场。金融机构由于各种业务变化在一个营业日终了时,出现资金收支不平衡的情况,一些金融机构收大于支,另一些金融机构支大于收,资金短缺者要向资金盈余者融入资金以平衡收支,从而产生了金融机构之间进行短期资金相互拆借的需要。资金短缺者向资金盈余者借入款项,称为资金拆入;资金盈余者向资金短缺者借出资金,称为资金拆出。资金拆入大于资金拆出,称为净拆入;反之,资金拆入小于资金拆出,称为净拆出。这种金融机构之间进行资金拆借活动的市场被称为同业拆借市场。

同业拆借的资金主要用于弥补银行短期资金的不足、票据清算的差额以及解决临时性资金短缺需要,是金融机构之间进行短期、临时性头寸调剂的市场。

头寸是中国传统的商业金融用语,指款项。如果银行当日全部收入款项大于付出款项,称为多头寸;如果付出款项大于收入款项,称为缺头寸;对头寸盈余和短缺进行预计,叫作轧头寸。

(二) 同业拆借市场的特点

同业拆借市场的特点包括:

(1) 对融资主体资格的限制。能进入拆借市场进行资金融通的双方必须是具有准入资格的金融机构。这些金融机构从最初的商业银行扩展到其他所有经批准的、有资格的金融机构。

(2) 融资期限较短。拆借期限按日计算,有 1 日、2 日、5 日、7 日不等,一般不超过 1 个月,最短的只有半日,更长期限的交易大多采用其他金融工具进行。

(3) 交易额较大。同业拆借市场是为了满足金融机构之间的需要而建立的,每笔交易数额通常较大,而且大多不需要抵押或担保。

(4) 利率由供求双方议定。同业拆借市场上的利率由双方经过讨价还价后协商议定,能够客观地反映市场资金的供求变化。由于参与者均是金融机构,信用较高且期限较短,因此利率水平较低。

(5) 参与拆借的机构在中央银行开立有存款账户。参与拆借的机构在中央银行开立有存款账户,同时拆借交易的资金主要是金融机构存放在该账户上的多余资金。

【深度阅读】

上海银行间同业拆放利率简介

上海银行间同业拆放利率(简称 Shibor),以位于上海的全国银行间同业拆借中心为技术平台计算、发布并命名,是由信用等级较高的银行组成报价团自主报出的人民币同业拆出利率计算确定的算术平均利率,是单利、无担保、批发性利率。目前,对社会公布的 Shibor 品种包括隔夜、1 周、2 周、1 个月、3 个月、6 个月、9 个月及 1 年,如表 7-2-1 所示。

Shibor 报价银行团现由 18 家商业银行组成。报价银行是公开市场一级交易商或外汇市场做市商,在中国货币市场上人民币交易相对活跃、信息披露比较充分的银行。中国人民银行成立 Shibor 工作小组,依据《上海银行间同业拆放利率(Shibor)实施准则》确定和调整报价银行团成员、监督和管理 Shibor 运行、规范报价行与指定发布人行为。每个交易日根据各报价行的报价，剔除最高、最低各 4 家报价，对其余报价进行算术平均计算后，得出每一期限品种的 Shibor，并于 11：00 对外发布。

表 7-2-1 上海银行间同业拆放利率(Shibor) 2020-06-24 11:00

期　限	Shibor/%	涨跌/BP(基点)
O/N(隔夜)	1.5400	43.10▼
1W(1 周)	2.1730	2.30▲
2W(2 周)	2.2840	13.50▼
1M(1 个月)	2.0980	1.80▲
3M(3 个月)	2.1210	1.20▲
6M(6 个月)	2.1600	0.80▲
9M(9 个月)	2.2800	1.50▲
1Y(1 年)	2.3440	1.90▲

【想一想】
　　登录 http://www.chinamoney.com.cn/chinese/网址，请指出 Shibor 当天利率分别是多少？报价团银行有哪些？

三、回购协议市场

(一) 回购协议市场的概念

回购协议市场是指通过回购协议进行短期资金融通交易的市场，在形式上表现为附有条件的证券买卖市场。回购协议是指在出售证券(债券、股票)等金融资产时签订协议，约定在一定期限后按原定价格或约定价格购回所卖证券，以获得即时可用资金；协议期满时，再以即时可用资金作相反交易。我国的回购协议仅限制于国债，回购协议的期限从一日到数月不等。回购市场的参与人主要是银行等金融机构。

回购市场活动由正回购方与逆回购方组成。正回购方是资金的借入方，即资金短缺者在卖出某种证券得到资金的同时，约定于未来某一日再以事先约定的价格将同种证券购回的交易。逆回购方是资金的借出者，即资金盈余者在买入某种证券借出资金的同时，约定于未来某一日再以事先约定的价格将同种证券卖出的交易。

(二) 回购协议市场的特征

回购协议市场的主要特征包括：

(1) 流动性强。协议多以短期为主。

(2) 安全性高。交易场所为规范性的场内交易，交易双方的权利、责任和义务都有法律保护。

(3) 收益稳定且较银行存款收益高。回购利率是市场公开竞价的结果，一般可获得平均高于银行同期存款利率的收益。

(4) 融入资金免交法定存款准备金，成为银行扩大筹资规模的重要方式。

（三）我国回购协议市场

质押式回购(又叫封闭式回购)是指交易双方以债券为权利质押所进行的短期资金融通业务。在质押式回购交易中，资金融入方(正回购方)在将债券出质给资金融出方(逆回购方)融入资金的同时，双方约定在将来某一日期，由正回购方向逆回购方返还本金和按约定回购利率计算的利息，逆回购方向正回购方返还原出质债券。在质押式回购交易过程中所有权不发生转移，该券一般由第三方托管机构进行冻结托管，并在到期时予以解冻。

买断式回购(又叫开放式回购)是指资金融入方(正回购方)将债券卖给资金融出方(逆回购方)融入资金的同时，交易双方约定在未来某一日期，由正回购方再以约定价格从逆回购方买回相等数量同种债券的融通交易行为。在买断式回购交易过程中所有权发生转移，而且在资金周转过程中还可将标的券另行正回购，以便进行再融资。

我国回购市场的发展始于 1991 年，全国证券交易自动报价系统(STAQ 系统)于 1991年 7 月宣布试办国债回购交易。1997 年 6 月，银行间的回购交易从交易所市场退出，正式纳入全国银行间同业拆借市场。2004 年 5 月，银行间市场率先推出买断式国债回购新品种，在国债交易回购中引入"做空"机制。目前，我国在上海和深圳的两个证券交易所以及全国银行间同业拆借市场开展了回购交易。2019 年，质押式回购累计成交 810.1 万亿元，同比增长 14.3%；买断式回购累计成交 9.5 万亿元，同比下降 31.9%。我国债券回购市场已经成为市场参与者进行短期融资和流动性管理的场所，成为央行进行公开市场操作、实现货币政策传导的重要平台。

> **【想一想】**
> 中央银行在银行间债券市场上进行逆回购是投放货币，还是回笼货币？

四、票据市场

（一）票据市场的概念

票据市场是指在商品交易和资金往来过程中产生的以汇票、本票和支票的发行、承兑、贴现、转贴现、再贴现来实现短期资金融通的市场。银行承兑汇票市场和商业票据市场是票据市场的最主要的两个子市场。

（二）票据市场的分类

银行承兑汇票市场是专门交易银行承兑汇票的场所。市场的参与者主要是承兑银行、市场经纪人和投资者。银行承兑汇票市场由发行市场和二级市场构成。发行市场的票据行为有出票和承兑，二级市场上有贴现、转贴现和再贴现。

商业票据是指由金融公司或某些信用较高的企业开出的无担保短期票据。商业票据的可靠程度依赖于发行企业的信用程度，可以背书转让，但一般不能向银行贴现。商业票据的期限在 9 个月以下，由于其风险较大，利率高于同期银行存款利率，因此商业票据可以由企业直接发售，也可以由经销商代为发售，但对出票企业信誉审查十分严格。商业票据市场是货币市场中历史最悠久的短期金融市场，主要是指商业票据的流通及转让市场，包括票据承兑市场和票据贴现市场。

我国现在的商业票据绝大部分是银行承兑票据。票据贴现市场的规模小，贴现市场不发达的原因主要是用于贴现的票据少，并且质量不高，但随着我国金融业的发展，贴现市场必将进一步扩大。

（三）有关贴现的概念

1. 出票和承兑

出票是创设票据，是票据活动中的最初始的行为；可以说作为有价证券的票据，是基于出票行为而诞生的；其他票据关系也是基于出票行为开始的。我国《票据法》规定：出票是指出票人签发票据并将其交付给收款人的票据行为。出票由作成票据和交付票据两项行为构成。

承兑即承诺兑付，是付款人在汇票上签章表示承诺将来在汇票到期时承担付款义务的一种行为。承兑行为是针对汇票而言的，并且只是远期汇票才可能承兑。本票、支票和即期汇票都不可能发生承兑。

2. 银行承兑汇票的贴现

银行承兑汇票的贴现是指银行承兑汇票的贴现申请人由于资金需要，将未到期的银行承兑汇票转让给银行，银行按票面金额扣除贴现利息后，将余额付给持票人的一种融资行为。

3. 银行承兑汇票的转贴现

银行承兑汇票的转贴现是指银行承兑汇票的贴现银行将已贴现未到期的汇票再转让给其他商业银行的融资行为。

4. 银行承兑汇票的再贴现

银行承兑汇票的再贴现是指商业银行将已贴现未到期的汇票转让给中央银行的融资行为。

贴现、转贴现和再贴现的关系如图 7-2-1 所示。

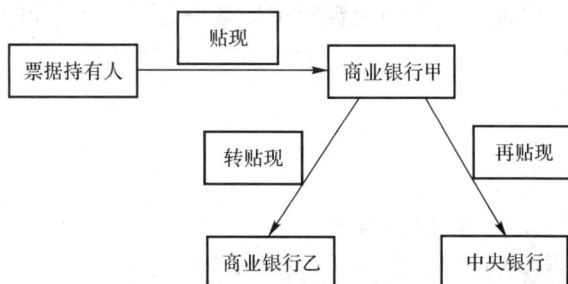

图 7-2-1　贴现、转贴现和再贴现的关系

（四）贴现利息的计算

实付贴现金额是指银行实际付给贴现人的金额，由票据到期值、贴现期和贴现率三个因

素决定。票据到期值一般按票据的票面金额核定。贴现期是贴现人申请贴现之日起至票据到期日之间的期限。贴现率是贴现息与票面金额的比率，主要受市场利率水平、汇票的信用级别、贴现期限、市场供求关系等因素的影响。贴现利息及实际贴现额的计算公式如下：

$$票据到期值 = 票据面值 \times (1 + 利率)$$

$$贴现利息 = 票据到期值 \times 贴现率 \times \frac{贴现天数}{360}$$

$$实付贴现金额 = 票据到期值 - 贴现利息$$

【想一想】

例 1：某企业持有一张半年后到期的一年期汇票，面额为 4000 元，到银行请求贴现，银行确定该票据的年贴现率为 6%。请计算贴现息及实付贴现金额分别是多少？

例 2：2012 年 5 月 2 日，某企业持 3 个月后到期的、期限为 6 个月、面值为 22 000 元的银行承兑汇票到银行办理贴现，银行确定的年贴现率为 5%。请计算实付贴现额和贴现息分别是多少？

五、大额可转让定期存单市场

(一) CDs 概念

大额可转让定期存单市场是发行与流通大额可转让定期存单的市场。大额可转让定期存单(CDs)是由银行发行的有固定面额、固定期限，可以流通转让的大额存款凭证。CDs是存款人在银行的存款证明。

1961 年，花旗银行发行了全球第一张 CDs，面额为 10 万美元。当时，美国政府对银行的存款利率规定了上限，使得商业银行的存款利率经常低于市场利率，其中短期存款的利率(如 1 个月存款利率)尤其低，导致银行难以吸收到资金。为了吸引客户，商业银行开始推出大额可转让定期存款。存单的期限相对较长，如 3 个月、6 个月、1 年等。可转让大额定期存单的出现提高了商业银行市场竞争力，是半个世纪以来商业银行的一项重要的金融创新。

(二) CDs 特征

CDs 特征包括：

(1) 大额存单不记名，可流通转让。

(2) 大额存单面额固定且较大。

(3) 大额存单利率比较高，比同期的普通存款利率高，也比同期的国库券利率高。

(4) 大额存单由于面额较大(如美国以 10~100 万美元面额的居多)，通常由企业等机构投资者购买。

(5) 大额存单期限短，大多为 3~6 个月，最短为 14 天，最长不超过 1 年。

(三) 我国的大额可转让定期存单市场

1986 年，交通银行、中国银行以及中国工商银行相继发行大额可转让定期存单。中国人民银行于 1989 年首次颁布《关于大额可转让定期存单管理办法》(后于 1996 年修订)，允许最高利率上浮幅度为同类存款利率的 10%，致使存款出现"大搬家"情况。1997 年 4 月，我国决定暂停大额可转让定期存单的发行。2015 年 6 月 20 日，中国人民银行发布《大额存单管理暂行办法》，决定恢复大额存单发行。首批大额存单在工、农、中、建、交等 9 家银行发行。

> **【想一想】**
> 大额可转让定期存单和定期存款有什么区别？

六、短期政府债券市场

短期政府债券是指由国家财政部、地方政府、政府代理机构发行的短期债券，是政府承担责任的短期信用凭证。其期限为 3、6、9、12 个月。

目前，我国短期政府债券主要有两类：短期国债和中央银行票据。短期国债是指中央政府发行的短期债券；中央银行票据是指由中国人民银行发行的短期债券，是中央银行为调节商业银行超额准备金而向商业银行发行的短期债务凭证，其实质是中央银行债券。

七、货币市场共同基金

货币市场共同基金(MMMFs)是美国 20 世纪 70 年代以来出现的一种新型投资理财工具。它是指将众多的小额投资者的资金集合起来，由专门的经理人进行市场运作，主要投资于货币市场，赚取收益后按一定的期限及持有的份额进行分配的一种金融组织形式。

任务三 资本市场

一、资本市场的概念与特征

(一) 资本市场的概念

资本市场是指期限在 1 年以上长期资金借贷和有价证券交易的场所。在资本市场上，发行主体所筹集的资金大多用于扩大再生产。资本市场上的交易对象是 1 年以上的长期证券。因为在长期金融活动中，涉及资金期限长、风险大，具有长期较稳定的收入，类似于资本投入，故称之为资本市场。资本市场包括股票市场、债券市场、基金市场等。

(二) 资本市场的特征

资本市场的特征包括：

(1) 融资期限长。资本市场的融资期限至少 1 年以上，最长可达数十年，甚至是永久性凭证。

(2) 流动性相对较差。在资本市场上所筹集的资金多用于解决中长期融资需求，充实固定资产，因此流动性相对较差。

(3) 风险大且收益较高。由于资本市场上融资期限较长，金额数量大，因此发生重大变故的可能性较大，市场价格容易波动，投资者需要承受较大的风险；同时作为对风险的报酬，其收益也较高。

二、股票市场

股票市场是指股票发行和转让流通的场所，包括股票发行市场和股票流通市场。

(一) 股票发行市场

股票发行市场是指股份有限公司直接或通过中介机构向投资者出售新发行的股票的市场。股票发行市场又称为一级市场、初级市场。所谓新发行的股票包括初次发行和再次发行的股票。前者是公司第一次向投资者出售的原始股，后者是在原来股本的基础上增加新的份额。

新股份公司的成立和老股份公司的增资都要借助于发行市场销售股票来筹集资金，使资金从盈余者手中转入短缺者手中，从而使社会闲散资金转化为投资，增加社会总资本和生产能力，以促进社会经济的发展。

1. 股票发行

确定股票的发行价格很重要。股票的发行价格过高，会使股票的发行数量减少，进而使股份公司不能筹到所需资金，股票承销商也会遭受损失；股票的发行价格过低，股票销售虽比较容易，但股份公司却会蒙受损失。

股票的发行价格一般有以下几种：

(1) 平价发行：按照股票面值的价格发行。

(2) 溢价发行：按照超过股票面值的价格发行。

(3) 折价发行：按照低于股票面值的价格发行。

目前，我国《公司法》规定股票发行价格不得低于股票面额。

2. 股票的发行方式

股票的发行方式一般可分为公募发行和私募发行。

(1) 公募发行。公募发行是指面向市场上大量的非特定的投资者公开发行股票。其优点是可以扩大股票的发行量，筹资潜力大；还可以扩大股东的范围，分散持股，防止囤积股票或被少数人操纵。这种发行方式有利于提高公司的社会性和知名度，为以后筹集更多的资金打下基础，也可增加股票的适销性和流通性。公开发行可以采用股份公司自己直接发售的方法，也可以支付一定的发行费用通过金融中介机构来发行。

(2) 私募发行。私募发行是指面向少数特定的投资者发行股票。其优点是可以节省委托中介机构的手续费，降低发行成本；还可以调动股东和内部的积极性，巩固和发展公司的公共关系。但这种不公开发行的股票具有流动性差，不能公开在市场上转让出售，因向投资者提供特殊优厚条件而使发行者的经营管理易受干预等缺点。

3. 股票的销售方式

股票的销售是指将股票推销给投资者。销售股票的方法有两种：一是发行人自己销售，称为自销；二是委托他人代为销售，称为承销。大部分情况下以承销为主。

承销是指委托专门的股票承销机构销售股票。股票承销机构即承销商在我国一般是指证券公司。按照发行风险的承担、所筹资金的划拨以及手续费的高低等因素划分，承销方式又有包销和代销两种。

(1) 包销。包销是指承销商将发行人的股票按照协议全部购入，或者在承销期结束时将售后剩余股票全部自行购入的承销方式。包销可分为全额包销和余额包销两种。

① 全额包销是指由承销商先全额购买发行人该次发行的股票，再向投资者发售，由承销商承担全部风险的承销方式。

② 余额包销是指承销商按照规定的发行额和发行条件，在约定的期限内向投资者发售股票，到销售截止日未售出的股票由承销商认购，并按约定时间向发行人支付全部股票款项的承销方式。

由于承销商一般都有较雄厚的资金，可以预先垫支，以满足上市公司急需大量资金的需要，因此上市公司一般都愿意将其新发行的股票采用包销方式。如果上市公司股票发行的数量太大，由一家证券公司包销有困难，还可以由几家证券公司联合起来包销。

(2) 代销。代销是指承销商代发行人发售股票，在承销期结束时将未售出的股票全部退还给发行人的承销方式。证券公司代销证券只向上市公司收取一定的代理手续费。

【想一想】
在股票销售方式中自销、包销、代销有什么不同？

(二) 股票流通市场

股票流通市场是指已经发行的股票进行流通转让的市场，又称作二级市场、次级市场。股票流通市场包括场内市场和场外市场两部分。

(1) 场内市场。场内市场即交易所市场，是股票流通市场的最重要的组成部分，是二级市场的主体。这种市场是指交易所会员、证券自营商或证券经纪人在证券市场内集中买卖上市股票的场所。场内市场具有固定的交易所和固定的交易时间，接受和办理符合有关法律规定的股票上市买卖，在市场上通过经纪人进行自由买卖、成交、结算和交割。目前，我国交易所有上海证券交易所和深圳证券交易所。

(2) 场外市场。场外市场又称为柜台市场，是指在证券交易所之外进行证券交易活动的市场。它与交易所共同构成一个完整的证券交易市场体系。在场外市场，每个证券商大多同时具有经纪人和自营商双重身份，随时与买卖证券的投资者通过直接接触或电话、电报等方式迅速达成交易。从交易效率的角度看，证券交易所要优于场外交易市场，但从交易的种类和灵活性来说，证券交易所不能取代场外交易市场。从整个市场结构来看，两者互为补充，不可偏废。

【深度阅读】

深圳证券交易所

深圳证券交易所(以下简称深交所)于 1990 年 12 月 1 日开始营业，是经国务院批准设立的全国性证券交易场所，受中国证监会监督管理。深交所履行市场组织、市场监管和市场服务等职责，主要包括：提供证券集中交易的场所、设施和服务；制定和修改本所的业务规则；审核、安排证券上市交易，决定证券暂停上市、恢复上市、终止上市和重新上市以及中国证监会许可、授权或者委托的其他职能。

深交所是实行自律管理的会员制法人，现有 118 家会员和 3 家特别会员。深交所立足服务实体经济和国家战略全局，经过 30 多年的发展，初步建立起板块特色鲜明、监管规范透明、运行安全可靠、服务专业高效的多层次资本市场体系。截至 2019 年 12 月底，深交所共有上市公司 2205 家，其中主板 471 家、中小板 943 家、创业板 791 家，总市值为 23.74 万亿元；挂牌债券(含资产支持证券)5998 只，挂牌面值为 2.08 万亿元；挂牌基金 530 只，资产净值为 1933 亿元。2019 年，深市各类证券成交总额达 100.8 万亿元，股票筹资额为 5089 亿元，固收产品融资额为 1.75 万亿元，沪深 300ETF 期权成功上市交易，深市多元化产品体系建设进一步完善。深交所坚持按照证监会"四个敬畏、一个合力"工作要求，在建设粤港澳大湾区和中国特色社会主义先行示范区中发挥着更大作用。

三、债券市场

债券市场是指发行和买卖债券的场所。成熟的债券市场是一个国家金融体系中不可或缺的部分，是一个国家金融市场的基础。债券市场可以为整个社会的投资者和筹资者提供低风险的投融资工具，同时它也是传递中央银行货币政策的重要载体。

(一) 债券发行市场

债券发行市场是指发行单位初次出售新债券的市场。发行单位基本是政府、金融机构、企业等资金需求者，这些资金需求者为筹措资金发行新债券，通过招投标或承销商将债券出售给投资人。

1. 债券发行价格

债券发行价格是指投资者认购新发行的债券实际支付的价格。债券的发行价格可以分为以下三种：

平价发行：债券的发行价格与面值相等。

折价发行：债券以低于面值的价格发行。

溢价发行：债券以高于面值的价格发行。

在面值一定的情况下，调整债券的发行价格可以使投资者的实际收益率接近市场收益率的水平。债券发行的定价方式以公开招标最为典型。

2. 债券发行运作过程

债券的发行与股票类似,不同之处主要有发行合同书和债券信用评级两个方面。同时,由于债券是有期限的,因而其一级市场多了一个偿还环节。

(1) 发行合同书。发行合同书也称为信托契约,是说明公司债券持有人和发行债券公司双方权益的法律文件,由受托管理人代表债券持有人利益监督合同书中各条款的履行。债券发行合同书一般很长,其中各种限制性条款占很大篇幅。对于债券发行人来说,一旦资不抵债而发生违约,债权人的利益会受到损害,这些限制性条款就会用来保护债权人利益。

(2) 债券信用评级。债券信用评级是指按一定的指标体系对准备发行债券的、还本付息的可靠程度作出公正客观的评定,并公布给投资者,以便投资者作出投资选择。除国债外,债券发行时往往要进行信用评级。由于受到时间、知识和信息的限制,广大投资者尤其是中小投资者无法对众多债券进行分析和选择,所以专业的信用评级机构作出的公正、权威的资信评级成为投资者衡量其投资风险及评估其投资价值的最主要依据。目前,国际上公认的最具权威的信用评级机构主要有美国的标准普尔公司、穆迪投资服务公司和惠誉国际信用评级有限公司。这些信用评级机构大都是独立的私人企业,不受政府控制,也独立于证券交易所甚至证券业之外。评级机构必须对自己的信誉负责,如果评出的级别不准确、不公正,不能被市场接受,那么评级机构的声誉将受到致命打击,不仅无法营利,甚至无法继续生存。

(3) 债券的偿还。债券的偿还一般可分为定期偿还和任意偿还两种方式。

定期偿还是指在经过一定宽限期后,每过半年或一年偿还一定金额的本金,到期时还清余额,一般适用于发行数量巨大,偿还期限长的债券。这种方式比较简单,发行时就明确偿还时间。

任意偿还是指债券发行一段时间(称为保护期)后,发行人可以任意偿还债券的一部分或全部,具体操作可根据早赎或以新偿旧条款,也可在二级市场上买回予以注销。

(二) 债券流通市场

债券流通市场是指已发行的债券在投资者之间买卖的场所。

1. 债券交易方式

债券交易方式主要有现货交易、期货交易和回购交易。

(1) 现货交易。现货交易是指债券买卖成交后,按成交价格及时进行实物交收和资金清算的交易方式。现货交易一般在成交的当日、次日或交易所指定的例行日进行交割。这是证券交易所采用的最基本、最常见的交易方式。

(2) 期货交易。期货交易是指买卖双方约定在将来某个日期按成交时双方商定的条件交割一定数量某种商品的交易方式。期货交易只能在期货交易所进行。

(3) 回购交易。回购交易是指交易者在卖出(或买入)债券的时候,事先约定到一定期间后按规定的价格再买回(或卖出)同一品种的债券。其实质是一种以债券作质押的短期资金的借贷交易。

2. 债券交易价格

债券发行后的交易价格受到多种因素的影响。

(1) 市场利率。债券的市场价格和市场利率呈反方向运动。若市场利率上升，超过债券票面利率，则债券持有人将以较低价格出售债券，将资金转向其他收益率较高的金融资产，从而引起债券的需求减少，价格下降；反之，若市场利率下降，债券票面利率相对较高，则资金流向债券市场，引起债券价格上升。

(2) 物价水平。当通货膨胀率较高时，人们出于保值的考虑，一般会将资金投资于房地产、黄金、外汇等可以保值的领域，从而引起债券需求量减少，债券价格下跌。

(3) 经济发展情况。债券价格会伴随社会经济发展的不同阶段而波动。在经济景气阶段，企业会增加投资，从而增加对资金的需求，因此对债券的需求会减少而供应增加，这样必然会使债券价格下降；相反，在经济衰退阶段，对债券的需求会增加而供给减少，于是债券价格上升。

(4) 中央银行的公开市场操作。为调节货币供应量，中央银行于信用扩张时在市场上抛售债券，引起债券价格下跌；而当信用萎缩时，中央银行又从市场上买进债券，引起债券价格上涨。

【深度阅读】

2019 年我国债券市场运行状况

2019 年，我国债券市场发行规模稳步扩大，现券交易量增加，市场投资者结构进一步多元化。2019 年，我国债券市场共发行各类债券 45.3 万亿元，较上年增长 3.1%。其中，银行间债券市场发行债券 38.0 万亿元，同比下降 0.3%。截至 2019 年 12 月末，债券市场托管余额为 99.1 万亿元，其中银行间债券市场托管余额为 86.4 万亿元。2019 年，我国国债发行 4.0 万亿元，地方政府债券发行 4.4 万亿元，金融债券发行 6.9 万亿元，政府支持机构债券发行 3720 亿元，资产支持证券发行 2.0 万亿元，同业存单发行 18.0 万亿元，公司信用类债券发行 9.7 万亿元。近年来债券市场主要债权品种发行量变化情况如图 7-3-1 所示(数据来源：中央结算公司、上海清算所、上交所、深交所)，全球三大评级机构债权信用评级等级如表 7-3-1 所示。

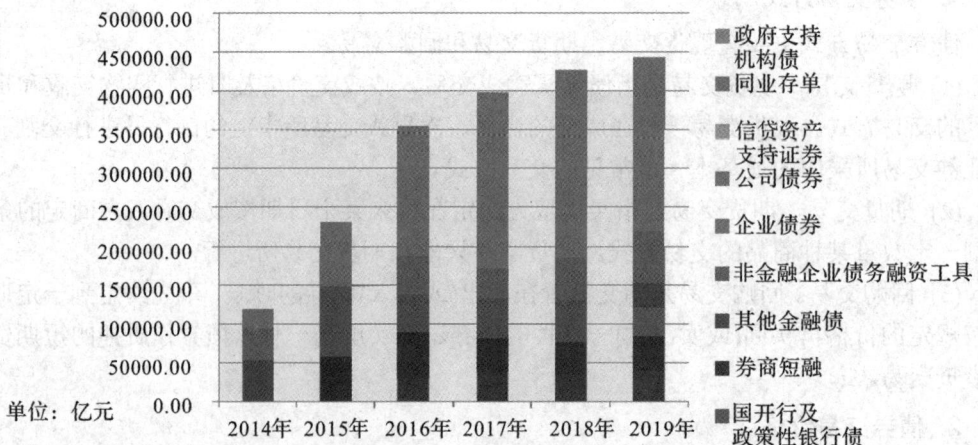

图 7-3-1　近年来债券市场主要债权品种发行量变化情况

表7-3-1 全球三大评级机构债权信用评级等级

穆迪	标准普尔	惠普	说明
Aaa	AAA	AAA	最高安全级
Aa1	AAA-	AAA-	高安全级
Aa2	AA	AA	
Aa3	AA-	AA-	
A1	A+	A+	中上安全级
A2	A	A	
A3	A-	A-	
Baa1	BBB+	BBB+	中下安全级
Baa2	BBB	BBB	
Baa3	BBB-	BBB-	
Ba1	BB+	BB+	非投资级
Ba2	BB	BB	投机级
Ba3	BB-	BB-	
B1	B+	B+	高度投机级
B2	B	B	
B3	B-	B-	
Caa1	CCC+		风险级
Caa2	CCC		低声誉级
Caa3	CCC-		
Ca	—		极度投机级
C	—	—	可能违约级
—	—	DDD	违约级
—	—	DD	
—	D	D	

四、基金市场

基金市场是指进行基金交易的场所，是资本市场的重要组成部分，也是证券市场发展到一定阶段的必然趋势。基金市场的发展壮大对我国资本市场和宏观经济发展有着非常重要的作用，对拓宽投资渠道，增加企业融资渠道，保障证券市场平稳运行，为社会保障资金提供安全的投资渠道等方面有着积极的作用。

（一）证券投资基金的概念

证券投资基金是指一种利益共享、风险共担的集合证券投资方式，即通过发行基金份额集中投资者的资金，由基金托管人托管，由基金管理人管理和运作，以组合投资方式进行证券投资，所得收益按出资比例由投资者分享的投资工具。

证券投资基金在不同国家或地区的称谓有所不同，在美国称为"共同基金"，在英国和我国香港地区称为"单位信托基金"，在日本和我国台湾地区称为"证券投资信托基金"，目前在我国大陆则统称为"证券投资基金"。

(二) 证券投资基金的特征

证券投资基金的特征包括：

(1) 集合投资，降低成本。证券投资基金将众多投资者的小额资金集中起来，表现出集合投资的特点。单个投资者由于资金规模较小，在投资时往往交易量较小，导致较高的交易成本。而证券投资基金可以发挥资金的规模优势，显著地降低交易成本，从而使投资者也能实现与机构投资者类似的规模收益。

(2) 组合投资，分散风险。现代证券投资理论表明，组合投资可以规避分散风险。中小投资者如果要投资多种证券，可能会被资金规模所限，或者会有高额的交易成本。证券投资基金则可以同时投资于数十种甚至数百种证券，使基金所持有的证券组合的风险充分分散。

(3) 专家管理，服务专业。证券投资基金由专业的基金管理人进行投资管理。这些专业人士在信息、经验、时间、研究能力和投资技巧等方面更具有优势。同时，证券投资基金从发行、交易、申购、赎回到收益分配和再投资都有专门的机构负责办理。因此，基金投资者能享受到专业化的投资管理和服务所带来的好处。

(4) 监管严格，信息透明。证券投资基金拥有较大的资金量，其交易行为会对市场产生一定的影响，因此各国的法律、法规都对基金业实行严格的监管。基金发起人、管理人、托管人的资格和职责，基金的投资对象和数量，基金的交易行为都会受到一定的限制。

(5) 实行托管制度。证券投资基金的管理人只负责基金的投资运作，并不负责基金财产的保管。基金财产则由独立于基金管理人的基金托管人负责保管。资产管理和财产保管相分离使基金管理人和基金托管人能相互监督、相互制衡，从而减少损害基金持有人利益的行为。

(三) 证券投资基金的类型

1. 按组织形式划分

按组织形式划分，证券投资基金可分为契约型投资基金和公司型投资基金。

契约型投资基金也称为信托投资型基金，是根据一定的信托契约原理，通过发行受益凭证来筹集资金，由基金发起人和基金管理人、基金托管人订立契约而组建的投资基金。

公司型投资基金是依据公司法组成的、以营利为目的并投资于特定对象的股份制投资公司。实质上，它是由具有共同投资目标的投资者组成的、以营利为目的的股份制投资公司，即基金发起人所组织的投资公司的性质是股份有限公司，其设立程序和组织结构与一般股份公司类似。公司通过发行股份筹集资金，基金的投资者是公司股东，凭其持有的股份享有权益，履行义务。

2. 按运作方式划分

按运作方式划分，证券投资基金可分为封闭型基金和开放型基金。

封闭型基金是指设立基金时限定基金的发行总额，在初次发行达到预定的发行计划后，基金宣告成立，并加以封闭。在封闭期内不再追加发行新的基金份额，投资者也不能要求赎回。

开放型基金是指基金发行总额不固定，在基金按规定成立后，投资者可以在规定的场所和开放的时间内向基金管理人申购或赎回基金份额的基金。开放型基金有利于扩大基金的规模，并具有较强的流动性和变现能力。

3. 按投资对象划分

按投资对象划分，证券投资基金可分为股票基金、债券基金、混合基金、货币市场基金、指数基金、期货基金和期权基金等。

股票基金是指 80%以上的基金资产投资于股票的基金。

债券基金是指 80%以上的基金资产投资于债券的基金。

混合基金是指同时以股票和债券为投资对象的基金，预期收益高于债券基金，风险低于股票基金。

货币市场基金是指以货币市场上的短期有价证券，如国库券、商业票据、大额可转让存单、回购协议等为投资对象的投资基金。它具有收益稳定、流动性强、购买限额低、资本安全性高等特点。

指数基金是 20 世纪 70 年代出现的基金品种，它采取被动投资方式，投资组合跟踪、复制所选取的特定指数进行投资。收益随指数变动，使投资者获得与市场平均收益相近的投资回报，风险能被有效分散，受到稳健投资者的欢迎。

4. 按基金的募集方式划分

按基金的募集方式划分，证券投资基金可分为私募基金和公募基金。

私募基金是仅仅向合格投资者(主要指抗风险能力较强的高净值人群)募集资金的基金，由于资金来源的投资者少，因此可以免除很多监管要求的信息披露义务。

公募基金是向全体投资者开放认购的基金，就是公开募集，比如 IPO(首次公开募股)、配股、增发等都是公开募集。银行吸收存款，其实也是广义的公募。2020 年 6 月公募基金资产统计如表 7-3-2 所示。

表 7-3-2　2020 年 6 月公募基金资产统计

| 更新日期 | 类别 | 封闭式 | 开放式 | | | | | | 开放式合计 | 合计 |
			股票基金	混合基金	货币市场基金	债权基金	CDII	其他		
2020年06月	基金数量/只	975.00	1262.00	2848.00	335.00	1615.00	162.00	—	6222.00	7197.00
	份额/亿份	17 710.49	10 231.84	18 559.93	75 677.60	28 624.19	1079.12	—	134 172.68	151 883.17
	净值/亿元	18 835.43	15 382.81	26 728.89	75 731.73	31 180.46	1184.61	—	150 208.50	169 043.93

【深度阅读】

阳光私募基金

阳光私募基金是借助信托公司发行的, 经过监管机构备案, 资金实现第三方银行托管, 有定期业绩报告的投资于股票市场的基金, 由投资顾问公司作为发起人、投资者作为委托人、信托公司作为受托人、银行作为资金托管人、证券公司作为证券托管人, 依据《信托法》及《信托公司集合资金信托计划管理办法》发行设立的证券投资类信托集合理财产品。

(1) 阳光私募基金与一般私募证券基金的区别主要在于规范化、透明化。因为借助信托公司平台发行能保证私募认购者的资金安全。

阳光私募基金主要投资于二级证券市场, 定期公开披露净值, 具有合法性、规范性。基金是由专业的投资顾问(阳光私募公司)发起, 借助信托平台发行, 资金实现第三方银行托管, 证券交由证券公司托管, 在银监会的监管下, 主要投资于股票市场的高端理财产品。阳光私募基金向特定高净值客户募集, 业绩一般优于公募基金。

(2) 阳光私募基金共有四方参与: 阳光私募基金公司、信托公司、银行和证券公司。

阳光私募基金公司负责证券市场投资; 信托公司是产品发行的法律主体, 提供产品运作的平台并承担部分监管职责; 银行作为资金托管人, 保障投资者资金安全; 证券公司作为证券托管方, 保障证券的安全性。另外, 除了通过信托平台发行, 还有通过有限合伙企业、券商资管通道、公募基金一对一专户发行的阳光私募基金。

(3) 阳光私募基金一般仅指以"开放式"发行的私募基金。所谓开放式, 即基金认购者需要承担所有投资风险及享受大部分的投资收益, 私募基金公司不承诺收益。私募基金管理公司的盈利模式一般是收取总资金 2%左右的管理费和投资盈利部分的 20%作为佣金收入, 这种收费模式即是俗称"2-20"收费模式(2%管理费+20%盈利部分提成)。这种 2-20 收费模式是私募基金国际流行的收费模型。"结构式"的阳光私募基金, 就是指将受益人分为不同种类进行结构划分, 比如将受益人划分为优先受益人和一般受益人, 特别受益人和一般受益人, 以此为基础来分配利益。认购阳光私募基金, 一般至少在 100 万元以上, 多则达到三四百万元。对于个别上亿元的巨额资金, 投资顾问公司则推出大客户专项管理服务。

【想一想】
登录中国证券投资基金业协会官网 http://www.amac.org.cn/, 请指出目前我国总资产规模排名前 5 位的基金公司分别是什么基金公司? 其旗下产品有什么?

任务四　金融衍生品市场

金融衍生品市场是交易转让金融衍生工具的市场。金融衍生品市场的首要功能是避险，这是金融衍生品赖以存在和发展的基础。如果运用得当，可以规避风险，反之会是金融市场最大的风险来源。金融衍生工具是 20 世纪 70 年代以来国际金融创新浪潮和金融自由化的产物，其产生的最基本原因是规避风险；同时金融机构竞争加剧推动了其快速发展；新技术革命和科技进步为其提供了物质基础。

一、金融衍生工具的概念与特征

(一) 金融衍生工具的概念

金融衍生工具又称为金融衍生品，是指在原生性金融工具(如股票、债券、货币等)基础上派生出来的金融工具或金融商品。金融衍生工具是交易双方通过对利率、汇率、股价等因素变动趋势的预测，约定在未来某一时间按照一定条件进行交易或选择是否交易的合约。它通常以合约的形式出现，合约的价值取决于相应的原生性金融工具的价格及其变化，合约通常包括远期合约、期货合约、期权合约和互换合约四种。

(二) 金融衍生工具的特征

金融衍生工具的特征包括：

(1) 跨期性。无论是哪一种金融衍生工具，都会影响交易者在未来一段时间内或未来某时点上的现金流，跨期交易的特点十分突出。这就要求交易双方对利率、汇率、股价等价格因素的未来变动趋势作出准确判断。

(2) 杠杆性。金融衍生工具交易一般只需要支付少量的保证金或权利金就可签订大额的远期合约或互换合约。例如：期货交易保证金通常为合约金额的 5%，期货交易者则可以控制 20 倍于所投资金额的合约资产，实现"以小搏大"的效果。金融衍生工具的杠杆效应在一定程度上决定了它的高投机性和高风险性。

(3) 虚拟性。投资金融衍生工具取得的收益并非来自相应的原生商品的增值，而是来自原生商品的价格变化。当原生商品是股票、债券等虚拟资本时，相应的衍生工具则更具有双重虚拟性。

(4) 高风险性。金融衍生工具的杠杆性、虚拟性特征和表外业务决定了金融衍生工具必然与风险相伴随。金融衍生工具的交易后果取决于交易者对基础工具(变量)未来价格(数值)的预测和判断的准确程度。基础工具价格的变幻莫测决定了金融衍生工具交易盈亏的不稳定性，这是金融衍生工具高风险性的重要诱因。同时，金融衍生工具伴随着以下几种风险：交易中对方违约，没有履行所作承诺造成损失的信用风险；因资产或指数价格不利变动可能带来损失的市场风险；因市场缺乏交易对手而导致投资者不能平仓或变现所带来的流动性风险；因交易对手无法按时付款或交割可能带来的结算风险；因交易或管理人员的人为错误或系统故障、控制失灵而造成的运作风险；因合约不符合所在国法律而无法履行或合约条款遗漏及模糊导致的法律风险。

二、金融衍生工具的分类

金融衍生工具的分类方法很多，按照不同的标准，主要有以下几种分类：

(1) 根据基础资产不同分类。根据基础资产不同，可以将金融衍生工具分为股票衍生工具、利率衍生工具、货币或汇率衍生工具。

(2) 根据交易形式不同分类。根据交易形式即合约类型不同，可以将金融衍生工具分为远期合约、期货合约、期权合约和互换合约。

(3) 根据交易场所不同分类。根据交易场所不同，可将金融衍生工具分为场内金融衍生工具和场外金融衍生工具。场内金融衍生工具主要有期货合约、期权合约；场外金融衍生工具主要有远期合约和互换合约。

三、金融远期合约

(一) 金融远期合约的含义

金融远期合约是指交易双方约定在未来某一确定时间，按照确定的价格买卖一定数量的某种金融资产的合约。在金融远期合约中，未来将买入标的物的一方称为多方，未来将卖出标的物的一方称为空方，合约中规定的未来买卖标的物的价格称为交割价格。

(二) 金融远期合约的特点

金融远期合约的特点包括：

(1) 它是非标准化合约。远期合约标的资产的数量、种类及交割价格等都由交易双方议定。因此，远期合约具有鲜明的个性化特征，是一种非标准化的合约，往往只能适应特定交易双方的需要，难以形成有效的二级市场。

(2) 多数采用实物或现金交割。远期合约是由双方达成协议，如果要中途取消，必须经双方同意，因此，任何一方都不能单方面取消合约。大部分远期合约最后都以实物或现金方式交割。

(3) 主要在机构之间交易。由于缺乏统一的交易、清算系统和保证金机制，因此建立在信用交易基础之上的远期交易经常在存在频繁的业务往来、具有良好信用的大机构之间进行。

(4) 用于套期保值和风险控制。当某一机构持有一定数量的现货资产时，为规避该资产价格在未来下跌的风险，该机构可以通过远期合约卖出相应数量的资产，从而锁定了标的资产的未来价格。

(三) 金融远期合约的种类

金融远期合约主要有远期外汇协议、远期利率协议等。下面主要介绍远期外汇协议。

远期外汇协议是指外汇买卖双方在成交时先就交易的货币种类、数额、汇率及交割的期限等达成协议，并用合约的形式确定下来，在规定的交割日双方再履行合约办理实际的收付结算。远期外汇协议的主要目的就是规避汇率风险，不论是有远期外汇收入的出口企业，还是有远期外汇支出的进口企业，都可以与银行订立远期外汇协议，按约定的价格在将来到期时进行交割，避免进口产品成本上升和出口销售收入减少所导致的损失，以控制结算风险。例如：国内某进口商 1 个月后有 1000 万美元的外汇支付，它可以通过买进 1个月远期美元 1000 万来避险。

四、金融期货合约

20 世纪 70 年代，布雷顿森林体系崩溃后，固定汇率制转换为浮动汇率制，国际上金融风险持续增大，为了规避汇率风险金融期货产生了。金融期货合约最早出现在美国，目前不断创新开发出新的期货合约产品。

(一) 金融期货合约的含义

金融期货合约是指由交易双方订立的，约定在未来某个日期以成交时所约定的价格交割一定数量的某种金融商品的标准化契约。

金融期货合约是期货交易的一种。金融期货合约的基础工具是各种金融工具(或金融变量)，如外汇、债券、股票、价格指数等。所以金融期货合约是以金融工具(或金融变量)为基础工具的期货交易。

(二) 金融期货的基本特征

期货交易是一种标准化的远期交易，远期交易本质上属于现货交易，是现货交易在时间上的延伸。远期交易与期货交易有许多相似之处，最突出的是两者均为买卖双方约定在未来某一特定的时间，以约定的价格买入或卖出一定数量的商品。远期交易是期货交易的雏形，期货交易是在远期交易的基础上发展起来的。两者区别如下：

(1) 交易场所不同。远期交易是场外交易，期货交易是场内交易。

(2) 履约方式不同。远期交易的履约方式以实物交收为主；而期货交易有实物交割与对冲平仓两种，绝大部分的期货合约都是通过对冲平仓的方式了结。

(3) 信用风险不同。远期交易由于单方违约或其他因素造成不能履约会给另一方带来较高的信用风险；而期货交易中以保证金为基础，实行每日无负债结算制度，信用风险极小。

(4) 保证金制度不同。期货交易买卖双方都必须交保证金，而远期交易一般不收取保证金。

(5) 合约形式不同。期货交易合约是标准化合约，其每份合约金额、交割日期都是标准的；而远期交易合约由买卖双方协商确定。

(三) 金融期货市场的基本功能

一般来讲，成功运作的金融期货市场具有价格发现和套期保值两大功能。

(1) 价格发现。由于期货交易是集中在交易所进行的，而交易所作为一种有组织、规范化的统一市场，集中了大量的买者和卖者，通过公开、公平、公正的竞争形成价格，基本上反映了真实的供求关系和变化趋势。与现货市场相比，期货市场价格对未来市场供求关系变动有预测作用，它可以把国内市场价格与国际市场有机地结合在一起。期货市场大大改进了价格信息质量，使远期供求关系得到显示和调整。期货市场信息是企业经营决策和国家宏观调控的重要依据。

(2) 套期保值。套期保值是指投资者在现货市场和期货市场对同一种类的金融资产同时进行数量相等但方向相反的买卖活动，即在买进或卖出金融资产现货的同时，在期货市场上卖出或买进同等数量的该种金融资产期货，使两个市场的盈亏大致抵消，以达到防范价格波动风险的一种投资行为。之所以能够实现保值，是因为期货价格与现货价格存在着平行性和收敛性的关系。平行性是指期货价格与现货价格同方向变化；收敛性是指期货价格到期收敛于当时的现货价格。

同时，因为期货市场上有大量的投机者参与，他们根据市场供求变化的种种信息对价格走势作出预测，靠低买高卖赚取利润。这些投机者承担了市场风险，制造了市场流动性，使期货市场风险转移的功能得以顺利实现。

(四) 金融期货市场的种类

根据交易的期货合约种类不同，金融期货市场分为外汇期货市场、利率期货市场和股票指数期货市场。

(1) 外汇期货市场。外汇期货市场是指对外汇期货合约进行交易的市场。外汇期货合约是由交易所制定的一种标准化合约，在合约中对交易币种、合约金额、交易时间、交割月份、交割方式、交割地点等内容均有统一的规定，交易双方在外汇期货市场上通过公开竞价的方式达成合约中唯一没有规定的成交价格，从而完成外汇期货合约的买卖。

20 世纪 70 年代，布雷顿森林货币体系崩溃，固定汇率制转变成浮动汇率制，由于浮动汇率制度下汇率风险剧增，芝加哥商品交易所于 1972 年 5 月 16 日在该交易所内创建了外汇期货交易，使货期交易的对象从农产品、金属等实物扩展到金融商品。随后，西方主要发达国家相继效仿，目前外汇期货合约的种类及交易量发展得非常迅速，外汇期货市场成为规避外汇风险一个很有效的中心市场。

(2) 利率期货市场。利率期货市场是指对利率期货合约进行交易的市场。利率期货合约是指由交易双方订立的，约定在未来某日期以成交时确定的价格交收一定数量的某种利率相关资产(如各种债务凭证)的标准化契约。

20 世纪 70 年代中期以来，西方各国纷纷推行金融自由化政策，以往的利率管制得以放松甚至取消，导致利率波动日益频繁且剧烈。面对日益上升的利率风险，利率期货应运而生。目前，利率期货已成为全球期货商品的主流。

(3) 股票指数期货市场。股票指数期货市场是指对股票指数期货合约进行交易的市场。股票指数期货合约是指在期货市场上以股票价格指数作为基础的标准化期货合约。

股票指数期货的产生源于股票市场价格波动的风险。股票价格经常剧烈的波动会给股票投资者带来巨大的风险，为了减轻股价波动带来的风险，同时也为一些无力从事股票交易的投资者提供机会，以股票指数为交易对象的期货应运而生，股票指数期货便在全球范围内开展起来。

五、金融期权合约

(一) 金融期权合约的含义

期权又称为选择权，是指买方支付权利金后获得一种权利，即可以在规定期限内按买卖双方约定的价格购买或出售一定数量某种资产的权利。若期权交易的标的资产是金融产品，该期权合约就属于金融期权合约。

期权买方为了获得这个权利必须向期权卖方支付一定的费用，此费用被称为权利金或者期权费。金融期权成交后，买方以支付期权费为代价，拥有在约定期限内以约定价格购买或出售一定数量某种金融资产的权利，而不用承担必须买进或卖出的义务；卖方收取期权费后，在约定期限内必须无条件服从买方的选择并履行成交时的许诺。

期权交易是以选择权为交易对象的买卖，而不是现实金融资产的买卖。尽管在期权成交时双方已就可能发生的现实金融资产的成交价格达成协议，但这种交易是否发生，取决于期权买方的选择。

（二）期权交易的特征

期权交易的特征包括：

(1) 期权交易是权利金的交易。买方获得的权利是以权利金的付出为代价的，权利金付出就不能收回。

(2) 买方与卖方的权利和义务不对等。买方拥有权利，买方的权利是可以选择的，可以执行，也可以放弃；卖方只有义务。

(3) 买方与卖方的收益和风险不对等。买方风险有限，收益无限；卖方收益有限，风险无限。

（三）金融期权的种类

1. 按期权权利性质划分

按期权权利性质划分，金融期权可分为看涨期权和看跌期权。

(1) 看涨期权。看涨期权也称为认购期权，是指期权的买方在支付一定期权费后得到一种将来可按协定价格买进一定数量的某种金融资产的权利。投资者通常会在预期某种金融资产的价格将要上涨时买入看涨期权。

(2) 看跌期权。看跌期权也称为认沽期权，是指期权的买方在支付一定期权费后获得一种将来可按协定价格卖出一定数量的某种金融资产的权利。投资者通常会在预期某种金融资产的价格将要下跌时卖出看跌期权。

2. 按期权行权时限划分

按期权行权时限划分，金融期权可分为欧式期权和美式期权。

(1) 欧式期权。欧式期权是指只允许期权的持有者在期权到期日行权的期权合约。

(2) 美式期权。美式期权是指允许期权持有者在期权到期日前的任何时间都可以行权的期权合约。

3. 按期权合约的标的资产划分

按期权合约的标的资产划分，金融期权可分为股票期权、外汇期权和股价指数期权。

(1) 股票期权。股票期权是指期权买方可在一定时间内按照协议价格买进或卖出一定数量某种股票的权利合约。

(2) 外汇期权。外汇期权是指期权买方可在一定时间内按协议汇率买进或卖出一定数量某种外汇的权利合约。

(3) 股价指数期权。股价指数期权是指买卖股票价格指数的期权合约。

2015 年 2 月 9 日，我国资本市场首个股票期权产品上证 50ETF 期权在上海证券交易所正式上市交易，开启了我国期权市场发展的序幕。这是我国资本市场的第一个上市期权产品，填补了我国证券交易所的产品空白。

六、金融互换合约

(一) 金融互换合约的含义

金融互换合约是指一种交易双方约定在一定时间内按照事先约定的条件来交换一系列现金流的金融合约。金融互换合约是 20 世纪 80 年代初出现在国际金融市场上的一种金融衍生工具，它集外汇市场、货币市场和资本市场业务于一身，既是融资工具的创新，又是风险管理的新手段。目前，许多跨国银行及一些投资银行都提供安排互换协议交易的服务，形成了一个无形的互换协议交易网络。

(二) 金融互换合约的种类

1. 利率互换

利率互换是指交易双方在一定时期内，针对本金交换不同计息方法计算的利息支付义务的互换协议。利率互换之所以会发生，是因为存在以下两种交易需求：一是存在不同的筹资意向。例如：一方可以得到固定利率贷款，但希望以浮动利率凑集资金；另一方可以得到浮动利率贷款，但希望以固定利率筹集资金。通过互换交易，双方均可以获得希望的融资方式，这种融资方式往往是为了规避双方认为可能存在的利率风险。二是存在比较优势，可以通过互换交易降低资金成本。例如，某些公司在固定利率市场借款时具有比较优势，而其他公司在浮动利率市场借款时具有比较优势，可以通过利率互换将比较优势发挥出来。

2. 货币互换

货币互换是指交易双方之间在未来的一段时间内交换两种不同货币的本金和利息现金流。货币互换的主要原因是双方在各自国家中的金融市场上具有比较优势，货币互换的双方可以按两种货币的固定汇率交易，也可以按浮动汇率交易。

【深度阅读】

我国金融期货市场的发展

我国 20 世纪 90 年代初开展了金融期货交易试点。1992 年 6 月 1 日，上海外汇调剂中心率先推出了外汇期货交易。此后推出了多种金融期货产品，但这些试点未取得成功。2006 年 9 月 8 日，经国务院同意，中国证监会批准，由上海期货交易所、郑州商品交易所、大连商品交易所、上海证券交易所和深圳证券交易所在上海共同发起设立中国金融期货交易所。这是我国成立的第四家期货交易所，也是我国成立的首家金融衍生品交易所。中国金融期货交易所的成立，对于深化资本市场改革、完善资本市场体系、发挥资本市场功能具有重要的战略意义。

2010 年 4 月，中金所推出沪深 300 股指期货，它是以沪深 300 指数作为标的物的期货品种。2012 年 2 月 10 日，中金所宣布，将于 2 月 13 日正式启动国债期货仿真交易。2013 年 9 月，中金所推出了国债期货合约。国债期货的上市是我国经济金融体制改革中的一件重大事项，对于促进债券市场改革发展、加快多层次资本市场建设、提升直接融资比重、推进利率市场化改革具有重大意义。根据中国金融期货交易所公布的数据，2019 年我国股指期货成交量达到 5328.13 万手，成交额为 54.80 万亿元，同比增长 225.8%；国债期货成交量达到 1303.21 万手，成交额为 14.82 万亿。经过多年的发展和探索，我国的金融期货市场取得了长足发展。

> **【想一想】**
> 登录中金所期货期权学院 http://www.e-cffex.com.cn/web/gzqqgame/网址，通过网站学习你收获了什么？

【深度阅读】

股指期货的起源和发展简析

20 世纪 70 年代初，伴随着布雷顿森林体系解体和美元汇率的自由浮动，通胀水平不断提高，股票市场也遭遇了严重冲击。在当时缺少避险工具的情况下，投资者在遭遇市场动荡时只能单纯地抛售股票。面对这种困境，人们将目光投向了期货。当时的芝加哥是世界上最大的期货市场，但其品种主要以农产品为主。既然农产品期货可以为农产品价格波动提供风险管理和对冲工具，为什么不能发明基于股指的金融期货，用来管理股市风险呢？在这样的思路下，人们开始将股指期货的开发付诸实践。例如，1977 年 10 月，堪萨斯期货交易所(KCBT)向美国商品期货交易委员会(CFTC)正式提交了报告，提出开发以股票指数为标的的期货产品来规避股票投资中的系统风险。

不过，美国股指期货的开发并非一帆风顺，因为当时的股指期货没有任何先例，这一设想也遇到不少阻力。首先，在使用指数问题上，交易所需要得到指数公司的同意。在众多股票指数中，历史最悠久、当时市场认可度最高的道琼斯工业平均指数，成了各家交易所开发股指期货的首选标的指数。然而，由于种种原因，在使用道琼斯指数问题上，当时的 KCBT、CBOT、CME 三家期货交易所都未能与道琼斯公司达成协议。其次，由于当时还没有出现现金交割，因此股指期货无法解决期货合约到期交割的问题。股票指数同其他实物商品或金融工具不同，它由一篮子股票组成，商品期货和其他金融期货可在合约到期时交割实物，而股指期货则存在困难，因为这意味着交割若干类型且权重不同的股票组合，这对于交易双方来说都是不现实的。

直到 1981 年，CME 推出了欧洲美元期货，当合约到期时采用现金结算的办法，即到期时盈利一方从亏损一方获取收益完成一笔交易的清算。这次革新使股票指数期货的交割难题从操作层面得以解决。再次，当时股指期货的诞生还面临谁来监管的问题。在股指期货诞生前，美国的股票市场与期货市场分别由证券交易委员会(SEC)和 CFTC 分别进行监管。由于股指期货横跨了股票市场与期货市场，一时难以明确监管主体。1981 年，CFTC 与 SEC 就股票指数及股票衍生产品的管辖权达成协议并签署了《Shad-Johnson 协定》，确定美国股指期货及股指期货期权的监管权归 CFTC，而 SEC 则对股票期权、股票指数期权享有监管权，同时还规定股指期货合约的设计必须满足现金交割等一系列限制条件。该协定的签署从制度层面为股指期货的推出铺平了道路。

在无法使用道琼斯指数的情况下，CME 将目标确定在标普 500 指数上，于 1980 年 2 月与标准普尔公司达成协议。标普 500 指数期货在上市后取得了巨大的成功，仅仅 5 个月后，交易量便超过了当时其他股指期货的总和。在此之后，股指期货开始加速发展，美国各大交易所均纷纷推出了股指期货。随着美国股票市场的发展，股指期货合约也在逐渐发生着演变，不断适应新的市场需求。

习题与实训

一、单项选择题

1. 下列属于货币市场的有(　　)。
A. 债券市场　　　　B. 股票市场　　　　C. 基金市场　　　　D. 大额可转让定期存单市场
2. 在证券交易所内进行的交易称为(　　)。
A. 场内交易　　　　B. 场外交易　　　　C. 柜台交易　　　　D. 第三市场交易
3. 贴现银行将已贴现未到期的汇票转让给中央银行的融资行为称为(　　)。
A. 转贴现　　　　B. 贴现　　　　C. 再贴现　　　　D. 出票
4. 股票流通市场又称为(　　)。
A. 一级市场　　　　B. 二级市场　　　　C. 初级市场　　　　D. 主板市场
5. 证券投资基金在美国被称为(　　)。
A. 共同基金　　　　　　　　　　B. 单位信托基金
C. 证券投资信托基金　　　　　　D. 证券投资基金

二、多项选择题

1. 以下属于一级市场的是(　　)。
A. 发行股票　　　　　　　　　　B. 商业银行发行债券
C. 企业发行债券　　　　　　　　D. 投资者在交易所买卖股票
2. 股票通常具有以下(　　)特点。
A. 无偿还期限　　　　B. 代表股东权利　　　　C. 风险性较强
D. 流动性较差　　　　E. 可转化为债权
3. 资本市场通常由(　　)组成。
A. 同业拆借市场　　　　B. 股票市场　　　　C. 债券市场
D. 投资基金市场　　　　E. 回购市场
4. 证券投资基金的特点是(　　)。
A. 专家理财　　　　B. 分散风险　　　　C. 无到期期限　　　　D. 组合投资

5. 债券的偿还，一般分为(　　　)两种方式。

A. 定期偿还 　　　　　　 B. 任意偿还 　　　　　　 C. 活期偿还

D. 固定偿还 　　　　　　 E. 永不偿还

6. 我国金融衍生品市场有(　　　)。

A. 股票市场 　　　　　　 B. 期货市场 　　　　　　 C. 期权市场

D. 债券市场 　　　　　　 E. 贴现市场

三、简答题

1. 金融市场发挥什么功能？

2. 公募发行和私募发行有何区别？

3. 简述资本市场类型。

4. 简述货币市场类型。

5. 股票发行和债券发行有何区别？

四、实训题

· 实训 1

实训目的：了解股票的开户过程。

实训名称：实地走访证券营业部。

实训任务：

1. 学生就近参观证券公司营业部。

2. 学生分组完成实训报告，汇报并讨论。

3. 教师进行总结。

· 实训 2

实训目的：认知我国货币市场。

实训名称：了解我国货币市场类型。

实训任务：

1. 学生在实训室登录全国银行间同业拆借中心官网 http://www.chinamoney. com. cn/chinese/，并完成实训的总结性报告。

2. 学生分组汇报并讨论。

3. 教师进行总结。

项目八　通货膨胀与通货紧缩

【知识目标】

(1) 了解通货膨胀的基本含义、类型及形成的原因。

(2) 掌握通货膨胀对经济的影响及治理对策。

(3) 了解通货紧缩的基本含义、类型及形成的原因。

(4) 掌握通货紧缩对经济的影响及治理对策。

【能力目标】

(1) 能够辨析通货膨胀和通货紧缩的经济现象。

(2) 能够解释通货膨胀和通货紧缩的成因。

(3) 能够分析通货膨胀和通货紧缩的治理措施。

【案例导入】

面值最大的货币

在金融界，非洲国家津巴布韦因 21 世纪初爆发的传奇性通货膨胀和发行 100 万亿面值的纸币而受到大家的瞩目。津巴布韦曾经是英国殖民地罗德西亚联邦的一部分，于 1980 年实现独立。津巴布韦一度被誉为"非洲面包篮"，矿产资源也非常丰富。作为南部非洲第二大经济体，津巴布韦的 GDP 增长曾连续两年达到 21%，是撒哈拉以南非洲国家 GDP 增长率的 3 倍。良好的工农业基础和较高的受教育水平使津巴布韦曾经被认为是最有希望率先进入发达国家行列的非洲国家。

津巴布韦的变化从 2000 年开始。由于总统穆加贝开始大力推行"土地改革"政策，强行收回白人农场主的土地，将之分配给无地或少地的黑人。这场激进的掠夺式土地改革使农业进入了持续的萎缩，引发了粮食危机；国际资本的外逃更使得该国的农业、旅游业和采矿业随之一落千丈，大大破坏了津巴布韦原有的经济体系。产业失败、资本流出、西方国家的制裁，再加上津巴布韦政府内部政党纷争与超发货币，使得津巴布韦出现了恶性通货膨胀。

2008 年年初，政府已经开始发行 1 百万、5 百万、1 千万、5 亿元，到后来的 50 亿、250 亿、500 亿的钞票。为了应对完全失控的通货膨胀，津巴布韦 2008 年 7 月 21 日发行面额 1000 亿津元的钞票，不过这样一张钞票，不足以购买一个面包。2009 年，津巴布韦发行了世界上最大面额的新钞，这套面额在万亿以上的新钞包括 10 万亿、20 万亿、50 万亿和 100 万亿津元四种。最高峰时期，100 万亿津巴布韦币=30 美元=210 元人民币。价格涨得极其迅速，商店里的价格标签甚至来不及更换，标签的价格从 300 万"津巴布韦币"

一直涨到几万个亿"津巴布韦币"。所以,人们用"津巴布韦币"买东西不是论张,而是按堆和论斤来衡量货币的数量,让人听了匪夷所思,但绝对是真实的。成堆的津巴布韦币如图 8-0-1 所示。

图 8-0-1 成堆的津巴布韦币

【思考】

(1) 什么是通货膨胀?

(2) 通货膨胀的危害是什么?

(3) 如何治理通货膨胀?

(4) 谈谈你对通货膨胀的认识。

任务一 通货膨胀

一、通货膨胀的内涵

当今社会,无论是在经济领域还是人们的日常生活中,通货膨胀都是经常被人们提及的词汇,人们通常认为通货膨胀就是"东西涨价了""钱不值钱了"。经济学家普遍认为,通货膨胀(Inflation)是在纸币流通条件下,在一定时期内一般物价水平持续上涨的经济现象(如图 8-1-1 所示)。

图 8-1-1 通货膨胀

在学习通货膨胀定义时，应注意以下几个问题：

(1) 通货膨胀是一种货币现象。它表示纸币流通量相对纸币需求量来说明显过多。纸币只是一种价值符号，发行过多的直接结果必然是纸币贬值和以纸币所表示的商品价格的上涨。

(2) 通货膨胀所指的物价上涨是物价总水平的上涨。通货膨胀并不是指所有商品和劳务价格全部上涨，而是指价格总水平的上涨。通货膨胀必须包括范围广泛的商品和劳务价格的上涨，个别或局部的商品和劳务价格的上涨不能视为通货膨胀。

(3) 通货膨胀是物价水平持续长期上涨。对于季节性、暂时性或偶然性原因引起的价格上涨，不能视为通货膨胀。

【想一想】
　　为什么说纸币流通是通货膨胀发生的前提条件？

二、通货膨胀的类型

（一）按通货膨胀的表现形式分类

1. 开放型通货膨胀

开放型通货膨胀也称为公开型通货膨胀，即价格普遍放开、自由波动，各种物价指数可以灵敏地反映物价波动情形。开放型通货膨胀一般发生在开放的市场经济国家，市场机制较为完善，没有政府的直接干预，货币的多少直接影响着物价水平的升降。

2. 隐蔽型通货膨胀

隐蔽型通货膨胀又称为抑制性通货膨胀，是指商品的价格因政府的严格管制而维持表面的稳定，商品的供求矛盾通过其他方式表现出来，如抢购、持币待购、凭票证购买等。在隐蔽型通货膨胀情况下，黑市价格与官方价格的差异较大，货币流通速度可能减慢，居民的实际消费水平明显下降。在我国改革开放前的很长一段时间都存在着隐蔽型通货膨胀。

（二）按通货膨胀的剧烈程度分类

1. 温和或爬行的通货膨胀

温和或爬行的通货膨胀是指通货膨胀维持在可容忍的幅度内，一般物价水平年均上涨幅度缓慢，短期内不易被察觉，但持续的时间很长。这是一种使通货膨胀率基本保持在 2%～3%且始终比较稳定的一种通货膨胀，此时，不会发生大规模抢购和提现，人们对货币比较信任。目前，经济学家普遍认为实施适当的通货膨胀，将物价上涨控制在 5%以下，能像润滑油一样刺激经济的发展，并且基本不影响人们的生活水平，这就是所谓的"润滑油政策"。

2. 疾驰或飞奔的通货膨胀

疾驰或飞奔的通货膨胀亦称为奔腾的通货膨胀、急剧的通货膨胀。它是一种不稳定的、迅速恶化的、加速的通货膨胀。当这种通货膨胀发生时，通货膨胀率较高(一般达到两位数以上)，人们对货币的信心产生动摇，经济社会产生动荡，是一种较危险的通货膨胀。

3. 恶性或脱缰的通货膨胀

恶性或脱缰的通货膨胀也称为极度的通货膨胀、超速的通货膨胀。这种通货膨胀一旦发生，通货膨胀率非常高(一般达到三位数以上)，而且完全失去控制，其结果是导致社会物价持续飞速上涨，货币大幅度贬值，人们对货币彻底失去信心。这时整个社会金融体系处于一片混乱之中，正常的社会经济关系遭到破坏，最后容易导致社会的崩溃，甚至政府的垮台。

(三) 按引发通货膨胀的原因分类

1. 需求拉动型通货膨胀

需求拉动型通货膨胀又称为超额需求拉动通货膨胀，是指由于社会总需求过度增长，超过了社会总供给的增长幅度，导致商品和劳务供给不足、物价持续上涨的通货膨胀，即以"过多货币追求过少商品"。

2. 成本推进型通货膨胀

成本推进型通货膨胀又称为供给型通货膨胀，是指在总需求不变的情况下，由于生产要素价格(包括工资、租金、利润以及利息)上涨，生产成本增加而引起物价水平的持续上涨的通货膨胀。

3. 结构型通货膨胀

结构型通货膨胀是指在没有需求拉动和成本推进的情况下，只是由于经济结构因素的变动而引起的通货膨胀。这种通货膨胀通常由部门结构之间的某些特点引起，一些部门在需求方面或供给方面的变动往往通过部门之间的传递过程而影响到其他部门，从而导致一般物价水平的上升。如果结构型通货膨胀没能有效抑制就会变成成本推进型通货膨胀，进而造成全面通货膨胀。

三、通货膨胀的测量与判断

当前，通货膨胀的大小一般通过通货膨胀率来衡量，即用反映多种商品和劳务价格变动的物价指数来衡量。

$$物价指数 = \frac{\sum P_1 Q - P_0 Q}{\sum P_0 Q} \times 100\%$$

其中：P_1 是当期价格；P_0 是基期价格；Q 是商品和劳务数量。因商品、劳务选择范围不同，所以就产生了不同的物价指数。

通货膨胀测量是衡量通货膨胀的程度，其反映指标主要有消费物价指数、批发物价指数和国民生产总值平减指数。

1. 消费物价指数

消费物价指数(CPI)(如图 8-1-2 所示)也称为零售物价指数或生活费用指数，它反映消费者为购买消费品而付出的价格变动情况。这种指数是由各国政府根据若干主要食品、衣服和其他日用消费品的零售价格，以及水、电、住房、交通、医疗、娱乐等服务费用而编制计算出来的。消费物价指数被视为通货膨胀的经济"晴雨表"，是使用最为广泛的价格指数，因为能及时反映消费品供给与需求的对比关系，资料容易搜集，便于及时公布，所以能够比较迅速直接地反映公众生活费用变化及价格趋势变化。

图 8-1-2　消费物价指数

2. 批发物价指数

批发物价指数(WPI)又称为生产者物价指数，该指数是根据企业所购买商品的价格变化状况编制的。它反映了包括原材料、中间产品及最终产品在内的各种商品批发价格的变动，为企业所广泛关注。由于批发物价指数反映了企业经营成本的变动，而企业经营成本的变动最终往往要在消费品的零售价格中反映出来，因此批发物价指数在一定程度上预示着消费物价指数的变化。但是该指数没有将各种劳务价格的变化包括在内，因而不能用于反映整个物价的变动情况。在用批发物价指数来判断总供给与总需求的对比关系时，可能会出现信号失真的现象。

3. 国民生产总值平减指数

国民生产总值平减指数(GNP 平减指数)是指按现行价格计算的国民生产总值与按不变价格计算的国民生产总值的比率，即

$$国民生产总值平减指数 = \frac{按报告期价格计算的报告期的GNP}{按基期价格计算的报告期的GNP} \times 100\%$$

所谓按不变价格计算，实际上是按照某一基期年份的价格进行计算，即名义 GNP 与实际 GNP 的比值。例如：某国 2017 年的国民生产总值按当年价格计算为 3.3 万亿美元，而按 2015 年价格计算则为 3 万亿美元，如果 2015 年的价格指数为 100，则 2017 年的国民生产总值物价平减指数为 110(33 000÷30 000×100%＝110)，表示和 2015 年相比，2017 年物价上涨了 10%。国民生产总值物价平减指数因统计范围广泛，除了居民消费品外，还包括公共部门的消费品、生产资料和资本产品以及进出口商品，因此能较全面地反映总体物价水平的变化趋势。但编制该指标需要搜集大量资料，还要对不在市场上发生交

易的商品和劳务进行换算，因此难以像消费物价指数一样进行经常性的统计公布，一般一年公布一次。

除上述物价指数外，还有城市居民消费价格指数、农村居民消费价格指数、商品零售价格指数、农业生产资料价格指数、工业品出厂价格指数、房地产价格指数，等等。由于在众多的物价指数中，只有消费物价指数与人们的生活水平关系最密切，因此，一般都用消费物价指数来衡量通货膨胀。

【深度阅读】

我国的消费价格指数 CPI

消费价格指数即 CPI 是反映与居民生活有关的消费品及服务价格水平变动情况的重要经济指标，也是宏观经济分析与决策以及国民经济核算的重要指标。一般来说，CPI 的高低直接影响着国家的宏观经济调控措施的出台与力度，如央行是否调息、是否调整存款准备金率等。同时，CPI 的高低也间接影响资本市场(如股票市场)的变化。我国 CPI 月度数据由国家统计局通过新闻发布的形式统一公布，公布形式包括国务院统一安排的新闻发布会和国家统计局官方网的传播。国家统计局发布 CPI 的时间，月度一般在月后 13 号左右，季度、年度则延至月后 20 号左右。

我国 CPI 由国家统计局负责编制，全国按统一的调查方案开展消费价格调查。目前，国家统计局在 31 个省(自治区、直辖市)设立调查总队，各省(区、市)调查总队负责辖区各市县的价格调查，同时编制本省的消费价格指数。我国居民消费价格指数的商品按用途划分为八大类，即食品烟酒、衣着、居住、生活用品及服务、交通和通信、教育文化和娱乐、医疗保健、其他用品和服务。根据近 13 万户城乡居民家庭(城镇近 6 万户，农村近 7 万户)的消费习惯，在这八大类中大概有 600 种左右的商品和服务项目作为经常性调查项目。2019年居民消费价格比上年涨跌幅度如表 8-1-1 所示。

表 8-1-1 2019 年居民消费价格比上年涨跌幅度 (%)

指 标	全国	城市	农村
居民消费价格	2.9	2.8	3.2
其中：食品烟酒	7.0	6.7	7.9
衣着	1.6	1.7	1.2
居住	1.4	1.3	1.5
生活用品及服务	0.9	0.9	0.8
交通和通信	-1.7	-1.8	-0.4
教育文化和娱乐	2.2	2.3	1.9
医疗保健	2.4	2.5	2.1
其他用品和服务	3.4	3.5	3.1

四、通货膨胀的成因

不论何种类型的通货膨胀，其引发原因只有一个，即货币供应过多(如图 8-1-3 所示)，货币供应量超过了客观的需要量必然导致货币贬值、物价上涨，最终出现通货膨胀。但通货膨胀是个复杂的经济现象，不同学派对引发通货膨胀的深层原因有着不同的理解，主流有需求拉动型通货膨胀、成本推进型通货膨胀、供求混合推进型通货膨胀和结构型通货膨胀四种论点。

图 8-1-3　通货膨胀原因

(一)需求拉动型通货膨胀

需求拉动型通货膨胀是指由于经济运行中总需求过度增加，超过了既定价格水平下商品和劳务等方面的供给而引发的通货膨胀。该观点认为在宏观经济活动中，投资、政府开支或净出口变化都可使总需求发生变化，并推动产出增长，但是只要总需求的增长速度超过了经济潜在的生产能力，就会形成总需求大于总供给的膨胀性缺口，导致需求拉动物价上涨，直至膨胀缺口得以弥补，通货膨胀随之到来。在我国，财政赤字、信用膨胀、投资需求膨胀和消费需求膨胀常常会导致我国需求拉动型通货膨胀的出现。如 1979—1980 年发生的通货膨胀的成因即是由财政赤字而导致的需求拉动型通货膨胀。

(二)成本推进型通货膨胀

成本推进型通货膨胀是指在没有超额需求的条件下，因供给方的生产成本上升引起物价上涨，从而引发的通货膨胀。造成成本向上移动大致有工资过度上涨、利润过度增加、进口商品价格上涨三个原因。

1. 工资推动的通货膨胀

工资推动的通货膨胀是指工资过度上涨所造成的成本增加推动价格总水平上涨。工资是生产成本的主要部分，工资上涨使得生产成本增长，在既定的价格水平下，厂商愿意并且能够供给的数量减少，从而使得商品价格上升。在完全竞争的劳动市场上，工资率(工资水平)完全由劳动的供求均衡所决定，但是在现实经济中，劳动市场往往是不完全的，强大的工会组织的存在往往可以使得工资过度增加，如果工资增加超过了劳动生产率的提高，则提高工资就会导致成本增加，从而导致一般价格总水平上涨。这种通胀一旦开始，还会引起"工资—物价螺旋式上升—工资上涨"，工资、物价互相推动，形成严重的通货膨胀。

2. 利润推动的通货膨胀

利润推动的通货膨胀是指厂商为谋求更大的利润导致的一般价格总水平的上涨，与工资推动的通货膨胀一样，具有市场支配力的垄断和寡头厂商也可以通过提高产品的价格来获得更高的利润。与完全竞争市场相比，不完全竞争市场上的厂商可以减少生产数量而提高价格，以便获得更多的利润。为此，厂商都试图成为垄断者，结果导致价格总水平上涨。

3. 进口成本推动的通货膨胀

造成成本推进型通货膨胀的另一个重要原因是进口商品的价格上升。如果一个国家生产所需要的原材料主要依赖于进口，那么，进口商品的价格上升就会造成成本推动的通货膨胀，其形成的过程与工资推动的通货膨胀是一样的。

（三）供求混合推进型通货膨胀

供求混合推进型通货膨胀的论点是将供求两个方面的因素综合起来，认为通货膨胀是由需求拉动和成本推进共同起作用而引发的。这种观点认为，在现实经济社会中，通货膨胀的原因究竟是需求拉动还是成本推进很难分清：既有来自需求方面的因素，又有来自供给方面的因素，即所谓"拉中有推、推中有拉"。例如，通货膨胀可能从过度需求开始，但由于需求过度所引起的物价上涨会促使工会要求提高工资，因而转化为成本(工资)推进的因素。另一方面，通货膨胀也可能从成本方面开始，如迫于工会的压力而提高工资等。但如果不存在需求和货币收入的增加，这种通货膨胀过程是不可能持续下去的。因为工资上升会使失业增加或产量减少，结果将会使成本推进的通货膨胀过程终止。可见，成本推进只有加上需求拉动才有可能产生一个持续性的通货膨胀。现实经济中，这样的论点也得到论证：当非充分就业均衡(即指需求不足时，会重现周期性失业)严重存在时，往往会引出政府的需求扩张政策，以期缓解矛盾。这样，成本推进与需求拉动并存的供求混合推进型通货膨胀就会成为经济生活的现实。

（四）结构型通货膨胀

在整个经济中，总需求和总供给处于平衡状态，由于经济结构方面因素的变化，一般物价水平的上涨也会发生，因此产生了结构型通货膨胀理论，即当社会总供求处于均衡状态时，因结构失衡的因素导致一般物价水平的持续上涨。这种理论认为，通货膨胀起因不在于需求增加或成本上升，而在于经济结构本身所具有的特点。社会可能从不同角度划分成许多部门，各个部门提高劳动生产率的速度各不相同。那些能够大量应用最新技术成果的部门的劳动生产率提高得比较快，在其中工作的劳动者工资也增加得比较快。但其他部门的工人要求按"公平原则"也提高工资，并形成巨大的社会压力，于是那些劳动生产率提高较慢，甚至没有提高的部门的劳动者工资也跟着提高了。这就使得社会的货币增长率高于劳动生产率的增长率，从而形成通货膨胀。具体地说，这种通货膨胀可以分为四种类型。

1. 需求转移型通货膨胀

在总需求不变的情况下，由于消费者偏好的改变，一部分需求转移到其他生产部门，而劳动等其他各种生产要素却不能及时转移，这样，需求增加部门的工资和产品价格上升，而需求减少部门的工资和产品价格具有一定的刚性，未必相应下降，因此物价总水平上涨。

2. 部门差异型通货膨胀

产业部门和服务部门的劳动生产率、价格弹性、收入弹性等是不相同的，但两部门的货币工资增长率却趋向同一，加上价格和工资的刚性，就引起了物价全面上涨。

3. 输入型通货膨胀

输入型通货膨胀也称为斯堪的纳维亚小国型通货膨胀。对于北欧一些开放经济的小国来说，经济结构可以分为"开放部门"(生产出口产品)和"隐蔽部门"(不生产出口产品)两大部分。因为在国际贸易中，小国一般是国际市场价格的接受者，世界通货膨胀会通过一系列机制传递到小国的开放经济部门，首先会引起开放部门的物价上涨，然后又引起隐蔽部门的物价上涨，进而导致全面通货膨胀。此外，一个国家的物价上涨在一定程度上会受到国际上一些因素的影响。

通货膨胀的国际传播主要途径如下：一是价格途径。由于不同国家和地区的商品价格存在差异，因此商品价格较低的国家尽量向商品价格较高的国家出口商品。商品价格较低的国家因出口量增长，导致国内市场供应减少，商品价格上升；而商品价格较高的国家因进口商品增多，又导致国内该种产品价格下降。二是需求途径。出口商品的国家由于出口增加，需求增加，刺激国内生产，当产量不能再增加时，同样会出现总需求大于总供给的情况，引起物价上涨。三是国际收支途径。当一个国家国际收支出现顺差时，外汇增多，为了收兑外汇，它向市场投放大量本国货币，造成国内货币供应量增加，物价上涨。

4. "瓶颈"制约型通货膨胀

有些国家的资源配置不合理，使得资源在各部门间的配置严重失衡——有些行业生产能力过剩，而另一些行业(如农业、能源、交通等)则严重滞后，形成经济发展的"瓶颈"。当这些"瓶颈"部门的价格供不应求上涨时，便会引起其他部门的连锁反应，形成一轮又一轮的价格上涨。

五、通货膨胀的影响

通货膨胀影响的范围很广，其影响效应波及整个宏观经济和微观经济活动。

(一) 通货膨胀对经济增长的影响

关于通货膨胀对经济增长的影响，主要有促进论、促退论和中性论三种观点。

1. 促进论

促进论认为通货膨胀可以促进经济的增长。该理论认为，在经济长期处于有效需求不足、生产要素尚未充分有效地使用、劳动者没有充分就业、实际经济增长率低于潜在的经济增长率的情况下，政府可以实行财政赤字预算，扩大货币发行，增加政府的投资性支出，以扩大总需求，从而刺激经济增长。这样，由于投资乘数(即增加投资可以引起几倍于投资量的国民收入增长)的作用，在通货膨胀的同时，实际产量也增加了，经济得到了发展。

2. 促退论

促退论认为通货膨胀会降低生产效率，阻碍经济的增长。该理论认为，通货膨胀必然会阻碍经济增长和导致低效率。原因为：通货膨胀会增加生产性投资的风险经营成本，使生产性投资下降；通货膨胀会造成对资金的过度需求，迫使金融机构加强信贷配额，降低金融体系的效率；通货膨胀会打乱正常的资金分配流向，使资金流向非生产部门，不利于经济的长期增长；在社会公众对通货膨胀产生预期之后，政府可能会加强全国的价格管制，从而使经济运行更加缺乏竞争性和活力。

3. 中性论

中性论认为通货膨胀与经济增长无关。该理论认为，人们对通货膨胀的预期最终会综合它对经济的各种效应。由于公众预期，在一段时间内，他们会对物价上涨作出合理的行为调整，因此通货膨胀的各种效应的作用就会相互抵消。所以，通货膨胀对经济增长既无正效应，也无负效应，它是"中性"的。从长期来看，公众会形成通货膨胀预期，事先提高各种商品价格，作出相应的储蓄、投资决策，从而抵消通货膨胀的相关影响。但公众对通货膨胀的预期与实际情况往往并不相符，而且每个人或每个企业的预期也并不相同，因此这种调整行为很难相互抵消。所以，中性论的观点难以自圆其说。

(二) 通货膨胀对财富和收入再分配的影响

通货膨胀对社会各阶层的实际收入水平会产生不同的影响。货币供应增加，一般会使整个社会的名义收入增加，但增加的这部分名义收入不会均衡地分配于社会的各个阶层，而是产生国民收入再分配。具体会产生以下几种情况：

(1) 实物财富持有者得利，货币财富持有者受损。实物财富诸如贵金属、珠宝、不动产等在通货膨胀时期价格上涨，而货币财富诸如现金、银行存款等因物价上涨而下跌，从而使实物财富持有者获利，货币财富持有者受损。

(2) 债务人获利，债权人受损。在通常情况下，借贷的债务契约都是根据签约时的通货膨胀率来确定名义利息率的，所以当发生了未预期的通货膨胀之后，债务契约无法更改，从而就使实际利息率下降，债务人受益，而债权人受损。其结果是对贷款，特别是长期贷款带来不利的影响，使债权人不愿意发放贷款，进而影响投资导致投资减少。当然，若预期未来通货膨胀率将上升，为防止这种损失，债权人通常会采用浮动利率贷款或在借款合同中附加通货膨胀条款，那么这种收入再分配效应也就不存在了。

(3) 浮动收入者得利，固定收入者受损。在不可预期的通货膨胀之下，工资增长率不能迅速地根据通货膨胀率来调整，因而即使在名义工资不变或略有增长的情况下，也会使实际工资下降。那些领取租金、养老金、退休金以及白领阶层和公共雇员等固定收入阶层会因通货膨胀使实际收入下降。而实际工资下降会使利润增加，利润的增加有利于刺激投资，企业主等浮动收入者若收入上涨幅度大于工资和原材料价格的上涨幅度，则会获得超额收入。

（4）国家得利，公众受损。由于在不可预期的通货膨胀之下，名义工资总会有所增加(尽管并不一定能保持原有的实际工资水平)，随着名义工资的提高，达到纳税起征点的人就会增加，有许多人进入了更高的纳税等级，这样就使得政府的税收增加。但公众纳税数额增加，实际收入却减少了。政府将这种通货膨胀中所得到的税收称为"通货膨胀税"。一些经济学家认为，这实际上是政府对公众的掠夺。这种通货膨胀税的存在，既不利于储蓄的增加，也影响了私人与企业投资的积极性。

（三）通货膨胀对经济、社会秩序的影响

通货膨胀对经济、社会秩序产生以下影响：

（1）通货膨胀造成经济秩序与社会秩序紊乱。当通货膨胀比较严重时，会破坏经济秩序与社会秩序，加大经济发展的不平衡和经济发展的成本，甚至引发社会经济危机。恶性通货膨胀会对生产和流通造成极大的破坏，加剧经济环境的不确定性以及经济的不平衡，影响政府的经济政策目标和宏观调控能力，增加失误的可能性。恶性通货膨胀会引起突发性的商品抢购和挤兑银行的风潮，使银行破产、货币急剧贬值，最终导致货币制度的崩溃。恶性通货膨胀还会败坏社会风气，激化社会矛盾，损害政府信誉。由于劳动者的工资增长赶不上投机利润所得，因此会损害劳动者的劳动积极性；而通货膨胀导致的不公平的收入和财富再分配，又会激化社会矛盾，引起社会各阶层的对立。而且国家公务人员的工资增长滞后，实际收入水平下降，可能会引起贪污受贿、以权谋私，破坏政府形象。同时，在通货膨胀时政府会面临治理通货膨胀的压力，如果政府不能有效控制通货膨胀，公众会对政府失去信心，甚至引起政治危机和社会动乱。

（2）通货膨胀破坏生产秩序。从短期来看，通货膨胀可以刺激生产的扩大，带来虚假的繁荣，但从根本上说，通货膨胀对生产起破坏作用。第一，通货膨胀使企业的各项专用基金贬值，从而使企业的设备更新和技术改造难以进行；第二，在通货膨胀下，由于原材料等初级产品的价格上涨往往快于产成品的价格上涨，因此会增加生产性投资的风险和经营成本，使投资不如投机、生产不如囤积的现象普遍出现。第三，通货膨胀解除了企业价格竞争和非价格竞争的压力，使企业既不必用降低成本的方式来赢得市场，也不必用提高产品质量和效用的各种措施来增强竞争力，显然极不利于企业的技术进步及生产效率和产品质量的提高。

（3）通货膨胀会引起货币信用危机。第一，通货膨胀会降低借款成本，从而诱发过度的资金需求，迫使金融机构不得不加强信贷配额管理，进而削弱了金融机构的运营效率。第二，由于通货膨胀有利于债务人，有损于债权人，因此正常的信用活动遭到破坏，各种债券发行受阻，影响集资活动。第三，更严重的是，通货膨胀使货币符号的价值储藏职能丧失，价值尺度和价格标准混乱，一旦人们的货币幻觉消失，挤兑风必将盛行，有可能引起银行的破产和倒闭，甚至引发更大的政治和经济危机。

（4）通货膨胀对社会政治生活也会产生不利影响。通货膨胀发生时，劳动者的工资收入增加赶不上囤积商品、证券投机利润的增加，投机活动和倒买倒卖盛行。另外，通货膨胀较为严重时，还会损害政府威信，使政局不稳。工人为争取增加就业、提高工资而罢工，轻则触发国内各阶层的经济斗争和社会动乱，重则导致政治和社会的崩溃。

六、通货膨胀的治理

通货膨胀是市场经济运行中难以避免的一个客观经济现象，严重的通货膨胀会破坏正常的经济秩序，甚至会影响社会的稳定。因此，各国政府都会在发生通货膨胀时采取必要的措施对其进行治理。通常来说，治理通货膨胀的措施主要有以下几种。

1. 紧缩性财政政策

紧缩性财政政策是指直接从限制支出、减少需求等方面来抑制社会总需求增长，从而减轻通货膨胀压力。一般手段包括：

(1) 削减政府支出。对事业费和行政管理费作不同程度的压缩，包括削减军费开支和政府采购等。

(2) 增加税收。加强税收征管，严格清理和控制税收的减免优惠，抑制私人企业投资和个人消费支出，从而控制总需求。

(3) 降低政府转移支付水平。通过减少社会福利费用，从而减少个人收入，抑制个人消费需求的增加。

(4) 发行公债。国家向企业和个人发行公债，既可以减少财政赤字，又可以减轻市场价格上涨压力。

2. 紧缩性货币政策

紧缩性货币政策(如图8-1-4所示)是指央行通过削减货币供给的增长来降低社会总需求水平，即通过紧缩银根，减少货币供应量，来抑制总需求的膨胀势头。主要手段包括：

(1) 提高法定存款准备金率。中央银行通过提高法定存款准备金率来降低商业银行存款创造的能力，从而达到紧缩信贷规模、削减投资支出、减少货币供应量的目的。

(2) 提高利率。利率的提高一方面会增加资金的使用成本，抑制商业银行对中央银行的贷款需求，从而降低信贷规模；另一方面会提高储蓄的收益，从而减少货币供应量。

(3) 出售政府债券。这是公开市场业务的一种方法，中央银行在公开市场上出售各种政府债券，这样可以缩减货币供应及潜在的膨胀，这是最重要的且经常被使用的一种抑制通货膨胀的政策工具。

(4) 直接控制信贷规模。直接控制信贷规模即通过控制社会总需求来实现抑制通货膨胀的目的。这一政策对控制需求拉动型通货膨胀比较有效，但容易导致就业与产出的下降，引发经济衰退。

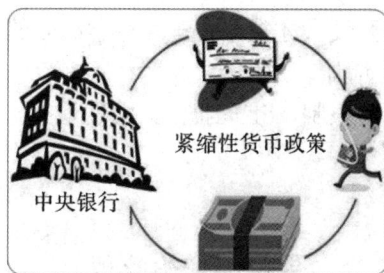

图 8-1-4　紧缩性货币政策

3. 紧缩性收入政策

紧缩性收入政策又称为工资物价管制政策，是指政府为了降低物价水平上涨的幅度，采取强制性或非强制性的限制工资和价格政策，目的在于控制通货膨胀又不致引起失业上升，主要适用于成本推进型通货膨胀。具体有以下三种方法：

(1) 公布工资-物价指导线。政府通过强制的说服或施加压力劝说工会降低工资，限制企业提高商品价格。

(2) 采取强制性管控措施。政府制定法令冻结工资和物价，或把工资和物价固定在一定水平上。

(3) 实行以税收为基础的收入政策。如果工资或物价的上涨幅度在规定的范围之内，政府就以减少个人所得税和企业所得税作为奖励；如果工资或物价的上涨幅度超过规定的范围，政府则以增加税收作为惩罚。该方法实质就是政府以税收作为奖励和惩罚的手段来限制工资或物价的上涨。

4. 收入指数化政策

收入指数化政策是指对各种名义收入包括工资和薪金、储蓄和债券的本金及利息、租金、养老金、保险金和各种社会福利津贴等实行指数化，使之部分或全部地与物价指数相联系，自动随物价指数的升降而升降。通常，这种联系及调整被以法律或合同的形式加以制度化和自动化。比如，政府规定，工人工资的增长率等于通货膨胀率加上经济增长率。收入指数化可以是百分之百指数化，即工资按物价上升的比例增长，也可以是部分指数化，即工资上涨的比例仅为物价上升的一个部分，以抵消物价波动对实际收入的影响。

5. 供给政策

20 世纪 70 年代以后，资本主义国家出现了滞胀问题，即物价上涨，失业增加，由此一些经济学家提出了增加有效供给的主张。凯恩斯学派和供给学派都认为，总供给减少是导致滞胀的主要原因，因此治理滞胀必须从增加供给着手。从供给方面抑制通货膨胀的措施主要包括：

(1) 降低税率。这一手段一方面提高了人们的工作积极性，增加了劳动力供给；另一方面提高了投资和储蓄的积极性，增加了资本的供给。减税可以降低失业率和增加产量，促进生产发展，彻底降低或消除由于供给小于需求所造成的通货膨胀。

(2) 削减社会福利支出。通过这项支出削减既可以减少政府财政赤字，又能促使人们勤勉工作，减少失业。

(3) 实行人力政策即就业政策，以改善劳动力市场结构，减少失业。该政策具体包括增加国民教育的投入，制定、开发人才战略，建立科学高效的人才培养、人才建设模式等，从而推动经济和科技的发展，增加有效供给。

(4) 减少政府对企业活动的限制，让企业更大限度地扩大商品供给。

【深度阅读】

里根的供给政策

1981 年 1 月里根就任美国总统，当时美国经济处于衰退的前期，失业率持续上升，通胀水平居高不下。里根上任时需要解决的是经济困境中最复杂的一种问题——滞胀。里根明确以新自由主义经济学、供给学派、货币主义作为其政策的理论基础，采取坚决的反滞胀措施。他主张通过市场自由竞争复兴美国经济，其理论基础是供给学派。供给学派认为适度减税的结果会促进经济增长，增加税基最终会导致税收增长。同时为了应对高通胀，里根也采用了货币学派的政策，主张通过控制货币供应量来控制通胀。里根政府最终采用了一系列政策措施主要包括大幅缩减个人和企业税收；缩减除国防以外的财政支出；放松对企业的管制和干预；缩减货币供给。1982 年起，通货膨胀率开始下降，到 1985 年降为3.8%，而 1983 年和 1986 年都曾降到 3%以下；失业率也逐步下降，1985 年降至 7.5%，1989 年一度降到 5.2%；同时，实际国民生产总值的年增长率从 1982 年的−2.1%迅速回升到 1983 年的 3.7%和 1984 年的 6.8%，从 1983 年起美国经济持续 7 年增长。

6. 调整经济结构政策

引起通货膨胀的原因之一是经济结构失调，治理通货膨胀的方案可以选择调整经济结构，如果各产业部门之间能够保持一定的比例，则会避免某些产品的供求因结构性失调而推动物价上涨，尤其是关键性产品，如食品、原材料、能源等。因此，政府应通过宏观的财政和货币政策，即对税收、公共支出、利率以及信贷等进行结构调整，以影响需求和供给的结构，避免结构失调引起通货膨胀。

总之，引起通货膨胀的原因比较复杂，只有对其采取相应的治理措施，才能迅速有效地遏制通货膨胀。

七、我国的通货膨胀历史及特点

我国在 20 世纪 40 年代末期和 20 世纪 50 年代都出现过严重的通货膨胀。改革开放后，我国也经历了几次通货膨胀，在不同的时期都采取了相应的对策措施，保证了我国几十年来相对平稳的价格水平。

1. 改革开放以来通货膨胀的基本情况

我国自改革开放以来经济表现出三次周期性的波动(1979—1989 年，1989—1999 年，1999 年至今)，对应着三次通货膨胀周期。

(1) 1979—1989 年(第一个经济周期)。1980 年，商品零售价格总指数达到 6%，1985年 CPI 为 9.3%，1988 年和 1989 年 CPI 分别达到 18.8%和 18%。1980 年，出现通货膨胀的原因包括工资政策调整、农副产品价格大幅提高、财政连年出现赤字与货币发行量大幅增加等，国务院在 1980 年 12 月发布了《关于严格控制物价、整顿议价的通知》来治理通货膨胀，1981 年商品零售价格总指数降为 2.4%。1985 年，通货膨胀的主要原因是信用失控及其引发的需求扩张，是典型的需求拉动型通货膨胀，当时采取了控制投资规模，加强价格监管等措施。由于采取的紧缩政策在尚未完全见到成效的情况下，1986 年又开始全面松动，导致了需求量的严重膨胀，价格也随之上涨。1988 年和 1989 年的通货膨胀的主要诱因是宽松的货币政策和价格闯关政策，这次通货膨胀既有需求拉动，也有涨价预期的成分。1989 年，中央通过《中共中央关于进一步治理整顿和深化改革的决定》，1990 年商品零售价格总指数降为 2.1%。

(2) 1989—1999 年(第二个经济周期)。CPI 从 1992—1994 年分别为 6.4%、14.7%、24.1%,1994 年成为了改革开放以来的最高峰。在 1989—1999 年的第二个经济周期内,1992 年我国确立了全面建设社会主义市场经济的方向,宏观经济环境发生了巨大的变化。投资膨胀和信用扩张是 1994 年通货膨胀的主要原因,这是一次严重的需求拉动型通货膨胀。1993 年 6 月,中央发布了《中共中央、国务院关于当前经济情况和加强宏观调控的意见》,经过三年的治理,到 1996 年我国经济实现"软着陆",1997 年 CPI 降为 2.8%。

(3) 1999 年至今(第三个经济周期)。2004 年 CPI 指数为 3.9%,2007 年、2008 年和 2011 年 CPI 指数达到了 4.8%、5.9%和 5.4%。在 1999 年到目前的第三个周期内,由于国际市场上粮食、原油等大宗商品的价格大幅上涨,同时由于连续多年的货币供给持续快速增长、外贸顺差过大、投资增长过快、经济快速增长等原因造成了 2007—2008 年的温和的通货膨胀,这次通货膨胀的主要成分为输入型通货膨胀。为了应对 2007 年经济过热现象,国家采取了稳健的财政政策和从紧货币政策的搭配,同时对部分重要商品及服务实行临时价格干预措施。随着 2008 年金融危机的到来,国家又将货币政策适时调整为适度宽松的货币政策,2009 年后全球范围的流动性相对过剩、输入型通货膨胀、生产成本快速上涨等因素造成了 2011 年价格水平的高位运行。

2. 改革开放以来我国通货膨胀的主要特点

从价格波动的阶段来看,1999 年以前的通货膨胀主要是由于财政政策、货币政策、收入分配政策、投资扩张等内生性因素引发的价格总水平的上涨。2000 年以后,随着对外开放的进一步深化(特别是我国加入 WTO),虚拟经济的进一步发展,国内和国际关系更加紧密,除了传统的国内货币、供求、政策调整等因素外,国际上大宗商品价格变化、重要股指变化都对我国的价格水平带来影响。这一阶段的价格波动的原因是由国内和国外多种因素造成的,不可控因素明显增多。

从我国经济增长周期与 CPI 的长期关系来看,我国有通货膨胀与经济快速增长并存的现象(除 2000—2006 年高增长低通胀阶段),触发通货膨胀的因素,如成本、需求、结构变化等,也都是经济快速增长的伴生因素,而资产价格、生活必需品价格变化则是价格水平变化和价格传导机制的不同表现。

从未来走势看,由于多年来积累的一些价格矛盾、部分领域的技术水平相对落后、区域发展不平衡带来的管理问题,未来一段时期内,与发达国家相比我国面临着企业生产成本和城乡居民生活成本的不断增加,价格上涨的压力仍然会长期存在,同时在生活必需品领域很可能还会出现频繁波动。

任务二　通货紧缩

一、通货紧缩的内涵

通货紧缩(Deflation)是指货币供应量少于流通领域对货币的实际需求量而导致货币升

值，从而引起商品和劳务的货币价格总水平的持续下跌的现象。通货紧缩是由市场上的货币减少、购买能力下降而导致物价下跌引起的。长期通货紧缩会抑制投资与生产，导致失业率升高与经济衰退。

二、通货紧缩的类型

通货紧缩类型的划分，对于全面准确地把握通货紧缩的性质、机理，针对不同情况寻找不同的治理对策具有重要意义。按照不同的标准，通货紧缩可以划分为不同的类型。

（一）按通货紧缩的程度分类

1. 相对通货紧缩

相对通货紧缩是指物价上涨率在零值以上，同时处于适合一个国家经济发展和充分就业的物价区间以下。在这种状态下，物价水平虽然还是正增长，但已经低于该国正常经济发展和充分就业所需要的物价水平，通货处于相对不足的状态。例如，若把物价水平年增长 3%～9% 看成适合于经济发展的，则 0%～3% 的物价年上涨率所对应就是通货紧缩的状态。这种情形已经开始损害经济的正常发展，虽然是轻微的，但如果不加重视，可能会由量变到质变，对经济发展的损害会加重。

2. 绝对通货紧缩

绝对通货紧缩是指物价上涨率在零值以下，即物价负增长。这种状态说明一个国家通货处于绝对不足的状态，极易造成国家经济的萧条乃至衰退。根据对经济的影响程度，绝对通货紧缩又可以分为三种：轻度通货紧缩、中度通货紧缩和严重通货紧缩。这三者的划分标准主要是物价绝对下降的幅度和持续的时间长度。一般来说，物价出现负增长，但幅度不大(比如-5%)，时间不超过两年的称为轻度通货紧缩；物价下降幅度较大(比如在-10%～-5%)，时间超过两年的称为中度通货紧缩；物价下降幅度超过两位数，持续时间超过两年甚至更长的称为严重通货紧缩。

（二）按引发通货紧缩的原因分类

1. 需求不足型通货紧缩

需求不足型通货紧缩是指由于总需求不足，正常的供给显得相对过剩而出现的通货紧缩。由于引起总需求不足的原因可能是消费需求不足、投资需求不足，也可能是国外需求减少或者几种因素共同造成的不足，因此依据造成需求不足的主要原因，可以把需求不足型通货紧缩细分为消费抑制型通货紧缩、投资抑制型通货紧缩和国外需求减少型通货紧缩。

2. 供给过剩型通货紧缩

供给过剩型通货紧缩是指由于技术进步和生产效率的提高，在一定时期因产品数量的绝对过剩而引起的通货紧缩。这种产品的绝对过剩只可能发生在经济发展的某一阶段，如一些传统的生产、生活用品(像钢铁、落后的家电等)，在市场机制调节不太灵敏、产业结构调整严重滞后的情况下，可能会出现绝对的过剩。这种状态从某个角度来看并不是一件坏事，因为它说明人类在进步，是前进过程中的现象。但这种通货紧缩如果严重的话，则说明该国市场机制存在较大缺陷，同样会对经济的正常发展产生不利影响。

（三）按持续时间长短分类

按持续时间长短划分，通货紧缩可分为短期、中期和长期通货紧缩。一般而言，5年以下的通货紧缩为短期通货紧缩，5～10年的通货紧缩为中期通货紧缩，10年以上的为长期通货紧缩。历史上，一些国家曾经发生过历时数十年的通货紧缩(其中不排除个别年份价格水平的上升)。例如，英、美两国在1813—1849年发生了长达36年的通货紧缩，美国在1866—1896年发生了长达30年的通货紧缩，英国在1873—1896年发生了长达23年的通货紧缩等。

三、通货紧缩的测量与判断

一般来说，通货紧缩的度量指标是多元的，包括物价增长率、货币供给量增长率、投资增长率和经济增长率四种，其中前两种属于预测指标，后两种为确认指标。

1. 物价增长率

因为通货紧缩(如图8-2-1所示)是与通货膨胀互为对称的一种货币现象，它们最终都要反映在物价变动上。通过物价水平的变动幅度，可以大致测定通货紧缩的程度。一般所用的物价指数主要有批发物价指数、消费物价指数、国民生产总值平减指数等。

图 8-2-1　通货紧缩

2. 货币供给量增长率

判断经济活动中某一时期是否出现通货紧缩现象，除观测价格变动外，还要看通货量是否萎缩。因此，货币供给的状况也是度量通货紧缩的重要标志——或是表现为货币供给总量增长率下降乃至负增长，或是表现为货币流通速度明显减慢。因为这两者的乘积缩小，表明社会总需求正在萎缩。

3. 投资增长率和经济增长率

物价和货币供给持续下降，必然影响实物经济增长。货币供应量的减少引起利率的上升，致使公众的资产偏好转向真实市场，引起市场价格的下降，从而抑制真实投资的减少，最终导致经济增长率的减少。所以，从投资增长率和经济增长率的变化可以确认一个国家经济是否发生了通货紧缩现象。

四、通货紧缩的成因

通货紧缩形成的原因比较复杂，可能由直接的货币因素构成，也可能由其他因素引起，比如经济周期因素、经济结构失衡因素、货币因素、技术进步因素及国际市场影响因素等都会引发通货紧缩。

1. 货币供给不足

货币供给(如图 8-2-2 所示)偏紧或不足会直接引发通货紧缩，在实行反通货膨胀政策时，通常要采取控制贷款和财政支出、限制工资增长等一类措施，以压缩社会需求，这有利于控制物价上涨幅度，从而促进经济稳定。但是，过度紧缩的财政和货币政策会大力压缩投资和控制消费，又有可能形成社会需求过分萎缩，使市场出现疲软，结果通常是通货膨胀虽得到抑制，但由于实施紧缩性财政政策和货币政策还有一定的惯性，或是主管部门未能适时调整政策，而出现政策的负面影响。

图 8-2-2 货币供给

一般在经济高速增长时，都会实行偏紧的财政、货币政策，以防经济过热。如果经济增长已经趋缓，但依然奉行原来的从紧政策，就可能产生紧缩的消极影响。

可见，政策从紧的惯性或者政策不能随经济状态进行调整，必然出现实体经济中社会总需求小于总供给，即有效需求不足。具体体现如下：

(1) 消费需求不足。居民因收入降低和对未来前景不乐观，消费能力和消费意愿降低，失业压力增加，导致消费需求不足。

(2) 企业投资需求不足。如果经济不景气，企业的投资回报低，企业对未来扩大再生产产生消极、悲观情绪，就会造成投资动力不足，促使投资需求下降。

(3) 政府支出减少。凯恩斯主义理论认为，居民消费需求和企业投资需求不足时，采取扩张型的财政政策是扩大政府支出、带动需求的重要手段。但是在很多时候，政府往往实施缩减支出计划，这不仅会直接降低社会需求，而且通过减少私人部门获得的转移支付，会进一步降低社会需求，导致相关市场供过于求，进而出现物价的持续下跌。

(4) 出口减少。出口需求是总需求的构成部分之一，对于出口导向型的国家，出口减少将直接造成对本国产品需求的减少，使本国的生产出现供过于求的状况，进而造成某些出口产品价格下降，其影响进一步扩散，就有可能导致一般物价水平的下降。

2. 供给过剩

在经济周期达到繁荣的高峰阶段，生产能力大量过剩，产品供过于求，引起物价下跌，出现经济周期性通货紧缩。很多国家的通货紧缩是在严重的通货膨胀经过长时间的治理结束后开始出现的，因为在之前的通货膨胀时期，扭曲的价格信号导致投资大量增加，高投资造成经济过热，出现生产能力过剩、产品供大于求，从而导致价格持续下降。

3. 结构失调

当经济结构失调状况积累到一定程度时，就必然要进行较大的调整。这种调整一方面表现为开发新产业和新产品，实行技术升级；另一方面也表现为某些传统产业和产品相对过剩，需要压产或进行产品换代。在这种情况下，相当一部分产品面临市场需求不足、价格进一步下跌的压力，有些企业可能被迫减产和减员。这就必然会导致企业投资和居民消费的减退，反过来又加剧了市场需求不足、物价下跌的压力。

此外，还有消费结构变化的问题。在经济发展的基础上，居民消费经历着由低向高的发展过程，消费结构不断调整。在消费升级中往往出现这种情况：某些原来式样的消费品消费相对饱和，销售不旺；同时，居民增加储蓄，以备进入下一阶段的高档消费。这种情况自然会使一段时间内的消费增长放慢，市场需求和物价疲软不振。

上述结构性变化不是由货币供给状况引起的，但是会影响货币供给在数量和结构上的变化。这种变化表现在两个方面：在投资需求不振的情况下，银行增加货币供给总量的努力要受到抑制，使货币供给增长速度放慢；投资和消费需求减少，储蓄相应增加，又会引起货币流通速度减缓。二者同时减缓，就是市场需求不振在货币供给上的反映。

4. 国际市场因素影响

国际市场的动荡会引起国际收支逆差或资本外流，形成外部冲击性的通货紧缩压力。一个国家实行钉住强币的汇率制度时，本币汇率高估，会减少出口，扩大进口，加剧国内企业经营困难，促使消费需求趋减，从而导致物价持续下跌。所以，本币汇率高估也会引起外部冲击性的通货紧缩。

5. 技术进步因素效应

技术进步与创新提高了生产力水平，放松管制会使生产成本下降，造成了生产能力过剩。在供给大于需求的情况下物价下跌不可避免。如果这种供给大于需求的情况不能得到及时调整而持续存在，则物价下跌的趋势也会相应持续下去，这样就会出现通货紧缩。

五、通货紧缩的影响

长期以来，通货紧缩的危害往往被人们轻视，因为通货紧缩产生的物价持续下跌可以导致货币增值和购买力提高，但这仅仅是表面现象。事实上，通货紧缩的历史教训和全球性通货紧缩的严峻现实迫使人们认识到，通货紧缩与通货膨胀一样，会对经济发展造成严重危害，具体表现在以下几个方面。

（一）通货紧缩造成经济衰退

1. 通货紧缩将推迟消费

价格总水平的持续下降意味着货币购买力不断提高，消费者会推迟购买，以等待将来更低价格的出现，从而在储蓄增加的同时，个人消费相应减少，使社会总需求受到抑制。另外，由于需求抑制导致商业活动相应萎缩，进而影响就业增长，形成工资下降的压力，经济会因此而陷入通货紧缩的螺旋之中，最终可能导致衰退或萧条。

2. 通货紧缩使投资吸引力下降和生产积极性降低

(1) 持续的物价下降意味着实际利率的上升，使投资成本变得昂贵；加之通货紧缩下社会总供给大于总需求的环境也使投资前景变得黯淡，企业、个人和国家投资的减少必将导致经济增长的下降，有可能形成经济衰退。

(2) 企业产品价格下跌使企业利润减少甚至亏损，这将严重打击生产者的积极性，使生产者减少生产甚至停产，导致失业率上升，最终使社会的经济增长受到抑制。

（二）通货紧缩导致社会财富缩水

1. 企业财富缩水

在通货紧缩情况下，一方面，全社会物价水平普遍下降，企业产品价格也下跌，使企业利润下降、资产价格降低；另一方面，通货紧缩导致企业为了维持生产周转不得不增加负债，减少了其净资产甚至使企业陷入债务危机。

2. 居民财富缩水

在通货紧缩情况下，劳动力市场的供过于求必然会使众多劳动者失业或使工人的工资降低；另外，长期的价格下降也会使股票市场、债券市场、外汇市场、房地产市场等持续低迷，居民拥有的货币资产和实物资产价格下降，造成居民财富缩水。

3. 政府财富缩水

在通货紧缩情况下，政府财富存量部分如同企业资产一样缩水，作为流量部分的政府收支则因通货紧缩时期的财政赤字增长而缩水。

（三）通货紧缩导致分配负面效应显现

通货紧缩的分配效应可以由两个方面来考察，即社会财富在债务人和债权人之间的分配以及社会财富在政府与企业、居民之间的分配。总体而言，经济中的债务人一般为企业，而债权人一般为居民。因此，社会财富在债务人与债权人之间的分配也就是在企业和居民之间的分配。

企业在通货紧缩的情况下，产品价格的降低使企业利润减少，而实际利率升高，使作为债务人的企业的收入又进一步向债权人转移，这又加重了企业的困难。为维持生计，企业只有选择筹集更多的债务来进行周转，这样企业的债务总量势必增加，其债务负担更加沉重，由此企业在财富再分配的过程中将处于更加恶劣的位置。如此循环往复，这种财富的分配效应不断得到加强。

(四) 通货紧缩可能引发银行危机

与通货膨胀相反，通货紧缩有利于债权人而有损于债务人。一方面，通货紧缩使货币越来越昂贵，这实际上加重了借款人的债务负担，使借款人无力偿还贷款，从而导致银行形成大量不良资产，甚至使银行倒闭，金融体系崩溃；另一方面，通货紧缩会降低资产抵押和担保的价值，银行被迫要求客户尽快偿还贷款，将会导致资产价格的进一步下跌、贷款者净资产的进一步减少，使破产的财富效应趋强。这两方面的共同结果将引发银行危机。

【深度阅读】

通货紧缩困扰日本

日本是当今世界上最先经历通货紧缩袭击的国家。1986—1987 年，日本经济衰退，消费物价指数与批发物价指数双双负增长，通货紧缩首次袭击日本经济。1992 年，日本房地产泡沫破裂后，资产价格大幅缩水，通货紧缩再次出现。在 1991—2000 年的 10 年间，日本批发物价指数有 8 年呈下跌态势，尤其是消费物价指数在 1999 年和 2000 年出现了战后从未有过的连续两年下降的情况，物价下跌已成为日本经济运行与发展中的一种长期态势。2001 年 3 月，日本政府公开认定"现在的日本经济正处在缓慢的通货紧缩之中"，以往物价下跌大多具有局部性和短暂性的特点，而目前日本的物价下跌却具有全面性和持续性的特点。

严重的通货紧缩已经对日本经济的运行与发展造成多层面的消极影响。首先是会进一步恶化企业经营环境，其次是会加剧消费需求的低迷，最后是会加重政府的财政赤字危机。在导致税收减少的因素中，除政府为刺激经济回升而主动采取的减税政策外，物价下跌导致企业利润和个人收入的减少也是其重要原因。为了治理通货紧缩，日本财政政策和货币政策"双管齐下"，财政赤字逐年扩大，货币供给日趋加大。

六、通货紧缩的治理

由于通货紧缩形成的原因比较复杂，往往是由多种因素共同作用形成的混合性通货紧缩，因此治理的难度甚至比通货膨胀还要大，必须根据具体情况才能找到有针对性的治理措施。一般的措施包括以下内容。

1. 运用扩张性财政政策

通货紧缩既然集中表现为社会需求不足，那么作为对社会需求有重要影响的财政部门自然应实行扩张性的财政政策，即积极财政政策(如图 8-2-3 所示)。就刺激社会需求而言，财政扩张政策的效应比较直接、明显，货币金融政策的效应则比较迟缓。即使金融主管部门奉行扩张性货币供给政策，其效果还要看企业和居民有无需求。在通货紧缩的情况下，如果企业恰好不愿投资，借款不积极，则对投资需求不足；如果居民恰好不愿扩大现实消费，则就制约了货币金融扩张政策的实施。扩大财政支出或直接投资于基础设施等公共项目，或增大社会福利支出，将会受到各方欢迎，能收到立竿见影的效果。

图 8-2-3　积极财政政策

实施积极的财政政策意味着扩大财政支出，以增大财政支出的"乘数效应"。扩大财政支出可以发挥财政支出在社会总支出中的作用，弥补个人消费需求不足所造成的需求减缓，起到"稳定器"的作用。优化财政支出结构，能够使财政支出最大化地带动企业或私人的投资，以增加社会总需求。当然，财政扩张政策也会受到一定的限制，即财政收入增长和财政赤字规模的可承受能力。此外，财政直接投资主要用于基础设施等公共工程，其拉动经济需求的链条较短，因此其作用也有一定限度。

2. 运用扩张性货币政策

实施扩张性货币政策，作用在于增加货币供给，以抑制利率水平的提高，避免对民间投资的挤出。在扩大社会需求和提高经济增长上，扩张性的货币金融政策具有明显的推动作用。实施积极的货币政策(如图 8-2-4 所示)，要求中央银行及时做好货币政策的微调，适时增加货币供应量，降低实际利率，密切关注金融机构的信贷行为，从而通过灵活的货币政策促使金融机构增加有效贷款投放量，以增加货币供给。扩张性财政与货币政策主要是短期总量调节的措施，由于货币政策的间接性和滞后性，通货紧缩时期必须以积极的财政政策为主导，辅之以积极的货币政策，才能有助于宏观经济尽快摆脱通货紧缩的困扰。

图 8-2-4　积极货币政策

3. 调整收入政策

如果消费需求不足主要是由于中下层居民的收入过低，那么，可通过相关收入政策的调整建立健全社会保障体系，适当改善国民收入的分配格局。提高中下层居民的收入水平和消费水平将有助于通货紧缩的治理。

4. 调整经济结构

对于因经济结构因素导致的通货紧缩，必须进行产业结构调整。产业结构调整主要是推进产业结构的升级，培育新的经济增长点，形成新的消费热点。除此之外，产业结构调整也包括同一产业中不同企业的兼并与重组，即产业组织结构的调整。如果一个行业生产能力过剩，会经常出现恶性的市场竞争，打价格战，使整个行业的价格水平越来越低、利润越来越少。进行产业结构的组织调整，使一些企业退出市场，另一些企业并购重组形成新的具有优势的企业，就会防止过度竞争，从而避免价格的不断下降。

5. 提高金融体系的效率

首先，提高现有金融体系的安全性、流动性和盈利性，这是有效缓解通货紧缩的重要条件，因为货币政策是通过金融中介的有效传导实现其作用的。健全金融体系的做法：一是加强银行的稳健性，提高银行的资本充足率和降低不良资产比例；二是向金融体系注入足够的流动性，促使金融机构增加有效贷款来提高其资产质量。否则，就会出现信贷紧缩现象。其次，扩大完善金融体系，建立规模大、渗透力强的融资平台，以满足不同资金需求主体的需要。

6. 充分发挥市场机制

市场经济是在全社会范围内由市场配置资源的经济，实践证明，市场经济效率是最优的。政府对"市场缺陷"的矫正必须限制在一定的范围且受到约束，否则，对经济的破坏作用是巨大的。为了防止通货紧缩的发生，应该充分发挥市场机制的作用，加快建立现代企业制度和市场机制，并完善市场经济所需的各项保障制度。

除上述措施外，政府还需要想方设法改变大众的心理预期。与通货膨胀一样，公众对通货紧缩发展前景的预期在很大程度上影响着政府各项反通货紧缩的效果。因此，政府有必要通过各种宣传手段，说服公众相信政府各项反通货紧缩政策的正确性和有效性，鼓励公众对未来经济发展趋势的信心。

【深度阅读】

历史上最严重的通货紧缩

1929—1933 年，美国爆发了历史上最严重的通货紧缩，史称"大萧条"。其他国家也相继受到严重影响，经济也陷入了严重的萧条之中。在这场漫长的危机中，物价下跌，生产严重萎缩，失业剧增，人民的生活陷入极度贫困：大批失业工人露宿街头，无家可归，排长队领取救济食品；大量商品积压仓库难以销售，导致农场主烧毁"过剩"的小麦和玉米，牛奶被倒入密西西比河……胡佛对继任者罗斯福总统说："我们已经山穷水尽，无能为力！"历史学家曾悲叹道，"资本主义已经到了尽头！"

1933 年，罗斯福继任美国总统后，以其为代表的美国政府积极采纳了凯恩斯主义的观点，行之有效地开展了一系列政策，史称"罗斯福新政"，主张政府应积极扮演经济舵手的角色，即用"看得见的手"去调解，政府要积极进行宏观调控，发展公共事业，进行农业补贴，通过财政与货币政策来对抗这次灾难性的经济危机。其完全颠覆了从 18 世纪以来古典经济学派尊重市场机制、反对人为干预的"看不见的手"这一经济学思想，并取得了良好的效果，带领美国迅速走出了这次大萧条。

造成经济大萧条的原因，一直到今天经济学家们仍在争论。凯恩斯学派认为是有效需求不足导致了大萧条；经济学家费雪认为导致这次危机的主要因素是过度欠债和通货紧缩；货币主义学派费里德曼认为货币紧缩是其根本原因。

习题与实训

一、单项选择题

1. 通货紧缩会使企业的投资支出(　　)。
A. 不变　　　　　　B. 增加　　　　　C. 不确定　　　　　D. 减少

2. 通货膨胀会导致本国企业成本(　　)，出口竞争力(　　)。
A. 增加，下降　　　　　　　　B. 增加，增加
C. 下降，下降　　　　　　　　D. 下降，增加

3. 通货膨胀时期，从利息和租金取得收入的人将(　　)。
A. 不受影响　　　　　　　　　B. 增加收益
C. 短期损失长期收益更大　　　D. 损失严重

4. 我国目前主要是以(　　)反映通货膨胀的程度。
A. 居民消费价格指数　　　　　B. GNP 平减指数
C. GDP 平减指数　　　　　　　D. 生产者物价指数

二、多项选择题

1. 根据通货膨胀是否直接表现为上涨，通货膨胀可分为(　　)。
A. 严重的通货膨胀　　　　　　B. 隐蔽性通货膨胀
C. 恶性的通货膨胀　　　　　　D. 公开性通货膨胀

2. 根据形成原因不同，通货膨胀可分为(　　)。
A. 滞涨型　　　　　　　　　　B. 成本推进型
C. 结构型　　　　　　　　　　D. 需求拉动型

3. 固定收入者包括(　　)。
A. 企业主　　　　　　　　　　B. 公务员
C. 退休老人　　　　　　　　　D. 失业救济金申领人士

4. 由供给因素变动形成的通货膨胀可以归结为两个原因(　　)。
A. 工资推进　　　　　　　　　B. 价格推进
C. 利润推进　　　　　　　　　D. 结构调整

5. 下列有关通货膨胀的描述，正确的是(　　)。
A. 货币贬值　　　　　　　　　B. 在纸币流通条件下的经济现象
C. 货币流通量超过货币必要量　D. 物价普遍上涨

三、简答题

1. 简述通货膨胀的含义和类型。
2. 简述通货紧缩的含义和类型。
3. 简述通货膨胀对于经济的影响。
4. 简述通货紧缩对于经济的影响。

四、实训题

· 实训 1

实训名称：根据我国 CPI 数据，分析判断出现通货膨胀最显著的年份和影响。

实训目标：分析通货膨胀产生的原因，体会通货膨胀对生活和宏观经济带来的影响，体验 CPI 指数变化的敏感性。

实训任务：

1. 通过社会调研或网上调研的方式查找数据。
2. 根据所得数据展开分析并进行课堂讨论。
3. 按要求写出完整的实训总结。

实训开展形式：

1. 学生分组并查找数据。
2. 各组进行统计分析，绘出 CPI 变化趋势图，总结通货膨胀产生的原因。
3. 结合现实经济，分析通货膨胀的影响。

· 实训 2

实训名称：根据近期我国 CPI 数据，分析判断我国出现通货紧缩的可能性。

实训目标：分析通货紧缩产生的原因，体会通货紧缩对于经济的负效应。

实训任务：

1. 通过社会调研或网上调研的方式查找数据。
2. 根据所得数据展开分析并进行课堂讨论。
3. 按要求写出完整的实训总结。

实训开展形式：

1. 学生分组并查找数据。
2. 各组进行统计分析，绘出 CPI 变化趋势图，分析判断我国出现通货紧缩的可能性。
3. 结合现实经济，分析通货紧缩的影响。

五、案例分析题

世界主要国家的通货膨胀治理经验

保持物价总水平基本稳定是重要的宏观经济目标，世界主要国家经历通货膨胀后都采取了相应的治理措施，积累了较多的治理经验，分析研究这些经验和措施对完善国内价格管理政策，避免价格大幅波动具有一定的参考意义。国外通货膨胀的一般表现及治理经验如下所述。

(一) 世界平均通货膨胀率的波动

20 世纪 70 年代以来，世界经济发展经历了四次明显的价格周期波动。第一次是 1971

—1978 年，这一阶段的峰值是 1974 年的 16.5%，上升期为四年，下降期为四年；第二次是 1978—1986 年，这一阶段的峰值是 1980 年的 13.3%，上升期为三年，下降期为六年；第三次是 1986—2001 年，这一阶段的峰值是 1994 年的 9.7%，上升期为八年，下降期为七年；第四次是 2001 年至今。前三次都是物价与经济增长相背离的趋势，是三次典型的滞胀局面。2001 年以来，经济增长与物价水平保持了基本一致的趋势。

（二）主要国家通货膨胀的原因及应对策略

除了战争与社会动乱，世界发达经济体的稳定性总体高于发展中国家，1970—2010 年的 41 年间，高收入国家的通胀率为 5.19%，低收入国家的通胀率为 9.06%，后者是前者的 1.74 倍，而从经济增长速度来看，1960 年以来低收入国家仅比高收入国家高 1.3 个百分点。

1. 发展中国家通货膨胀的历程与对策

发展中国家中的拉美国家由于战后长期实行刺激性经济政策，财政出现巨额赤字，货币发行失控，国际贸易条件恶化，到 20 世纪 80 年代出现了严重的通货膨胀，阿根廷、玻利维亚、巴西等都实行了货币改革，并通过冻结或管制物价和工资等措施来应对通货膨胀。拉美国家的通货膨胀治理以行政手段为主。

俄罗斯、印度通过增加农业投入，提高小麦出口关税，降低奶制品、蔬菜、食用油关税来控制食品价格。俄罗斯、韩国在通胀加剧的情况下，增加对低收入群体的补贴；韩国对生活必需品进行"特别管理"，对公交、电力等公共产品实行价格管制；俄罗斯对哄抬物价企业给予重罚。

2. 发达国家通货膨胀的历程与对策

二战后，发达国家的通货膨胀主要出现在 20 世纪 70 年代和 90 年代，但波动幅度远低于发展中国家。发达国家在稳定经济增长和治理通货膨胀方面具有较为成熟的经验。

美国在 20 世纪 70 年代陷入了近 10 年的滞胀，1974 年通货膨胀率达到 11%。一般认为该时期美国遭遇世界石油危机，加之国内宽松的货币政策和财政政策以及缺乏新的经济增长点是造成这次滞胀的主要原因。发达国家由于发展水平相近，政策导向趋同，通货膨胀的时间与原因大体相似，通货膨胀率日本在 1974 年达到 20.8%，英国在 1975 年达到 27.1%，法国在 1982 年达到 12.7%，德国在 1974 年达到 7.3%，意大利在 1974 年和 1980 年分别达到 20.2%、20.8%，加拿大在 1974 年达到 15.2%，澳大利亚在 1975 年达到 16.6%。

美国通过宽松的货币政策和紧缩的财政政策走出了 70 年代的滞胀。英国采取了直接干预物价上涨和工资增长，控制货币流通量，削减政府公共支出，降低税率等政策。日本采取了价格直接干预以及相关的产业政策。法国的主要措施有实行财政货币双紧、工资指数化、减免税收等。德国则把稳定币值作为抑制通胀的主要政策。意大利采取了管制物价、工资指数化、制造业重组和改造服务业等措施。加拿大、澳大利亚除管制物价和工资、逐步降低货币供应量增长外，还实施了通货膨胀目标制。

（三）国外治理通货膨胀的一些启示

国外在对待通货膨胀时都采取了积极的应对措施，西方发达国家治理通货膨胀的政策效果要明显优于大多数发展中国家。他们的经验可以归纳为以下几个方面：

（1）积极干预。通货膨胀对国民的基本生活影响深刻，在国外没有哪个政府或者经济学流派认可通货膨胀无害论，一些政党把治理通货膨胀当成执政的重要目标或者选举的重要主张。

(2) 促进市场的进一步完善。20 世纪 70 年代，个别国家虽然在短期内采取直接冻结物价的政策，但在通胀压力缓解后立即解除物价冻结，以推进市场发育和完善市场机制，加大公平竞争作为应对通货膨胀的长期政策。

(3) 完善相关法律。美国在 20 世纪治理通货膨胀中先后推出了一系列法律，用法律手段约束财政预算、加大反垄断力度，加拿大和澳大利亚都推出了通货膨胀目标制，日本也在利用产业政策调整供求关系时出台了相关法律。

(4) 重视物资储备。在应对通货膨胀方面，各国都采用重要物资储备制度，美日等国家加大能源储备、重要生活物资储备，有效提高了政府应对通货膨胀的能力。

(5) 重视工资和物价的关系。高福利是西方发达国家在 20 世纪八九十年代通货膨胀的重要原因之一，除美国外，日本、英国、法国、德国、意大利、加拿大、澳大利亚七国都实行了控制工资上涨幅度的政策，意大利、法国还实行了具有法律性质的工资指数化政策。

【思考】

1. 根据上述案例中的资料，分析世界平均通货膨胀率的波动趋势是什么。

2. 各国治理通货膨胀的经验是什么？对于我国来说有哪些借鉴意义？

项目九　货币供求与货币政策

【知识目标】

(1) 了解货币需求理论和供给机制。

(2) 理解货币供求均衡的重要性。

(3) 理解货币政策最终目标的内容及其相互关系。

(4) 了解各类货币政策工具和运用原理。

【能力目标】

(1) 能够理解各时期的货币政策。

(2) 能够分析中央银行的货币政策目标。

(3) 能够运用货币理论解释目前的宏观经济政策。

【案例导入】

新增贷款 12 万亿元、经济加快恢复

　　面对全球严峻的"新冠"肺炎疫情形势，中国人民银行采取了多种货币政策手段来缓解疫情带来的冲击，主要包括：通过定向降准和中期借贷便利操作，向市场释放了大量的长期资金，主要目标支持普惠金融和中小微企业融资，增加信贷供给，降低融资成本；设立专项再贷款支持银行向重点医疗防控物资和生活必需品生产、运输和销售的重点企业提供优惠利率贷款，并通过财政贴息进一步降低疫情防控物资生产企业的融资成本；开展央行票据互换(CBS)操作，换入商业银行发行的永续债，支持银行发行永续债补充资本，以增强银行的风险承受能力；下调金融机构的超额存款准备金利率，推动银行提高资金使用效率，增强银行的贷款意愿，以更好地服务实体经济特别是中小微企业。

　　中国人民银行数据显示，2020 年上半年我国新增人民币贷款 12.09 万亿元，同比多增 2.42 万亿元，资金重点投向制造业、基础设施、科技创新、小微三农等重点领域和薄弱环节。6 月末，普惠型小微企业贷款同比增长 28.4%，科研技术贷款同比增长 26.95%，企业信用贷款同比增长 13.8%，中长期贷款同比增长 13.4%，均高于贷款平均增速。其中，上半年新增制造业贷款创历史新高，超过之前 4 年增量之和，贷款总量和结构都有了很大优化。除了信贷支持，直接融资方面也在发力。2020 年上半年，银行业企业债券投资同比增长 28.5%，保险业债券投资同比增长 16.5%，长期股权投资同比增长 18.2%，这对推动金融业结构调整优化和支持实体经济发展发挥了重要作用。

【思考】

(1) 中国人民银行的货币政策有哪些？

(2) 货币政策的最终目标是什么？

(3) 中国人民银行如何用货币政策来支持目前经济的恢复？

(4) 你对货币需求和货币供给是怎么理解的？

任务一　货币的需求与供给

一、货币的需求

货币作为一种交易媒介和储藏、流通和支付的专门工具，是人类经济生活中最重要、最核心的因素之一。在经济社会中，社会各经济主体都需要持有一定的货币去媒介交换、支付费用、偿还债务、从事投资或保存价值，因此便产生了货币需求。

(一) 货币需求的内涵

货币需求(Demand for Money)是指在一定的时期内社会各经济主体(包括政府机构、企事业单位及居民个人)在既定的财富或者收入范围内，为满足正常的生产经营和各种经济活动需要，能够且愿意持有一定货币的动机或行为。其中，社会各经济主体能够而且愿意持有的具体数量就叫作货币需求量。

对于货币需求含义的理解，应掌握以下几点：

(1) 货币需求是一个存量的概念。货币需求考察的是在某个时点和空间内(如 2020 年 6 月 30 日，中国国内)社会各部门在其拥有的全部资产中愿意以货币形式持有的数量，而不是流量的概念，如在某一段时间内(2019 年 1 月 1 日到 2019 年 12 月 31 日)社会各部门所持有的货币数额的变化量。

(2) 货币需求量是一种能力与愿望的统一。货币需求量是有条件限制的，是指以收入或财富的存在为前提，在具备获得或持有货币的能力范围之内愿意持有的货币量。因此，构成货币需求需要同时具备两个条件：① 必须有能力获得或持有货币；② 必须愿意以货币形式保有其财产。二者缺一不可，有能力而不愿意持有货币不会形成对货币的需求，有愿望却无能力获得货币也只是一种不切实际的幻想。

(3) 货币的需求应包含对现金和存款货币两类需求。伴随着人类社会的发展，货币的形态从实物、铸币逐步演变为纸币和电子货币，形态上不断适宜人类便捷性、灵活性的需求。货币需求是所有商品、劳务的流通以及有关一切货币支付所提出的需求，这种需求与货币形态本身无关，不仅现金可以满足，存款货币也同样可以满足。如果把货币需求仅仅局限于现金，显然是片面的。

(4) 货币的需求应包含对流通、支付和储藏等多项职能的需求。人们对货币的需求既包括了执行流通手段和支付手段职能的货币需求，也包括了执行价值贮藏手段职能的货币需求。二者差别只在于持有货币的动机不同或货币发挥职能作用的不同，但都在货币需求的范畴之内。

（二）货币需求的分类

1. 主观货币需求与客观货币需求

主观货币需求是指经济主体在主观上希望拥有多少货币，是一种对货币占有的欲望。这里的经济主体可以是个人，也可以是企业、政府等，他们为了自身的发展而占有一定货币。货币作为一般等价物具有与一切商品交换的能力，主观货币需求在数量上是无限的，这种需求因不同的人而不同，因此说主观货币需求是一种无效的货币需求。例如：某人梦想有 1 亿元人民币的资产，但是他真的有吗？没有，这只是一种欲望，是无效的。而客观货币需求是有支付能力的有效需求。在实际工作中，客观货币需求是研究的主要对象，但是不能忽略对主观货币需求的研究，因为它有助于货币当局制定和实施货币政策。

2. 名义货币需求和实际货币需求

名义货币需求是指社会各个部门在不考虑币值变动所引起价格变动时的货币需求，即用货币单位来表示的货币数量，如元、英镑等。在实际的经济运行过程中，名义货币需求是由中央银行的货币供给来决定的。而实际货币需求就是扣除价格变动因素的影响后的货币需求，是由商品流通本身所引起的货币需求。实际货币需求等于名义货币需求除以物价水平。在现实经济中，经济的发展有时会超出人们的预料，通货膨胀或通货紧缩并没有销声匿迹，因此，这里不仅要重视名义货币需求，也要研究实际货币需求，有时对实际货币需求的研究会更有意义。

3. 微观货币需求和宏观货币需求

微观货币需求是从微观角度考察的货币需求，是指一个社会经济单位(家庭或个人)在既定的经济条件下所持有的货币量。研究微观货币需求，有助于进一步认识货币的职能，也会对短期货币需求的分析起到重要作用。宏观货币需求是从宏观角度考察的货币需求，它是以宏观经济发展目标为出发点，分析国民经济运行总体对货币的需求，即考虑一个国家在一定时期内所需的货币总量。研究宏观货币需求，有利于货币政策当局制定货币政策，为一国政府在特定时期内经济发展作出贡献，同时能在一定程度上平衡社会的总需求与总供给。

（三）货币需求的动机

宏观经济学家凯恩斯(J.M. Keynes)首次对人们持有货币的各种动机进行了详细的分析，认为持币的动机包括了持币的交易动机、持币的谨慎动机和持币的投机动机，相应的货币需求也应包括货币的交易需求、谨慎需求和投机需求三种。现代经济理论对凯恩斯的货币需求动机进行了进一步的完善和细分，认为社会各经济主体持有货币的动机包括了交易性动机、预防性动机和投机性动机，对应的货币需求也可以分为交易性货币需求、预防性货币需求、投机性货币需求和安全需求四类。

1. 交易性货币需求

交易性货币需求是指居民和企业为了交易的目的而形成的对货币的需求。居民和企业为了顺利进行交易活动就必须持有一定的货币量，交易性货币需求是由收入水平和利率水平共同作用的。

2. 预防性货币需求

预防性货币需求是指人们为了应付意外事故而形成对货币的需求。预防性货币需求与利息率有密切的关系，当利率低时，人们持有货币的成本也低，人们就会愿意持有较多的货币以预防意外事件的发生；当市场利率足够高时，人们可能试图承担预防性货币减少的风险，将这种货币的一部分变为生息资本，以期获得较高的利息。

3. 投机性货币需求

投机性货币需求是指由于未来利息率的不确定，人们为避免资产损失或基于增加资产收益的目的，通过及时调整资产结构以谋求投资机会而形成的持有一定数量货币的需求。投机活动的货币需求大小取决于三个因素：当前利率水平、投机者心目中的正常利率水平以及投机者对未来利率变化趋势的预期。

4. 安全需求

安全需求指非银行金融机构为了进行不可预知的交易而需要的流动性。因为经济主体对未来的状况是不能准确预知的，收入越高，安全需求的实际范围就越大，即可预见的交易数额越大。另一方面，必须更新购买支出和不确定的维修也需要货币的"安全需求"。"安全需求"在模型中不是独立的，一般被简化归入了"交易需求"。

> **【想一想】**
> 凯恩斯理论中的货币需求动机有哪些？

(四) 影响货币需求的主要因素

不同国家在经济制度、金融发展水平、文化和社会背景以及所处经济发展阶段的不同，影响货币需求的因素也会有所差别。现阶段影响货币需求的因素主要有以下八种。

1. 收入状况

收入状况是决定货币需求的主要因素之一。在市场经济中，各微观经济主体的收入最初都是以货币形式获得的，其支出也都要以货币支付。一般来说，货币需求量与收入水平成正比，当各经济主体的收入增加时，他们对货币的需求也会增加；当其收入减少时，他们对货币的需求也会减少。如果人们取得收入的时间间隔延长，则整个社会的货币需求量就会增大；相反，如果人们取得收入的时间间隔缩短，则整个社会的货币需求量就会减少。近年来，随着人们收入水平的不断上升，以及经济货币程度的提高，货币在经济生活中的作用领域不断扩大，使得我国的货币需求不断增加。

2. 价格水平

从本质上看，货币需求是在一定价格水平上人们从事经济活动所需要的货币量。在商品和劳务量既定的条件下，价格越高，用于商品和劳务交易的货币需求也必然增多。因此，价格和货币需求，尤其是交易性货币需求之间，是同方向变动关系。在现实生活中，由商品价值或供求关系引起的正常物价变动对货币需求的影响是相对稳定的，而由通货膨胀造成的非正常物价变动对货币需求的影响则极不稳定。建国后，我国几次通货膨胀期间都曾出现了不同程度的提款抢购、持币待购的行为，造成了这些时期货币需求的超常增长。

3. 利率水平

在市场经济中，利率水平是调节经济活动的重要杠杆。利率的高低决定了人们持币机会成本的大小，利率越高，持币成本越大，人们就不愿持有货币而愿意购买生息资产以获得高额利息收益，因而人们的货币需求会减少；利率越低，持币成本越小，人们则愿意手持货币而减少了购买生息资产的欲望，货币需求就会增加。因而，利息率与货币需求是成负相关关系的。例如，1988年全国零售物价指数上升18.5%，而当时一年定期的储蓄利率仅为年率7.2%，实际利率为负的状况导致了人们大量挤提存款抢购商品，货币需求急剧上升。当政府很快采取物价指数保值的储蓄办法之后，实际利率上升挤兑抢购的状况很快得到扭转，储蓄余额又开始上升，货币需求回落。

4. 货币流通速度

货币流通速度是指一定时期内货币的转手次数。动态地考察一定时期的货币总需求就是货币的总流量，而货币总流量是货币平均存量与速度的乘积。在用于交易的商品与劳务总量不变的情况下，货币速度的加快会减少现实的货币需求量；反之，货币速度的减慢则必然增加现实的货币需求量。因此，货币流通速度与货币总需求呈反方向变动关系。

5. 信用的发达程度

近年来，信用制度的发展和信用工具的运用推广，在一定时期内减少了货币的使用，如以赊销方式进行的商业买卖活动，以支票等信用票据完成的债务支付行为，以信用卡或者微信、支付宝等渠道进行的线上支付活动等，显著降低了社会所必需的货币量。因而，一个社会信用制度越健全，信用工具越发达，对货币的需求量将会越小。

6. 消费倾向

消费倾向是指消费支出在收入中所占的比重，可分为平均消费倾向和边际消费倾向。平均消费倾向是指消费总额在收入总额中的比例，而边际消费倾向是指消费增量在收入增量中的比例。假设人们的收入支出除了消费就是储蓄，那么，与消费倾向相对应的就是储蓄倾向。在一般情况下，消费倾向与货币需求变动的方向一致，即消费倾向大，货币需求量也大，反之亦然。

7. 公众预期和金融资产选择偏好

货币需求在相当程度上受到人们的主观意志和心理活动的影响，公众的预期会对金融资产选择偏好产生一定的影响。一般来说，人们的心理活动与货币需求有以下关系：

(1) 当利息率上升幅度较大时，人们往往预期利息率将下降，而有价证券价格将上升，于是人们将减少手持现金，增加有价证券的持有量，以期日后取得资本溢价收益，反之亦然。

(2) 预期物价水平上升，则货币需求减少；预期物价水平下降，则货币需求增加。

(3) 人们偏好货币，则货币需求增加；人们偏好其他金融资产，则货币需求减少。

8. 其他因素

其他因素，如全社会商品和劳务的总量变化情况、人口与经济结构情况、财政收支引起的政府货币需求的变化、金融服务技术与水平、甚至心理和生活习惯等都会影响我国的货币需求。

二、货币的供给

(一) 货币供给的内涵

货币供给(Money supply)是指某一个国家或货币区的银行系统向经济体中投入、创造、扩张(或收缩)货币的金融过程。首先，货币供给是一个经济过程，即银行系统向经济中注入货币的过程；其次，货币供给必然会形成一定的货币量，即货币供给量，它是货币供给的结果。货币供应量是指一个国家在某一时期内为社会经济运转服务的货币存量，它由包括中央银行在内的金融机构供应的存款货币和现金货币两部分构成。

(二) 货币供给量的层次划分

中央银行一般根据宏观监测和宏观调控的需要，根据流动性的大小将货币供给量划分为不同的层次。我国现行货币统计制度将货币供给量划分为三个层次：

(1) 流通中现金(M0)。

M0 指单位库存现金和居民手持现金之和，其中"单位"指银行体系以外的企业、机关、团体、部队、学校等单位。

(2) 狭义货币(M1)。

M1 指 M0 加上单位在银行的可开支票进行支付的活期存款，即

$$M1 = M0 + 可开支票进行支付的单位活期存款$$

(3) 广义货币(M2)。

M2 指 M1 加上单位在银行的定期存款和城乡居民个人在银行的各项储蓄存款以及证券公司的客户保证金，即

$$M2 = M1 + 居民储蓄存款 + 单位定期存款 + 单位其他存款 + 证券公司客户保证金$$

此外，我国还在 M2 的基础上，根据金融工具的不断创新而细化设置了 M3，统计口径为

$$M3 = M2 + 金融债券 + 商业票据 + 大额可转让定期存单$$

对中央银行而言，按流动性标准划分货币供给量的层次，有两个方面的意义：

① 有利于为中央银行的宏观金融决策提供一个清晰的货币供给结构图，有助于掌握不同的货币运行整体态势。

② 有助于中央银行分析整个经济的动态变化。每一层次的货币供给量都有特定的经济活动和商品运动与之对应，通过对各层次货币供给量变动的观察，中央银行可以掌握经济活动的状况，并分析预测其变化的趋势，据此判定货币政策。如 M1 反映着经济中的现实购买力，M2 不仅反映现实的购买力还反映潜在的购买力。若 M1 增速较快，则消费和终端市场活跃；若 M2 增速较快，则投资和中间市场活跃。若 M2 过高而 M1 过低，则表明投资过热、需求不旺，有危机风险；若 M1 过高而 M2 过低，则表明需求强劲、投资不足，有涨价风险。

(三) 货币供给量的决定因素

货币供给量决定于基础货币与货币乘数两个因素,是这两个因素的乘积。这两者又受到多种复杂的因素影响。

1. 基础货币

基础货币是指具有使货币供给总量倍数扩张或收缩能力的货币。它表现为中央银行的负债,即中央银行投放并直接控制的货币,包括商业银行的准备金和公众持有的通货。

在现代经济中,每个国家的基础货币都来源于货币当局的投放。货币当局投放基础货币的渠道主要有三种:一是直接发行通货;二是变动黄金、外汇储备;三是实行货币政策。

基础货币是中央银行的负债,是商业银行及整个银行体系赖以扩张信用的基础。基础货币通过货币乘数的作用改变货币供给量。在货币乘数一定的情况下,基础货币增多,货币供给量就增加;基础货币减少,货币供给量就减少。

2. 货币乘数

货币乘数也称为货币扩张系数,是用以说明货币供给总量与基础货币的倍数关系的一种系数。在基础货币一定的条件下,货币乘数决定了货币供给的总量。货币乘数越大,则货币供给量越多;货币乘数越小,则货币供给量就越少。所以,货币乘数是决定货币供给量的又一个重要的,甚至是关键的因素。但是,与基础货币不同,货币乘数并不是一个外生变量,因为决定货币乘数的大部分因素都不是决定于货币当局的行为,而是决定于商业银行及社会大众的行为。

货币乘数的决定因素主要有五个,分别是活期存款的法定准备率、定期存款的法定准备率、定期存款比率、超额准备金率和通货比率。其中,法定准备率完全由中央银行决定,成为中央银行的重要政策工具;超额准备金率的变动主要决定于商业银行的经营决策行为,商业银行经营决策又受市场利率、商业银行借入资金的难易程度、资金成本的高低、社会大众的资产偏好等因素的影响;定期存款比率和通货比率决定于社会公众的资产选择行为,又具体受收入的变动、其他金融资产的收益率、社会公众的流动性偏好程度等因素的影响。

综上所述,货币供给量是由中央银行、商业银行及社会公众这三个经济主体的行为所共同决定的。

(四) 货币供给的过程

由于货币供应量包括通货与存款货币,因此货币供给的过程也分解为通货供给和存款货币供给两个环节。

1. 通货供给

通货供给通常包括以下三个步骤:

(1) 由一个国家货币当局下属的印制部门(隶属于中央银行或隶属于财政部)印刷和铸造通货。

(2) 商业银行因其业务经营活动而需要通货进行支付时,便按规定程序通知中央银行,由中央银行运出通货,并相应贷给商业银行账户。

(3) 商业银行通过存款兑现方式对客户进行支付，将通货注入流通，供给到非银行部门手中。

通货虽然由中央银行供给，但中央银行并不直接把通货送到非银行部门手中，而是以商业银行为中介，借助于存款兑现途径间接将通货送到非银行部门手中。由于通货供给在程序上是经由商业银行的客户兑现存款的途径实现的，因此通货的供给数量完全取决于非银行部门的通货持有意愿。非银行部门有权随时将所持存款兑现为通货，商业银行有义务随时满足非银行部门的存款兑现需求。如果非银行部门的通货持有意愿得不到满足，商业银行就会因其不能履行保证清偿的法定义务而被迫停业或破产。

上述通货供给是就扩张过程而言的，从收缩过程来说明通货供给，程序正好相反。

2. 存款货币供给

商业银行的存款负债有多种类型，其中究竟哪些属于存款货币，而应当归入货币供应量之中尚无定论，但公认活期存款属于存款货币。

在不兑现信用货币制度下，商业银行的活期存款与通货一样，充当完全的流通手段和支付手段，存款者可据以签发支票进行购买、支付和清偿债务。因此，客户在得到商业银行的贷款和投资以后，一般并不立即提现，而是把所得到的款项作为活期存款存入同自己有业务往来的商业银行之中，以便随时据以签发支票。这样，商业银行在对客户放款和投资时，就可以直接贷入客户的活期存款。所以，商业银行一旦获得相应的准备金，就可以通过账户的分录使自己的资产(放款与投资)和负债(活期存款)同时增加。从整个商业银行体系看，即使每家商业银行只能贷出它所收受的存款的一部分，全部商业银行却能把它们的贷款与投资扩大为其所收受的存款的许多倍。换言之，从整个商业银行体系看，一旦中央银行供给的基础货币被注入商业银行内，为某一商业银行收受为活期存款，在扣除相应的存款准备金之后，就会在各家商业银行之间辗转使用，从而最终被放大为多倍的活期存款。

三、货币的供需均衡

(一) 货币供需均衡的内涵

货币供需均衡简称为货币均衡，是指一个国家在一定时期内货币供应量与客观经济对货币的需求量的基本相适应，即"货币需求＝货币供应"的状态。

货币均衡有以下内涵：

(1) 货币均衡是一种状态。它是指货币供给与货币需求的基本适应，而不是指货币供给与货币需求在数量上的相等。

(2) 货币均衡是一个动态过程。它并不要求在某一个时点上货币的供给与货币的需求完全相适应，它承认短期内货币供求不一致状态，但长期内货币供求之间应大体上是相互适应的。

(3) 货币均衡在一定程度上反映了国民经济的平衡状况。在现代商品经济条件下，货币不仅是商品交换的媒介，而且是国民经济发展的内在要素。货币收入的运动制约或反映着社会生产的全过程，货币收支则把整个经济过程有机地联系在一起，一定时期内的国民经济状况必然要通过货币的均衡状况反映出来。

（二）货币均衡与社会总供求均衡

在现代商品经济条件下，任何需求都表现为有货币支付能力的需求，任何需求的实现都必须支付货币。如果没有货币的支付，没有实际的购买，则社会基本的消费需求和投资需求就不能实现。因此，一定时期内，社会的货币收支流量就构成了当期的社会总需求。货币均衡在一定程度上反映了国民经济总体的均衡状况。物价涨跌作为货币失衡的外在表现形式，非常直观地显现了货币均衡与社会总供求均衡之间的关系。

1. 社会总供求的含义

社会总供求是社会总供给与社会总需求的合称。所谓社会总供给，通常是指一定时期内一个国家生产部门按一定价格提供给市场的全部产品和劳务的价值之和，以及在市场上出售的其他金融资产总量。由于这些商品都是在市场上实现其价值，因此，社会总供给也就是一定时期内社会的全部收入或总收入。所谓社会总需求，通常是指一定时期内一个国家社会各方面要占用或使用的全部产品之和。在市场经济条件下，一切需求都表现为有货币支付能力的购买需求，所以社会总需求也就是一定时期社会的全部购买支出。

2. 货币均衡与社会总供求均衡

(1) 社会总供给决定货币需求。一个国家在一定时期生产出一定数量的商品和劳务后，这些商品和劳务的价值需要实现，由此产生了货币需求。到底需要多少货币量，取决于有多少实际资源需要货币实现其流转并完成，包括生产、交换、分配和消费这些相互联系的再生产过程，这是社会总供给决定货币需求的基本理论的出发点。

(2) 货币需求决定货币供给。要实现货币供求的均衡，中央银行需要依据一定时期货币需求量的多少调控货币供给量。

(3) 货币供给形成社会总需求。通过银行体系投放到市场上的货币量一旦被各类经济主体所获得，就会形成真实的对商品和劳务的购买能力，从而形成社会总需求。

(4) 社会总需求决定社会总供给。一定时期各经济主体对商品和劳务有多少需求，决定了该时期商品和劳务的产出水平。如果需要少而产出多，则会出现生产过剩、商品滞销、物价下跌；反之则相反。

从经济决定金融的基本原理出发，社会供求均衡(即市场均衡)决定货币均衡，但与此同时，货币均衡对社会总供求均衡也具有重要的反作用。

（三）货币供需失衡的调节措施

出现货币失衡时，政府一般会通过"看得见的手"加强干预，主动调节，设法使货币均衡在短期内尽快达到。其采用的方法一般可分为供给型调节、需求型调节、混合型调节和逆向型调节四种。

1. 供给型调节

所谓供给型调节，是指依靠调节货币供给量使货币从失衡达到均衡。换言之，就是以货币需求量为"参照物"，通过对货币供给量的调节，使之向既定的货币需求量靠拢。当货币供给量大于货币需求量时，通过压缩货币供给量使之与货币需求量相适应；当货币供给量小于货币需求量时，通过增加货币供给量使之与货币需求量保持一致。由于中央银行是货币供给量的决策主体，因此，供给型调节主要是通过中央银行进行的。

2. 需求型调节

所谓需求型调节，是指依靠调节货币需求量使货币从失衡达到均衡。换言之，就是以货币供给量为"参照物"，通过对货币需求量的调节，使之向既定的货币供给量靠拢。当货币供给量大于货币需求量时，通过增加货币需求量使之与既定的货币供给量相适应；当货币供给量小于货币需求量时，通过缩小货币需求量使之与既定的货币供给量保持一致。由于货币需求量是一个独立于银行体系的外生变量，因此，需求型调节更多的是在银行体系之外推行的。

3. 混合型调节

所谓混合型调节，是指面对货币供求失衡局面，综合运用货币政策、财税政策、进出口政策等，一方面压缩货币供应量，另一方面增大货币需求量，双管齐下，既搞供应型调节，又搞需求型调节，以达到社会总供求、货币供求的均衡。

4. 逆向型调节

所谓逆向型调节，是指面对货币供给量大于货币需求量的失衡局面，中央银行不是压缩货币供给量，而是增加货币供给量，以此促成货币供求重新均衡。其具体内涵是：若货币供给量大于货币需求量，现实经济中存在着尚未充分利用的生产要素，社会经济运行对其产品需求又很大，那么可通过对这类产业追加投资和发放贷款，以促进供给的增加，并以此来消化过多的货币供给，达到货币供求由失衡到均衡的调整。

任务二　货币政策目标

一、货币政策的内涵

在经济发展的一定时期每个国家都有一定的目标，为了达到这个经济目标，政府必须掌握某些工具或手段。货币政策就是其中的重要工具之一。货币政策的范围有广义和狭义两种。

(一) 广义货币政策

广义货币政策是指政府、中央银行和其他有关部门所有的有关货币方面的规定和采取的影响金融变量的一切措施(包括金融体制改革，也就是规则的改变等)。广义的货币政策包括政府、中央银行和其他有关部门所有有关货币方面的规定和所采取的影响货币数量的一切措施。按照这一界定，货币政策涵盖的范围非常广泛，既包括有关货币制度的规定，又包括所有促进金融体系发展、提高运作效率的措施，甚至包括政府借款、国债管理以及政府税收和财政支出等措施。

(二) 狭义货币政策

狭义货币政策是指中央银行为实现特定的经济目标(如稳定物价、促进经济增长、实现充分就业和平衡国际收支等)而运用各种工具调节货币供应量和利率,进而影响宏观经济的方针、政策和措施的总称。狭义货币政策一般包括三方面措施:货币政策的目标、货币政策工具和具体执行的政策效果。

狭义货币政策和广义货币政策两者的不同主要在于前者是中央银行在稳定的体制中利用贴现率、准备金率和公开市场业务来达到改变利率和货币供给量的目标,而后者则是政策制定者(包括政府及其他有关部门)通过影响金融体制中的外生变量,改变游戏规则(如硬性限制信贷规模、信贷方向等),以实现开放和开发金融市场。

根据货币政策工具对货币目标的影响方式和速度的不同,货币政策目标可分为近期目标、远期目标和最终目标,其中近期目标和远期目标统称为货币政策中介目标。它们之间的关系是:货币政策工具作用于货币政策中介目标,并通过货币政策中介目标去实现货币政策最终目标。货币政策各要素的关系如图 9-2-1 所示。

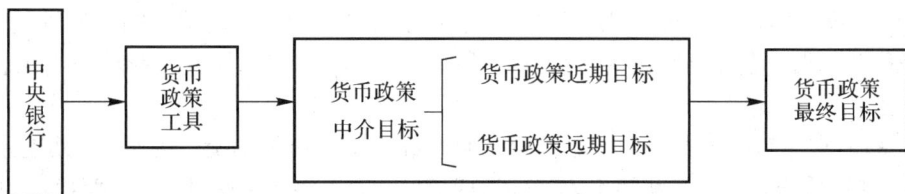

图 9-2-1 货币政策各要素的关系

二、货币政策的最终目标

货币政策目标包括最终目标和中介目标。货币政策的最终目标是中央银行通过实施各种政策手段所要达到的最终经济目的。最终目标一般是国家的宏观目标。通常所指的货币政策的目标是指最终目标,从目前情况看,多数经济学家认可最终目标有四个,即物价稳定、充分就业、经济增长和国际收支平衡。

1. 物价稳定

物价稳定是目前各国确定为中央银行货币政策的首要目标。物价稳定是指将一般物价的变动控制在一个比较小的区域内,在短期内不发生显著的或剧烈的波动,呈现基本稳定的状态。物价稳定与经济发展有密切的联系,物价稳定是经济发展的前提,经济发展又是物价稳定的基础。宏观经济所要实现的物价稳定是一个相对的物价稳定状态,即把通货膨胀控制在一定的水平之下,防止物价普遍、持续、大幅度的上涨。各国经验表明,物价稳定只能是相对的稳定,如果物价陷于一个绝对稳定不变的静止状态,那么是一种不正常的现象,甚至会引发通货紧缩。不同的国家及不同的经济学家对于稳定的物价水平有着不同的看法:有的经济学家认为,5%以下的通货膨胀率对经济发展有一定的刺激作用,是经济所能承受的,是一种温和的通货膨胀;有的经济学家则认为,3%以内物价上涨幅度是可取的范围。不同的国家和不同的情况下,人们对物价的承受能力是不同的,各国都根据该国对物价上涨的承受力作为物价上涨的是否过快的标准。

2. 充分就业

所谓充分就业,就是要保持一个较高的、稳定的水平,使得一个国家资源得到充分利用时的就业状况。高失业率不但会造成社会经济资源的极大浪费,而且还容易导致社会的不稳定和政治危机，因此各国政府一般都将充分就业作为优先考虑的政策目标。货币政策目标中所要求的充分就业，是指将失业率降低到一个社会可以接受的水平。现实的经济生活是不可能达到 100%的就业水平的。最理想的状态是，凡是具有工作能力和愿意从事工作的人都有合适的职业。由于各国的社会经济情况不同，民族文化和传统习惯也有很大差异，因此各国对失业率的可接受程度也是不同的。有的经济学家认为，3%的失业率就可以看作是充分就业；也有的经济学家认为，失业率长期控制在 4%～5%就是充分就业；而美国的多数经济学家认为，失业率在 5%以下就算是充分就业。各国都力图把失业率降到最低的水平，以实现其经济增长的目标。

造成失业的原因主要有以下方面：

(1) 总需求不足。由于社会总供给大于总需求，使经济社会的各种经济资源(包括劳动力资源)无法得到正常与充分的利用，主要表现为：一是周期性的失业，这是在经济周期中的经济危机与萧条阶段，由于需求不足所造成的失业；二是持续的普遍性的失业，这是真正的失业，是由一个长期的经济周期或一系列的周期所导致的劳动力需求长期不足的失业。

(2) 总需求分布不平衡。由于总需求在整个经济中分布不均衡，因此造成某些行业职业或地区缺乏需求。它是劳动的不流动性造成的结果，主要包括两种：一是摩擦性的失业，当一个国家某个地区的某一类职业的工人找不到工作，而在另外一些地区却又缺乏这种类型的工人时，就产生了摩擦性失业；二是结构性的失业，在劳动力需求条件与供给条件的长期变化中，由于劳动的不流动性，致使劳动力供给与需求的种类不相符合，即在某些崛起行业中可能出现劳动力不足，而在一些生产不景气的行业中又会出现劳动力过剩。此外，由于采用新技术也会引起劳动力需求的改变。

(3) 季节性的失业。有些行业的工作季节性很强，而各种季节性工作所需要的技术工作又不能相互替代，季节性失业可以设法减少，但无法完全避免。

(4) 正常的或过渡性的失业。在动态的经济社会中，平时总有一些人要变换他们的工作，或者换一个职业，或者换一个雇主，有的可能调到其他地区工作，当某项合同到期时也会出现劳动力多余。这些情况下，一些人未找到另一个工作之前，常常会有短暂的失业。

西方经济学认为，除总需求不足造成的失业外，其他种种原团造成的失业是不可避免的，消灭了总需求不足所导致的失业状态一般就认为实现了充分就业。经济政策主要就是解决总需求不足造成的失业。

3. 经济增长

经济增长是各国政府都非常关心的问题。经济增长可以改善国民生活水平，提高本国的国际地位，有利于增强中央银行政策调节的经济承受能力，使货币政策调节拥有更广阔的回旋余地，所以把经济增长也作为最终目标之一。经济增长是指国民生产总值的增加，即在一定时期内一个国家所生产的商品和劳务总量的增加，或人均国民生产总值的增加。作为货币政策最终目标的经济增长并不是说经济增长的速度越快越好，而是指经济在一个较长的时间内不出现大起大落，不出现衰退，始终处于长期稳定的增长状态中。在现代社会，经济增长受到各种自然资源的约束和限制，不可能无限地增长；同时经济增长往往也要付出代价，比如环境的污染和生态的破坏及引起的各种社会问题等。因而，一个国家经济的增长需要找到一个与本国具体情况相符的平衡点，以实现与国情相符的适度增长率。

4. 国际收支平衡

国际收支是指在一定时期内一个国家或地区与世界其他国家或地区之间进行的全部经济交易的总和。这些经济交易按其性质的不同可分为经常项目、资本项目和平衡项目。国际收支平衡主要是指经常项目和资本项目的收支平衡。这种平衡不是收入和支出在数量上的绝对相等，而是允许略有顺差或略有逆差，只要不是长期的、巨额的收支顺差和逆差，就被认为是实现了收支平衡。长期的顺差或逆差都不利于经济的均衡发展和资源的配置。长期的顺差可能会因大量流入外汇而促使本国货币增发导致或加重通货膨胀，对本国经济的增长产生不良影响，也可能会导致国际摩擦的加剧；长期的逆差则会导致本国外汇储备的消耗，削弱国家对外支付能力，也会因本币的贬值导致国内通货紧缩，使得经济增长下滑。

从全世界的范围来看，一个国家的收支出现盈余势必意味着其他国家出现赤字。因此，每个国家都保持国际收支的顺差是不可能的。现实中只能追求，在短时期内允许国际收支略有顺差或略有逆差，而在较长的时期内某一年份的收支不平衡可以由其他年份来弥补。

【深度阅读】

我国货币政策最终目标

《中华人民共和国中国人民银行法》将我国货币政策目标定为"保持货币币值稳定，并以此促进经济增长"的双重货币政策目标。可以看出，我国的货币政策最终目标是以人民币币值稳定为基础，并以此促进经济发展，在"稳定"与"增长"之间，是有先有后、有主有次的。

由于稳定币值和发展经济存在矛盾，近年来我国理论学界对货币政策目标的选择问题有一定的争论。一种意见认为货币政策是保证经济正常运行和发展的前提，强调货币稳定是我国中央银行货币政策的唯一目标；另一种意见认为货币是社会再生产的第一动力，主张促进经济发展是货币政策目标的唯一选择；还有一种意见认为中央银行的货币政策不应该选择单一的目标，而应该兼顾货币稳定和经济发展两方面要求，强调了货币稳定和经济发展之间的辩证统一的关系，即应该在货币稳定中谋求经济发展，在经济发展中实现货币稳定，目前属于主流观点。

2020 年各国失业率和 CPI 数据

2020 年，我国居民消费价格(CPI)第三季度各月涨幅分别为 2.7%、2.4% 和 1.7%，预计全年将在 2% 左右。我国当前以城镇登记失业率来作为失业统计指标，2019 年全国城镇登记失业率为 3.62%。2020 年，就业形势总体平稳，逐步回暖，好于预期。前 9 个月全国累计实现城镇新增就业 898 万人，接近完成 900 万人的预期目标任务，尤其是大学生和农民工等重点群体就业形势趋于稳定。

受疫情冲击影响，2020 年主要发达经济体通胀持续位于低位，甚至出现通缩。美国、英国、日本 9 月 CPI 同比分别为 1.4%、0.5% 和 0%，欧元区 9 月 HICP 同比为 –0.3%。4～

9 月美国失业率从 14.7%降至 7.9%，研究显示虽然临时性失业从 11.5%降至 2.9%，但永久性失业却从 3.2%上升到 5%。4～9 月，欧元区失业率从 7.4%升至 8.3%，日本失业率从 2.6%升至 3.0%，英国失业率从 4.0%升至 4.8%。

2020 年 8 月，美联储在完成评估后宣布修订货币政策框架，实施平均 2%的通胀目标，并表示其货币政策对就业形势的响应将取决于实际就业"与最大化就业水平之间的缺口"，同时强调需多维度综合研判就业形势。

三、货币政策最终目标间的矛盾和统一

货币政策的最终目标不是单一的，而是一个由多个目标组合在一起的多重体系，而且这些指标间存在很多复杂的关系。从根本上说，货币政策的四个最终目标是统一和相互促进的，但它们之间又存在一定的矛盾。因此，除了研究货币政策最终目标的一致性以外，还必须研究各目标之间的矛盾性及缓解矛盾的措施。

(一) 物价稳定与充分就业

事实证明，稳定物价与充分就业这两个目标之间经常发生冲突。若要降低失业率，增加就业人数，就必须增加货币工资。若货币工资增加过少，对充分就业目标就无明显促进作用；若货币工资增加过多，致使其上涨率超过劳动生产率的增长，这种成本推进型通货膨胀必然造成物价与就业两项目标的冲突。例如西方国家在 20 世纪 70 年代以前推行的扩张政策，不仅无助于实现充分就业和刺激经济增长，反而造成"滞胀"局面。

物价稳定与充分就业之间的矛盾关系一般可用菲利浦斯曲线来说明。1958 年，英国经济学家菲利浦斯(A. W. Phillips)根据英国 1861—1957 年间相关统计资料，勾画出一条用以表示失业率和货币工资变动率之间交替关系的曲线。这条曲线表明，当失业率较低时，货币工资增长率较高；反之，当失业率较高时，货币工资增长率较低。由于货币工资增长与通货膨胀之间的联系，这条曲线又被西方经济学家用来表示失业率与通货膨胀率此消彼长、相互交替的关系。这条曲线表明，失业率与物价变动率之间存在着一种非此即彼的相互替换关系。也就是说，多一点失业，物价上涨率就低；相反，少一点失业，物价上涨率就高。菲利浦斯曲线如图 9-2-2 所示。

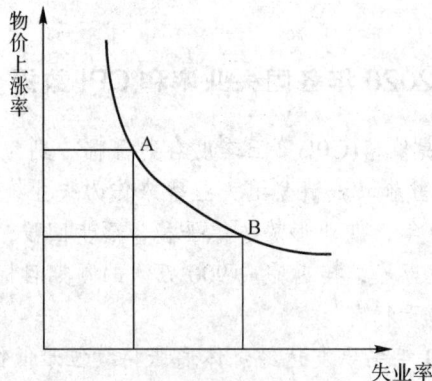

图 9-2-2　菲利浦斯曲线

（二）物价稳定与经济增长

物价稳定与经济增长之间是否存在着矛盾，理论界对此看法不一，主要有以下几种观点：

(1) 物价稳定才能维持经济增长。这种观点认为，只有物价稳定，才能维持经济的长期增长势头。一般而言，劳动力增加，资本形成并增加，加上技术进步等因素促进生产的发展和产量的增加，随之而来的是货币总支出的增加。由于生产率是随时间的进程而不断发展的，因此货币工资和实际工资也是随生产率而增加的。只要物价稳定，整个经济就能正常运转，维持其长期增长的势头。这实际是供给决定论的古典学派经济思想在现代经济中的反映。

(2) 轻微物价上涨刺激经济增长。这种观点认为，只有轻微的物价上涨，才能维持经济的长期稳定与发展。因为，通货膨胀是经济的刺激剂。这是凯恩斯学派的观点。凯恩斯学派认为，在充分就业没有达到之前增加货币供应、增加社会总需求主要是促进生产发展和经济增长，而物价上涨比较缓慢。另外，这种观点还认定资本主义经济只能在非充分就业的均衡中运行，因此轻微的物价上涨会促进整个经济的发展。美国的凯恩斯学派也认为，价格的上涨通常可以带来高度的就业，在轻微的通货膨胀之中，工业之轮开始得到良好的润滑油，产量接近于最高水平，私人投资活跃，就业机会增多。

(3) 经济增长能使物价稳定。这种观点则认为，随着经济的增长，价格应趋于下降，或趋于稳定。因为，经济的增长主要取决于劳动生产率的提高和新生产要素的投入，在劳动生产率提高的前提下，生产的增长一方面意味着产品的增加，另一方面则意味着单位产品生产成本的降低，所以，物价稳定目标与经济增长目标并不矛盾。这种观点实际上是马克思在 100 多年以前分析金本位制度下资本主义经济的情况时所论述的观点。实际上，就现代社会而言，经济的增长总是伴随着物价的上涨。从西方货币政策实践的结果来看，要使物价稳定与经济增长齐头并进并不容易，主要原因在于政府往往较多地考虑经济发展，刻意追求经济增长的高速度。比如采用扩张信用和增加投资的办法，其结果必然造成货币发行量增加和物价上涨，使物价稳定与经济增长之间出现矛盾。

（三）经济增长与国际收支平衡

一般情况下，在一个开放型的经济中，国家为了促进本国经济发展，会遇到两个问题，使得经济增长和国际收支平衡难以同时实现。

(1) 经济增长会引起进口增加。随着国内经济的增长，国民收入及支付能力的增加，政府通常会增加对进口商品的需要。如果该国的出口贸易不能随进口贸易的增加而相应增加，必然会使贸易收支状况变坏，使国际收支出现逆差。此时，政府通常会压缩国内的总需求，随着总需求的下降，国际收支逆差可能被消除，但同时会带来经济的衰退；而针对国内经济衰退，政府通常会采用扩张性的货币政策进行调控，随着货币供应量的增加，社会总需求增加，可能刺激经济的增长，但也可能由于输入的增加及通货膨胀而导致国际收支失衡。

(2) 引进外资可能形成资本项目逆差。要促进国内经济增长，就要增加投资，提高投资率。在国内储蓄不足的情况下，必须借助于外资，引进外国的先进技术，以此促进本国经济。这种外资的流入，必然带来国际收支中资本项目的差额。尽管这种外资的流入可以在一定程度上弥补因贸易逆差而造成的国际收支失衡，但并不一定就能确保经济增长与国际收支平衡的齐头并进。

（四）充分就业与经济增长

一般而言，经济增长能够创造更多的就业机会，但在某些情况下两者也会出现不一致。例如，以内涵型扩大再生产所实现的高经济增长，不可能实现高就业。再如，片面强调高就业，硬性分配劳动力到企业单位就业，造成人浮于事，效益下降，产出减少，从而导致经济增长速度放慢。

货币政策的四个最终目标之间是统一的，同时又存在着多重矛盾和冲突，一个国家不可能同时实现这四个目标。所以，不同国家在不同时期内的货币政策也可能选择不同的最终目标。比如，自第二次世界大战后，英国一直把充分就业作为货币政策的最终目标，相应地采取较为宽松的货币供给政策来刺激经济增长，从而带动就业率的增加。但是在1979年5月，撒切尔夫人的保守党执政后，则把反通货膨胀作为货币政策的最终目标，通过紧缩货币供应量，使英国的物价水平在20世纪80年代末有较大幅度的下降。因此，货币政策的最终目标并非唯一的，对其侧重点也不是固定不变的，而应随着国内和国际经济环境的变化而变化。

【深度阅读】

货币政策委员会职责

《中国人民银行法》规定：中国人民银行设立货币政策委员会。货币政策委员会的职责、组成和工作程序由国务院规定，报全国人民代表大会常务委员会备案。中国人民银行货币政策委员会应当在国家宏观调控、货币政策制定和调整中发挥重要作用。

根据《中国人民银行货币政策委员会条例》中的规定：货币政策委员会是中国人民银行制定货币政策的咨询议事机构。其职责是，在综合分析宏观经济形势的基础上，依据国家宏观调控目标，讨论货币政策的制定和调整、一定时期内的货币政策控制目标、货币政策工具的运用、有关货币政策的重要措施、货币政策与其他宏观经济政策的协调等涉及货币政策等重大事项，并提出建议。货币政策委员会实行例会制度，在每季度的第一个月中旬召开例会。

中国人民银行报请国务院批准有关年度货币供应量、利率、汇率或者其他货币政策重要事项的决定方案时，应当将货币政策委员会建议书或者会议纪要作为附件，一并报送。

四、货币政策的中介目标

货币政策的中介目标是指为实现货币政策最终目标而选定的中间性或传导性金融变量。一般来说，在货币政策最终目标确定下来以后，中央银行无法直接将相关政策工具作用于最终目标，而需要有一些中间环节来完成政策传导的任务。因此，中央银行在其政策工具和最终目标之间插进了一组可以进行直接控制和观测的指标，也就是中介目标。

货币政策的中介目标位于货币政策工具和最终目标之间，我们可以根据其与最终目标之间的距离，将其分为近期中介目标(也称为操作目标)和远期中介目标(也称为中间目标)。操作目标是指对货币政策工具反应较为灵敏，央行可以直接通过货币政策工具操作来有效把握的政策变量，如短期利率、准备金、基础货币等指标；中间目标位于最终目标和操作目标之间，是指央行通过货币政策操作传导之后能以一定精确度来调控的政策变量，如长期利率、货币供应量、贷款量等。总的来说，通常近期中介目标的可控性比远期中介目标更强，而远期中介目标和货币政策的最终目标更为接近。

(一) 货币政策中介目标的选择标准

并非所有的金融指标都能够成为中介目标，一般来说，无论是近期还是远期中介目标，都必须具备以下四个基本特点：

(1) 可测性。可测性是指中央银行能够迅速获得中介目标相关指标变化状况和准确的数据资料，并能够对这些数据进行有效分析和作出相应判断。这种可测性必须包含准确和及时两个要素，即该金融变量既要含义明确，能准确反应货币政策的贯彻落实情况，也要便于及时观测、收集和分析。显然，如果没有中介目标，那么中央银行直接去收集和判断最终目标数据如价格上涨率和经济增长率是十分困难的，更不可能有短期内如一周或一旬这些数据的。

(2) 可控性。并可控性是指中央银行通过各种货币政策工具的运用，能对中介目标变量进行有效的控制，并能在较短时间内(如 1～3 个月)控制中介目标变量的变动状况及其变动趋势。

(3) 相关性。相关性是指中央银行所选择的中介目标，必须与货币政策最终目标有密切的相关性，中央银行运用货币政策工具对中介目标进行调控，能够促使货币政策最终目标的实现。

(4) 抗干扰性。货币政策在实施过程中通常会受到许多外来因素或非政策因素的干扰，因而所选的中介目标必须是能较少受到外来因素干扰、能较正确反映政策效果的指标。

(二) 货币政策中介目标的具体指标选择

1. 近期中介目标的相关指标

当前，各国中央银行通常采用的近期中介目标(也称为操作目标)主要有短期利率、商业银行的存款准备金、基础货币等。

1) 短期利率

短期利率通常指市场利率，即能够反映市场资金供求状况、变动灵活的利率。它是影响社会的货币需求与货币供给、银行信贷总量的一个重要指标，也是中央银行用于控制货币供应量、调节市场货币供求、实现货币政策目标的一个重要的政策性指标。作为操作目标，中央银行通常只能选用其中一种利率。

过去，美联储主要采用国库券利率和银行同业拆借利率；英国的英格兰银行的长、短期利率均以一组利率为标准，其用作操作目标的短期利率有隔夜拆借利率、三个月期的银行拆借利率和三个月期的国库券利率。

2) 商业银行的存款准备金

中央银行以准备金作为货币政策的操作目标，其主要原因是，无论中央银行运用何种政策工具，都会先行改变商业银行的准备金，然后对中间目标和最终目标产生影响。因此可以说，变动准备金是货币政策传导的必经之路。通常银行准备金减少被认为是货币市场银根放松，准备金增多则意味着货币市场银根紧缩。

但准备金在准确性方面不如利率。作为内生变量，准备金与需求负值相关。借贷需求上升，银行体系便减少准备金以扩张信贷；反之则增加准备金而缩减信贷。作为政策变量，准备金与需求正值相关。中央银行要抑制需求，一定会设法减少商业银行的准备金。因而，准备金作为金融指标也有误导中央银行的缺点。

3) 基础货币

基础货币是中央银行经常使用的一个操作指标，也常被称为"强力货币"或"高能货币"。从基础货币的计量范围来看，它是商业银行准备金和流通中通货的总和，包括商业银行在中央银行的存款、银行库存现金、向中央银行借款、社会公众持有的现金等。通货与准备金之间的转换不改变基础货币总量，基础货币的变化来自那些提高或降低基础货币的因素。

多数学者公认基础货币是较理想的操作目标。因为基础货币是中央银行的负债，中央银行对已发行的现金和它持有的存款准备金都掌握着相当及时的信息，所以中央银行对基础货币是能够直接控制的。

2. 远期中介目标的相关指标

通常认为，可以作为中介目标的金融指标主要有长期利率、货币供应量和贷款量。

1) 长期利率

西方传统的货币政策均以长期利率为中介目标。长期利率能够作为中央银行货币政策的中间目标，原因如下：

(1) 长期利率不但能够反映货币与信用的供给状态，而且能够表现供给与需求的相对变化。长期利率水平趋高被认为是银根紧缩，长期利率水平趋低则被认为是银根松弛。

(2) 长期利率属于中央银行影响可及的范围。中央银行能够运用政策工具设法提高或降低长期利率。

(3) 长期利率资料易于获得并能够经常汇集。

2) 货币供应量

货币供应量的变动将会直接影响人们的名义收入支出水平，并由此对投资、生产、就业和物价水平产生影响。以弗里德曼为代表的现代货币数量论者认为，应以货币供应量或其变动率为主要中介目标。他们的主要理由如下：

(1) 货币供应量的变动能直接影响经济活动。

(2) 货币供应量及其增减变动能够为中央银行所直接控制。

(3) 货币供应量与货币政策联系最为直接。

(4) 货币供应量作为指标，不易将政策性效果与非政策性效果相混淆，因而具有准确性的优点。

对此，有些学者尚持怀疑态度。但从衡量的结果来看，货币供应量仍不失为一个性能较为良好的指标。

3) 贷款量

选择以贷款量作为中间目标的原因如下：

(1) 贷款量与最终目标有密切相关性。流通中现金与存款货币均由贷款引起，中央银行控制了贷款量，也就控制了货币供应量。

(2) 贷款量准确性较强。作为内生变量，贷款规模与需求是正值相关；作为政策性变数(也称外生变量)，贷款规模与需求也是正值相关。

(3) 数据容易获得，因而贷款量也具有可测性。

任务三　货币政策工具

货币政策工具是指中央银行为达到货币政策目标而采取的手段。一般来说，国家为实现货币政策最终目标有一个传导机制，并有一个时间过程，也就是中央银行通过货币政策工具的运作影响商业银行等金融机构的活动，进而影响货币供应量，最终影响宏观经济指标。根据货币政策工具的调节职能和效果来划分，货币政策工具可分为以下三类：一般性货币政策工具、选择性货币政策工具和补充性货币政策工具。

一、一般性货币政策工具

一般性货币政策工具或称常规性货币政策工具，是指中央银行所采用的、对整个金融系统的货币信用扩张与紧缩产生全面性影响的手段。它是最主要的货币政策工具，包括存款准备金政策、再贴现政策和公开市场业务"三大法宝"。

（一）存款准备金政策

存款准备金政策是指中央银行对商业银行的存款等债务规定存款准备金比率，强制性地要求商业银行按此准备金比率上缴存款准备金，并通过调整存款准备金比率以增加或减少商业银行的超额准备，促使信用扩张或收缩，从而达到调节货币供应量的目的。法定存款准备金率是指存款货币银行按法律规定存放在中央银行的存款与其吸收存款的比率。存款准备金制度是在中央银行体制下建立起来的，美国是世界上最早以法律形式规定商业银行向中央银行缴存存款准备金的国家。存款准备金制度的初始作用是保证存款的支付和清算，之后才逐渐演变成为货币政策工具。

法定存款准备金率政策的真实效用体现在它对存款货币银行的信用扩张能力、对货币乘数的调节方面。由于存款货币银行的信用扩张能力与中央银行投放的基础货币存在乘数关系，而乘数的大小与法定存款准备金率成反比，因此，若中央银行采取紧缩政策，提高法定存款准备金率，则限制了存款货币银行的信用扩张能力，降低了货币乘数，最终起到收缩货币供应量和信贷量的效果，反之亦然。

1. 存款准备金政策的作用

存款准备金政策的作用主要包括：

(1) 保证商业银行资金的流动性。每个银行从保证自身资金的流动性出发，都会自觉地保持一定的现金准备，以备存户的提取。在国家干预的情况下，现金准备则由法律规定而存入中央银行，这就从制度上保证了商业银行不致因受到好的贷款条件的诱惑而将款项大量贷出，从而影响自身资金的流动性和清偿力。

(2) 集中国内的一部分信贷资金。由于存款准备金缴存中央银行，使中央银行在客观上掌握了国内一部分信贷资金，可以用来履行其银行职能，办理银行同业之间的清算，并对它们进行再贷款和再贴现，以平衡不同地区不同银行间的资金余缺。

(3) 调节全国的信贷总额和货币供应量。由于调节信贷与货币对于中央银行实施货币政策具有重要意义，它已使前两个作用退居次要地位。究其本质而言，存款准备金政策是影响货币供应量的最强有力的政策。以中央银行实行紧缩政策为例，当法定存款准备率提高时，会迫使商业银行减少放款和投资，使货币供应量缩小，由于银根抽紧而导致利率水平提高，社会投资和支出都相应缩减，从而达到紧缩效果。根据同样的道理，降低准备率会使信贷规模和货币供应总量得以扩张。若商业银行的超额准备金已经全部贷出，则提高存款准备率的影响力更为巨大。因为这迫使商业银行迅速收回它们已贷出的部分款项和已做出的部分投资，使其在中央银行的存款符合法定准备的要求，所以，准备金法定限额的调整影响十分深远。

2. 存款准备金政策的局限性

法定存款准备金率政策作为货币政策中作用"最猛烈"的工具之一，也存在以下局限性：

(1) 存款准备金政策缺乏弹性。一般而言，存款准备金率(如图9-3-1所示)的调整所带来的效果较强烈，中央银行难以确定调整准备金率的时机和调整的幅度，因而法定存款准备率不宜随时调整，不能作为中央银行每天控制货币供应状况的工具。当中央银行提高准备金率时，没有足够超额准备金的商业银行必然被迫出售其流动性资产，或增加向中央银

图9-3-1　存款准备金率

行的借款，或者立即收回放出的款项等，这些措施都会增加中央银行的工作压力。所以，中央银行一般不经常予以变动，并且许多国家的中央银行在提高准备金率之前往往会事先通知商业银行，这样会使得这项货币政策工具效果平稳一些。

(2) 由于存款准备金政策对商业银行的超额准备金、货币乘数及社会货币供应量均有较强烈的震动，因此存款准备金率的调整对整个经济和社会大众的心理预期等都会产生显著的影响。因其作用力度很强，往往被当作一剂"猛药"，一般只在经济发展阶段转换时才使用。

(3) 存款准备金政策对各类银行或各地区银行的影响也不一致。因为超额准备金并不是平均分布在各家银行，加之各地区的经济发展程度不同，银行大小规模也有差别，所以各家银行在某一时点上所持有的超额准备金参差不齐。因此，中央银行调整准备率时，对各家银行的影响也就不尽相同，往往是对大银行有利，而对小银行不利甚至导致小银行破产。

(4) 调整法定存款准备金率对货币供应量和信贷量的影响要通过存款货币银行的辗转存、贷且逐级递推而实现，成效较慢，时滞较长。

由于存款准备金政策存在着局限性，因此往往是作为货币政策的一种自动稳定机制，而不将其当作适时调整的经常性政策工具来使用。另外，有些学者提出了改革的意见，如有人主张经常在极小的幅度内变动法定准备率；有人建议对存款准备给予利息，通过变动利率以控制货币供给量；有人认为可改变为对资产的法定准备率，以控制信用；有人设想存款准备率制定后不再改动，而以公开市场活动代替此种工具的变动。目前，有些国家已采取较低的法定准备率去控制可变动的流动能力准备率(或称为流动比率，即流动资产对存款的比率)。

(二) 再贴现政策

再贴现是指银行持客户贴现所获得的未到期商业票据向中央银行请求贴现，以取得中央银行的信用支持，它是中央银行最早拥有的货币政策工具，也是许多现代国家中央银行控制信用的一项主要的货币政策工具。对中央银行来说，再贴现是买进商业银行持有的票据，流出现实货币，扩大货币供应量；对商业银行来说，再贴现是出让已贴现的票据，解决一时资金短缺。整个再贴现过程实际上就是商业银行和中央银行之间的票据买卖和资金让渡的过程。所谓再贴现政策，就是中央银行通过制订或调整再贴现利率来干预和影响市场利率及货币市场的供应和需求，从而调节市场货币供应量的一种金融政策。

再贴现政策的基本内容是中央银行根据政策需要调整再贴现率(包括中央银行掌握的其他基准利率，如其对存款货币银行的贷款利率等)，当中央银行提高再贴现率时，存款货币银行借入资金的成本上升，基础货币得到收缩，反之亦然。与法定存款准备金率工具相比，再贴现工具的弹性相对要大一些、作用力度相对要缓和一些。但是，再贴现政策的主动权却在银行手中，因为向中央银行请求贴现票据以取得信用支持，仅是银行融通资金的途径之一，银行还有其他的诸如出售证券、发行存单等融资方式。因此，中央银行的再贴现政策是否能够获得预期效果，还取决于银行是否采取主动配合的态度。

1. 再贴现政策的作用

再贴现政策具有以下三方面的作用：

(1) 可以进行借款成本调控。中央银行可以通过提高或降低再贴现率来影响商业银行的资金成本，从而影响商业银行的融资决策，使其改变放款和投资活动，以调控市场上基础货币的供应量。一般来说，当中央银行需要缩紧信用规模时，会相应提高再贴现率使得商业银行因资金成本的提高而减少向中央银行再贴现的规模或者用其他资料来偿还中央银行的借款，从而减少市场基础货币的投放量。同时，基于资金成本上升的影响，商业银行会随之提高贷款利率，从而缩减市场信用规模。

(2) 能对社会公众产生告示效果。再贴现政策有强烈的告示效应，通常能表明中央银行的政策意向，从而影响商业银行及社会公众的预期。它的提高表明中央银行将采取紧缩的货币政策，降低则表明中央银行将放松银根，从而影响社会公众的预期成本和预期收益的变化，进而调整对信用的需求，最终影响整体国民经济。

(3) 可以影响商业银行的资金投向。再贴现政策可以通过决定何种票据具有再贴现资格或者对不同票据实行差别再贴现率，从而调控再贴现票据的结构，达到对不同用途的信贷加以支持或者限制的目的，促进国家对相关行业、部门扶持政策的落地。

再贴现率的调整对货币市场有着较广泛的影响，但是再贴现政策效果能否很好地发挥，还要看货币市场的弹性。一般来说，有些国家商业银行主要靠中央银行融通资金，再贴现政策在货币市场的弹性较大，效果也就较大；相反，有些国家商业银行靠中央银行融通资金数量较小，再贴现政策在货币市场上的弹性较小，效果也就较小。

2. 再贴现政策的局限性

尽管再贴现政策有上述的一些作用，但也存在着某些局限性。

(1) 从控制货币供应量来看，再贴现政策并不是一个理想的控制工具。首先，中央银行处于被动地位。商业银行是否愿意到中央银行申请贴现，或者贴现多少，决定于商业银行。如果商业银行可以通过其他途径筹措资金，而不依赖于再贴现，则中央银行就不能有效地控制货币供应量。其次，增加对中央银行的压力。如果商业银行依赖于中央银行再贴现，这就增加了对中央银行的压力，从而削弱控制货币供应量的能力。再次，再贴现率高低有一定限度，而在经济繁荣或经济萧条时期，再贴现率无论高低，都无法限制或阻止商业银行向中央银行再贴现或借款，这也使中央银行难以有效地控制货币供应量。

(2) 从对利率的影响看，调整再贴现率，通常不能改变率的结构，只能影响利率水平。即使影响利率水平，也必须具备两个假定条件：一是中央银行能随时准备按其规定的再贴现率自由地提供贷款，以此来调整对商业银行的放款量；二是商业银行为了尽可能地增加利润，愿意从中央银行借款。当市场利率高于再贴现率而利差足以弥补承担的风险和放款管理费用时，商业银行就向中央银行借款然后再放出去；当市场利率高于再贴现率而利差不足以弥补上述费用时，商业银行就从市场上收回放款，并偿还其向中央银行的借款。也只有在这样的条件下，中央银行的再贴现率才能支配市场利率。然而，实际情况往往并非完全如此。

(3) 就其弹性而言，再贴现政策是缺乏弹性的。一方面，再贴现率的随时调整，通常会引起市场利率的经常性波动，这会使企业或商业银行无所适从；另一方面，再贴现率不随时调整，又不宜于中央银行灵活地调节市场货币供应量。因此，再贴现政策的弹性是很小的。

（三）公开市场业务

公开市场业务是指中央银行为实现货币政策目标，通过在金融市场上买卖政府债券来控制货币供给和利率的政策行为。根据中央银行在公开市场买卖证券的差异，可分为广义和狭义的公开市场。所谓广义公开市场，是指在一些金融市场不发达的国家，政府公债和国库券的数量有限，因此中央银行除了在公开市场上买进或卖出政府公债和国库券之外，还买卖地方政府债券、政府担保的债券、银行承兑汇票等，以达到调节信用和控制货币供应量的目的。所谓狭义公开市场，是指主要买卖政府公债和国库券。在一些发达国家，政府公债和国库券发行量大且流通范围广泛，中央银行在公开市场上只需买进或卖出政府公债和国库券，就可以达到调节信用和控制货币量的目的。

当经济处于过热时，中央银行卖出政府债券回笼货币，使货币流通量减少，导致利息率上升，促使投资减少，达到压缩社会总需求的目的；当经济处于增长过慢、投资锐减不景气的状态时，中央银行买进政府债券，把货币投放市场，使货币流通量增加，导致利息率下降，从而刺激投资增长，使社会总需求扩大。

1. 公开市场业务的作用

(1) 控制贷款规模和货币供应量。在公开市场买卖有价证券，是中央银行影响金融市场状况的有效手段。当经济出现萧条，金融市场上资金比较匮乏时，中央银行在公开市场买进有价证券，实质是注入一笔基础货币，商业银行在新增准备金的同时也增加了对企业的放款，其结果必然是信用规模的扩大和货币供应量的多倍增加。反之，当金融市场货币过多，通货膨胀抬头时，中央银行可以出售有价证券以减少商业银行的准备金，使商业银行减少或收回贷款，货币供应量也相应减少，从而使通货膨胀势头得到控制，经济趋于稳定。

(2) 对利率水平和利率结构直接影响。公开市场业务通过变动货币供应量会改变利率水平，这是一种间接影响。但实际上，公开市场业务还具有直接影响利率水平的能力，当中央银行在市场上大量购进有价证券时，会使证券的需求额上升，从而推动有价证券上涨，利率则下降。由于利率下降对借款和消费的刺激作用，又在一定程度上促进扩张政策的实现。中央银行在公开市场上买卖不同期限的证券，可以直接改变社会公众对不同期限证券的需求额，从而使利率结构发生变化，这种作用是其他政策工具所不具备的。

(3) 与再贴现率政策相辅而行。公开市场业务与再贴现率政策的配合使用，往往能够达到较为理想的政策效果。例如，当中央银行提高贴现率时，商业银行因拥有一定数额的超额准备而不依赖中央银行的融通，使货币政策难以奏效。此时，若中央银行以公开市场业务相佐，在市场上卖出证券，则商业银行的准备金必然减少，紧缩目标得以实现。由于两者相互配合比使用单一的工具效果更为显著，因此许多国家都十分注意它们的相互配合运用。

2. 公开市场业务的局限性

公开市场业务虽然具有许多优点，但也不可避免地存在某些局限性。

(1) 公开市场业务因操作较为细微，所以对大众预期的影响和对商业银行的强制影响均较弱。

(2) 公开市场的随时发生和持续不断，使其预告性效果不大。

(3) 各种市场因素的存在，以及各种民间债券的增减变动，可能减轻或抵消公开市场业务的影响力。

(4) 公开市场业务的开展在一定程度上需要商业银行和社会公众的配合，因为交易的成立要取决于双方的意愿。

二、选择性货币政策工具

前面所述一般性政策工具都属于对货币总量的调节，会影响整个宏观经济。除这些一般性政策工具以外，还可以有选择地对某些特殊领域的信用加以调节和影响。选择性货币政策工具是指中央银行针对个别部门、个别企业或某些特定用途的信贷所采用的货币政策工具，包括消费者信用控制、证券市场信用控制、不动产信用控制、优惠利率、预缴进口保证金等。

(1) 消费者信用控制。消费者信用控制是指中央银行对不动产之外的各种耐用消费品的销售融资予以控制，主要包括对分期付款方式购买耐用品时的首次付款规定最低比例、规定消费信贷的最长期限、规定可用消费信贷购买的耐用品种类、对不同消费品规定不同的信贷条件等。

(2) 证券市场信用控制。证券市场信用控制是指中央银行对有关证券交易的各种贷款进行限制，目的在于限制对证券市场的信贷数量，稳定证券市场的价格，防止过度投资。例如，规定一定比例的证券保证金比率，从而调控证券购买中的现金支付比例，以控制证券市场的信贷规模。

(3) 不动产信用控制。不动产信用控制是指中央银行对金融机构在房地产放款方面的限制措施，如规定贷款限额、最长期限以及首次付款比例等，目的是抑制房地产投机。

(4) 优惠利率。优惠利率是指中央银行对国家产业政策要求重点发展的经济部门或产业，如基础产业、高科技产业等，规定较低的优惠贷款利率，以支持其发展。

(5) 预缴进口保证金。预缴进口保证金即中央银行要求进口商预缴相当于进口商品总值一定比例的保证金，以抑制进口的过快增长。这种货币政策工具多为国际收支出现赤字的国家采用。

三、补充性货币政策工具

除一般性、选择性货币政策工具外，中央银行有时还运用一些补充性货币政策工具(即其他政策工具)，如直接信用控制和间接信用控制。

(一) 直接信用控制

直接信用控制是指中央银行基于质与量的信用控制目的，依据有关法令以行政命令或其他方式，对商业银行尤其是存款货币银行的信用业务加以各种直接干预的总称。其中，比较重要的有信用分配、直接干涉、流动性比率、利率最高限额、特别存款等。

(1) 信用分配。信用分配是指中央银行根据金融市场状况及客观经济需要，权衡轻重缓急，对商业银行的信用创造加以合理分配和限制等措施。目前，发展中国家的中央银行鉴于本国亟待投资的对象很多、对资金需求非常迫切但资金不充裕的现状，根据经济建设的轻重缓急程度，以资金限制的方式直接分配资金给重要的对象。这就是目前许多国家通常采用的信用分配措施。

(2) 直接干涉。直接干涉也称为直接行动，是指中央银行以"银行的银行"身份，直接对商业银行的信贷业务施以合理的干预。中央银行直接干预的方式有：直接限制放款的额度；直接干涉商业银行对活期存款的吸收，对业务经营不当的银行拒绝再贴现，或采取高于一般利率的惩罚性利率；明确规定各家银行的放款或投资的范围以及放款的方针；等等。

(3) 流动性比率。流动性比率或称为可变流动资产准备金率，是指流动资产与存款的比率(例)。中央银行为了限制商业银行扩张信用，可以规定流动资产与存款的比率(例)。一般而言，资产的流动性大，商业银行的收益率就低。为了保持中央银行规定的流动性比率，商业银行要缩减长期性放款，扩大短期放款，还必须保持部分应付提现的资产。

(4) 利率最高限额。利率最高限额是指规定商业银行对定期存款和储蓄存款所能支付的最高利率。它可以防止银行为吸收存款过分提高利率和为谋取高利润而进行风险投资和放款，从而控制银行的贷款能力和限制货币供应量。但在通货膨胀较严重的情况下，若采用最高利率限额，则可导致存款流出金融机构之外。

(5) 特别存款。特别存款是指中央银行为了保持金融部门的平衡协调发展，避免个别部门或某类贷款的过速增长，要求某个或某几个金融部门向中央银行交纳一定比例的特别存款。中央银行可以通过特别存款制度要求银行系统的超额流动资产存入央行，并予以冻结。特别存款一经冻结，就不能成为银行的准备金，从而使银行系统的信用倍数收缩，待到经济形势需要扩张信用时，再释放特别存款。

(二) 间接信用控制

间接信用控制是指中央银行采用直接控制以及一般信用控制以外的各种控制，用各种间接的措施影响商业银行的信用创造。间接信用控制的作用过程是间接的，要通过市场供求关系或资产组合的调整途径才能实现，其主要措施有道义劝告、窗口指导等。

(1) 道义劝告。道义劝告是指中央银行利用自己在金融体系中的特殊地位和威望，通过对商业银行及其他金融机构的劝告，以影响其放款的数量和投资的方向，从而达到控制和调节信用的目的。道义劝告既能控制信用的总量，也能调整信用的构成，在质和量的方面均起作用。中央银行的道义劝告不具有强制性，而是将货币政策的意向与金融状况向商业银行和其他金融机构提出，使其能自动地根据中央银行的政策意向采取相应措施。

(2) 窗口指导。窗口指导也是中央银行间接地控制信用的一种选择性控制手段。"窗口指导"这个名词来自日本银行。它的内容是：日本银行根据市场情况、物价的变动趋势、金融市场的动向、货币政策的要求以及前一年度同期贷款的情况等，规定金融机构按季度提出贷款增加计划，在金融紧缩期内设置贷款额增加的上限，并要求金融机构遵照执行。这种限制贷款增加额的做法并非法律规定，而是日本银行的一种"指导"。如果金融机构不遵照窗口指导行事，虽然它们并不承担任何法律上的直接责任，但要承受日本银行因此而施加的各种经济制裁。

四、货币政策效应

货币政策效应是指货币政策的实施对社会经济生活产生的影响，是货币政策作用于经济之后的必然结果。货币政策在实施过程中要受多种因素的影响，所以货币政策效应是一种综合结果。

(一) 货币政策时滞

任何政策从制定到获得主要的或全部的效果，必须经过一段时间，这段时间即为时滞。时滞由两部分组成，内部时滞和外部时滞。内部时滞指从政策制定到货币当局采取行动的这段期间。内部时滞的长短取决于货币当局对经济形势发展的预见能力、制定对策的效率和行动的决心等。外部时滞又称为影响时滞，是指从货币当局采取行动开始直到对政策目标产生影响为止的这段过程。外部时滞主要由客观的经济和金融条件决定，不论是货币供应量还是利率，它们的变动都不会立即影响到政策目标。比如，企业是扩大还是缩减投资规模，要决策，要制订计划，然后付诸实施，每个阶段都要时间。

时滞是影响货币政策效应的重要因素。如果货币政策可能产生的大部分影响较快地有所表现，那么货币当局就可根据期初的预测值考察政策生效的状况，并对政策的取向和力度作必要的调整，从而使政策能够更好地实现预期的目标。假定政策的大部分效应要在较长的时间，比如两年后产生，而在这两年内，经济形势会发生很多变化，那就很难证明货币政策的预期效应是否能实现。

(二) 货币流通速度的影响

货币政策效应的一个主要影响因素是货币流通速度。对于货币流通速度一个相当小的变动，如果政策制定者未能及时预料到或在估算这个变动幅度时出现小的差错，都可能使货币政策效果受到严重影响，甚至有可能使本来正确的政策走向反面。但是，在实际生活中，对货币流通速度的估算很难做到不发生误差，因为影响它的因素太多，这当然也就限制了货币政策的有效性。

(三) 微观主体预期的影响

对货币政策效应高低构成挑战的另一个因素是微观主体的预期。当一项货币政策提出时，微观经济主体会立即根据可能获得的各种信息预测政策的结果，从而很快地采取相应对策。微观主体的预期作用最终会使政策的预期效果被削弱甚至抵消。例如，政府拟定采取长期的扩张政策，人们会从各种渠道获悉社会总需求将要增加、物价将上涨的消息。在这种情况下，工人会通过工会与雇主谈判，要求提高工资，企业预期工资成本的增加而不愿扩大经营，只是相应提高产品的价格。最后的结果是，只有物价的上涨而没有产出的增长。鉴于微观主体的预期，似乎只有在货币政策的意图和力度没有为公众知晓的情况下才能生效或达到预期效果。但是，公众的预测即使是非常准确的，采取对策即使很快，其效应的发挥也要有个过程。所以，中央银行实行的货币政策仍可奏效，但公众的预期行为会使其效应打折扣。

（四）其他经济政治因素的影响

除时滞、货币流通速度和微观主体的预期等因素外，货币政策的效果也会受到其他外来或体制因素的影响。一项既定的货币政策出台后总要持续一段时间，在这段期间，如果生产和流通领域出现某些始料不及的情况，而货币政策又难以作出相应的调整时，就可能出现货币政策效果下降甚至失效的情况。比如，在实施扩张性货币政策中，生产领域出现了生产要素的结构性短缺。这时，纵然货币、资金的供给很充裕，由于瓶颈部门的制约，实际的生产也难以增长，扩张的目标即无从实现。再如，实施紧缩性货币政策以期改善市场供求对比状况，但在过程中出现了开工率过低，经济效益指标下滑过快等情况。这就是说，紧缩需求的同时，供给也减少了，改善供求对比的目标也未能实现。

政治因素对货币政策效果的影响也是巨大的。由于任何一项货币政策方案的贯彻，都可能给不同阶层、集团、部门或地方的利益带来一定的影响。这些主体如果在自己利益受损时作出较强烈的反应，就会形成一定的政治压力；当这些压力足够有力时，就会迫使货币政策进行调整。

五、货币政策与财政政策的搭配

货币政策是国家调节宏观经济发展的重要手段之一，但是单独依赖货币政策是不能实现宏观经济目标的，所以需要货币政策与财政政策两者配合，发挥各自的长处，相互补充发挥更好的作用。货币政策是通过利率、货币供给量等工具调节总需求；财政政策是政府对其支出和税收进行控制并进而影响总需求。在实现扩张的目标中财政政策的作用更直接。比如：降低税率可直接鼓励投资；扩大支出会导致货币供给增加从而促进有效需求的增加，而且时滞较短。货币政策的时滞比较长，特别是在比较萧条的环境下通过调低利率来实现扩张的目标则比较困难。20 世纪 30 年代，西方国家摆脱了长期萧条的困难，也主要是靠财政政策。但是在抑制过热的需求时，可以利用很多货币政策工具并能及时、灵活地实施，而财政政策却相反。财政政策和货币政策相互配合可以发挥比较好的调控效果，其主要有以下三种搭配方式。

1. 双松搭配

松的财政政策和松的货币政策能更有力地刺激经济。一方面，通过减少税收或扩大支出规模等松的财政政策来增加社会总需求，增加国民收入，但会引起利率水平提高。另一方面，通过降低法定准备金率、降低再贴现率、买进政府债券等松的货币政策增加商业银行的储备金，扩大信贷规模，增加货币供给，抑制利率的上升，以消除或减少松的财政政策的挤出效应，使总需求增加。其结果是可在利率不变的条件下，刺激经济增长，并通过投资乘数的作用使国民收入和就业机会增加，从而可以消除经济衰退和失业。

2. 双紧搭配

当经济过度繁荣、通货膨胀严重时，可以把紧的财政政策和紧的货币政策配合使用。

一方面，通过增加税收和减少政府支出规模等紧的财政政策来控制总需求，从需求方面抑制通货膨胀。另一方面，利用提高法定存款准备金率等紧的货币政策减少商业银行的准备金，使利率提高，投资下降，货币供给量减少，有利于抑制通货膨胀。由于紧的财政政策在抑制总需求的同时会使利率下降，而紧的货币政策则会使利率上升。其结果是可在利率不变的条件下，抑制经济过度繁荣，使总需求和总产出下降。

3. 一松一紧搭配

(1) 松的财政政策与紧的货币政策搭配。这种政策组合的结果是利率上升，总产出的变化不确定。具体来说，这种模式在刺激总需求的同时又能抑制通货膨胀。松的财政政策通过减税、增加支出，有助于克服总需求不足和经济萧条；而紧的货币政策会减少货币供给量，进而抑制由于松的财政政策引起的通货膨胀的压力。

(2) 紧的财政政策与松的货币政策搭配。同扩张性的财政政策和紧缩性的货币政策相反，这种政策组合的结果是利率下降，总产出的变化不确定。一方面，通过增加税收，控制支出规模，抑制社会总需求，防止经济过旺和制止通货膨胀；另一方面，采取松的货币政策增加货币供应，以保持经济适度增长。

【深度阅读】

央行稳健的货币政策成效显著

中国人民银行发布的 2020 年第二季度中国货币政策执行报告指出，2020 年，稳健的货币政策成效显著，传导效率进一步提升，体现了前瞻性、精准性、主动性和有效性，金融支持实体经济力度明显增强。

报告认为，结构性货币政策有利于提高资金使用效率，促进信贷资源流向更有需求、更有活力的重点领域和薄弱环节，既撬动金融资源的社会效益和经济效益，又提升社会福利，还有助于实现更好的总量调控效果。

报告表示，结构性货币政策发挥了三个方面的功能：一是建立对金融机构的正向激励机制。通过设计激励相容机制，使得流动性投放发挥促进银行信贷结构调整的功能，有效引导金融机构行为，应对重大疫情等突发事件冲击，加大金融对实体经济重点领域的支持力度。二是建立优化金融机构信贷的"报销"机制。通过向金融机构提供低成本资金，采取部分或全部报销的方式，引导金融机构加大对国民经济重点领域和薄弱环节的信贷支持。三是发挥利率引导作用。通过发挥结构性货币政策工具的利率引导作用，加强中央银行对利率的有效引导，降低社会融资成本。

目前，3000 亿元专项再贷款和 5000 亿元再贷款、再贴现政策已基本执行完毕，1 万亿元再贷款、再贴现政策有序衔接。同时，创新两个直达实体经济的政策工具，加大对普惠小微企业的支持力度，促进中小微企业融资"量增、价降、面扩"。6 月末，普惠小微贷款余额同比增长 26.5%，增速比上年末提高 3.4 个百分点；6 月份企业贷款平均利率为 4.64%，较上年 12 月份下降 0.48 个百分点；普惠小微贷款已支持 2964 万户小微经营主体，同比增长 21.8%。报告透露，下一步央行将进一步有效发挥结构性货币政策工具的精准滴灌作用，提高政策的"直达性"，引导金融机构加大对实体经济特别是小微企业、民营企业的支持力度，全力支持做好"六稳""六保"工作，促进金融与实体经济良性循环。

习题与实训

一、单项选择题

1. 关于货币需求的理解错误的是(　　)。

A. 为满足正常的生产经营和各种经济活动需要

B. 愿意以货币形式保有其财产

C. 有能力获得或持有货币

D. 某一个时间段内货币流量变化

2. 货币政策的主要制定者和执行者是(　　)。

A. 商业银行　　　　　　　　　　B. 财政部

C. 中央银行　　　　　　　　　　D. 政策性银行

3. 在下列控制货币总量的各个手段中，央行不能完全自主操作的是(　　)。

A. 公开市场业务　　　　　　　　B. 再贴现政策

C. 信贷规模控制　　　　　　　　D. 法定存款准备金率

4. 属于货币政策远期中介指标的是(　　)。

A. 基础货币　　　　　　　　　　B. 利率

C. 超额准备金　　　　　　　　　D. 汇率

5. 作为货币政策目标的充分就业是指消除(　　)。

A. 自愿失业　　　　　　　　　　B. 季节性失业

C. 摩擦性失业　　　　　　　　　D. 非自愿失业

二、多项选择题

1. 从世界各国来看，货币政策的最终目标主要包括(　　)。

A. 没有失业　　　　　　　　　　B. 促进经济增长

C. 稳定物价　　　　　　　　　　D. 充分就业

2. 存款准备金政策力度大、见效快，但是有很多缺点。下列关于存款准备金政策的缺点描述，正确的是(　　)。

A. 如果法定存款准备金率经常调整，不利于中央银行对短期利率的控制

B. 存款准备金政策不能作为日常的货币政策操作工具

C. 存款准备金政策缺乏弹性

D. 如果商业银行超额准备金很低，会引起流动性问题

3. 当经济发生衰退时，可采取的宏观调控措施有(　　)。

A. 减少税收　　　　　　　　　　B. 中央银行购进有价证券

C. 扩大政府公共支出　　　　　　D. 增加税收

三、简答题

1. 简述央行货币政策最终目标及其之间的矛盾。

2. 简述公开市场业务的特点。

3. 简述货币中介目标的基本特征。

四、实训题

实训名称：掌握货币政策的未来走势及其工具选择。

实训目标：能够根据当前的宏观经济形势判断货币政策的未来走势，掌握中央银行逆周期的货币决策方向及货币政策工具的选择。

实训任务：

1. 查阅 2019—2020 年我国的货币政策执行报告，重点对比分析疫情发生前后货币政策的变化和实施效果情况。

2. 每一位学生准备一份实训报告资料。

3. 在老师的组织下，用一堂课的时间进行课堂交流与讨论。

实训开展形式：

1. 分成小组，阅读 2019 年以来的货币政策执行报告。

2. 讨论疫情前后货币政策的变化情况和实施效果情况。

3. 讨论货币政策的未来走势及货币政策工具的选择问题。

参 考 文 献

[1]   郭福春，姚星垣. 经济金融指标解读. 2 版. 北京：科学出版社，2015.

[2]   黄达. 金融学. 3 版. 北京：中国人民大学出版社，2012.

[3]   周建松. 货币金融学基础. 2 版. 北京：高等教育出版社，2014.

[4]   刘肖原，李中山. 中央银行学教程. 4 版. 北京：中国人民大学出版社，2020.

[5]   王红梅. 商业银行经营管理. 3 版. 北京：中国人民大学出版社，2019.

[6]   王健. 还原真实的美联储. 杭州：浙江大学出版社，2013.

[7]   刘园. 金融市场学. 3 版. 北京：中国人民大学出版社，2019.

[8]   陈雨露. 国际金融. 6 版. 北京：中国人民大学出版社，2019.

[9]   马宜斐，段文军. 保险原理与实务. 4 版. 北京：中国人民大学出版社，2019.

[10]   周建松. 货币金融学概论. 北京：中国金融出版社，2006.

[11]   周建松. 货币金融学基础. 2 版. 北京：高等教育出版社，2014.

[12]   刘肖原，李中山. 中央银行学教程. 4 版. 北京：中国人民大学出版社,2020.

[13]   卜小玲，朱静. 金融学基础. 2 版. 北京：清华大学出版，2018.

[14]   李军，杜继勇，冯韶华. 金融学基础. 2 版. 北京：清华大学出版社，2018.

[15]   李春，曾冬白. 金融学基础. 4 版. 大连：大连出版社，2017.

[16]   沈立君，梁云. 金融学基础. 2 版. 大连：东北财经大学出版社有限责任公司，2020.

[17]   (美)赫伯特·B 梅奥. 金融学基础. 12 版. 北京：清华大学出版社，2019.

[18]   郭福春，陶再平. 互联网金融概论. 北京：中国金融出版社，2015.

[19]   李俊芸. 金融学. 北京：中国人民大学出版社，2016.

[20]   周建松. 金融学基础. 2 版. 北京：中国人民大学出版社，2017

[21]   唐友清. 金融学基础. 北京：中国人民大学出版社，2017.

[22]   社放，朱疆. 货币银行学. 北京：清华大学出版社，2015.

[23]   弗里德曼. 货币的祸害. 北京：中信出版社，2016.

[24]   张晓华. 金融基础. 2 版. 北京：机械工业出版社，2016.

[25]   中国银保监会官网 http://www.cbirc.gov.cn/cn/view/pages/index/index.html

[26]   中国人民银行官网 http://www.pbc.gov.cn/

[27]   中国证监会官网 http://www.csrc.gov.cn/pub/newsite/

[28]   全国银行间同业拆借中心 http://www.chinamoney.com.cn/chinese/

[29]   中国证券业协会 https://www.sac.net.cn/

[30]   东方财富官网 http://www.eastmoney.com/? adid=789